sphinx 4

Herausgegeben von Hans-Christian Huf

SPHINX

4

Geheimnisse der Geschichte

Von Richard Löwenherz bis Casanova

Herausgegeben von
Hans-Christian Huf

Gustav Lübbe Verlag

Originalausgabe

Textredaktion: Agents Producers Editors, Overath
Buchgestaltung und Satz:
KOMBO KommunikationsDesign GmbH, Köln
Schutzumschlagillustration unter Verwendung
eines Gemäldes (Sphinx) von Grigori Berstein, Köln
Papier: 135 g/qm Zanders Mega matt
Reproduktion: Media-Print, Bergisch Gladbach
Druck und Einband: Franz Spiegel Buch GmbH, Ulm

Printed in Germany
ISBN 3-7857-0988-9

Sie finden die Verlagsgruppe Lübbe
im Internet unter: http://www.luebbe.de

1 3 5 6 4 2

Richard Löwenherz – Kreuzzug ins Abenteuer

Von Hans-Christian Huf

Herrgott, König der Ehre,
Der du deine Anmut und deinen Sieg
König Richard sandtest,
der niemals feige war...
Roman de Richard Cœrdelyoun

TÖDLICHER LEICHTSINN

1 (Vorhergehende Doppelseite) Die Grabmale von König Richard I. Löwenherz (im Vordergrund), seiner Mutter, Eleonore von Aquitanien, seinem Vater, König Heinrich II. von England. Die ewige Ruhe in der Abteikirche von Fontevraud täuscht. Zu Lebzeiten befanden sich Vater und Sohn in ständigem Konflikt.

2 (Rechte Seite) Sein Mut und sein Draufgängertum brachten Richard (1157-1199) den Beinamen »Löwenherz« ein.

Mut, aber sicher auch Leichtsinn haben zum Tod von Richard Löwenherz geführt. Chroniken aus dem 13. Jahrhundert berichten, wie Richard I., genannt Löwenherz, König von England und Herrscher über halb Frankreich, im Jahr 1199 mit seinem Heer vor die Burg von Châlus im französischen Limousin zieht. Vermutlich will er den aufständischen Herrn von Châlus unterwerfen, vielleicht aber, so behaupten andere Quellen, sich einen gerade entdeckten Schatz sichern.

Die 40 Männer und Frauen auf der Burg haben kaum genug Waffen, um sich zu verteidigen. Ihre Bitte um milde Kapitulationsbedingungen lehnt König Richard ab: Er werde die Burg im Sturm erobern, schwört er, alle ihre Insassen hängen und keinesfalls Gnade walten lassen. Die Belagerten haben allerdings einen verhängnisvollen Fehler begangen. In ihrer Lage hätte nur eine bedingungslose Kapitulation sie retten können; einen Verhandlungsspielraum konnte der König den wenigen Rebellen nicht zugestehen. Die Männer und Frauen in der Burg wissen, daß sie ihr Leben nur noch teuer verkaufen können. Sie kämpfen mit dem Mut der Verzweiflung.

Richard Löwenherz, Held vieler Kriege, der größte Feldherr und Krieger seiner Zeit, ist dennoch zuversichtlich und fast sorglos. Am Abend des 26. März 1199 geht der König noch einmal zur Burg, ohne

Harnisch, nur durch seinen Helm geschützt und durch einen Schild, den man vor ihm herträgt. Nur wenige Meter vor dem Turm bleibt er stehen, ganz ungedeckt. Noch heute bezeichnet ein Gedenkstein diesen Platz. Einem einsamen und verzweifelten Armbrustschützen auf der Burgmauer bietet er im fahlen Abendlicht ein deutliches Ziel. Das Geschoß aus der Armbrust des Peter Basil – so überliefern die Chroniken den Name des Schützen – trifft den König in die Schulter. Die Wunde scheint harmlos. Richard zieht sich zurück und versucht, den eisernen Bolzen selbst zu entfernen. Später kommt ein Arzt, der ihn aus dem Fleisch des Verwundeten schneidet.

Währenddessen führen Richards Truppen den Angriff gegen die Festung von Châlus und nehmen sie im Sturm. Alle Insassen mit Ausnahme von Peter Basil werden gehängt. Richard schenkt ihm das Leben, vielleicht um durch diesen Akt der Vergebung Gott gnädiger zu stimmen. Seine Verwundung ist nämlich ernster, als es zunächst schien, und der Wundbrand hat bereits eingesetzt. In dieser Zeit ist das ein Todesurteil. Elf Tage liegt der König auf dem Krankenbett, den sicheren Tod vor Augen, und ordnet die letzten Dinge. Am 6. April 1199, es ist der Dienstag vor Palmsonntag, bestellt er einen Priester zur Beichte. Noch am selben Abend stirbt er im Alter von nicht einmal 42 Jahren. Das ist das traurige Ende des Richard Löwenherz, dem sich viele Lieder und Chroniken widmen, denn Richard Löwenherz war eine strahlende Erscheinung, einer der mutigsten Ritter seiner Zeit.

3 (Rechte Seite) Die Mutter Richards: Eleonore von Aquitanien (ca. 1122-1204). Der Lieblingssohn erhielt von ihr schon als Kind im Jahr 1168 Aquitanien als vorgezogenes Erbe.

Cœur de Lion

Es mag verwunderlich erscheinen, daß der englische König in Frankreich Krieg führte und dabei seinen Tod fand. Der Grund dafür ist die politische Geographie seiner Zeit: Tatsächlich ist Richard Löwenherz, obwohl König von England, eigentlich ein französischer Prinz, und er scheint sich sein Leben lang auch so zu fühlen. In 42 Jahren verbringt er nur ganze sechs Monate in England. Geboren wird er am 8. September 1157 in Oxford – wahrscheinlich im Schloß von Beaumont – als Sohn

Heinrichs II., des Königs von England, Herzogs der Normandie, Grafen von Anjou, und seiner Gemahlin, Eleonore von Aquitanien. Zunächst aber sieht der junge Löwenherz seine Eltern wenig. Aufgezogen wird er, soweit man das den Quellen entnehmen kann, von einer Amme namens Hodierna – vermutlich der einzigen Amme der Weltgeschichte, nach der später eine Ortschaft benannt wird, nämlich das Kirchspiel von »Knoyle Hodierne« im englischen Wiltshire.

Mitte des 12. Jahrhunderts hat Oxford noch nichts von seinem heutigen Reiz, denn noch fehlen die gotischen Türme und grünen Rasenflächen. Es ist eine einfache Siedlung, das Schloß selbst nur ein feuchtkaltes, steinernes Herrenhaus. Ganz England hat zu dieser Zeit, so schätzt man, nur knapp zweieinhalb Millionen Einwohner. Selbst in London, einer der Metropolen, leben nicht mehr als 20 000 Menschen. England gilt als reiches Land und ist doch nach heutigen Maßstäben unvorstellbar arm. Fast sämtliche Bewohner leben in einfachen Häusern auf dem Land. Die Felder sind nicht sehr ertragreich, und die einfachen hölzernen Pflüge ritzen die Scholle kaum ein. Hungersnöte und Seuchen sind an der Tagesordnung. Die Lebenserwartung liegt bei höchstens 30 bis 40 Jahren. Viele sterben an Krankheiten, am fortwährenden Mangel oder in eine der zahllosen blutigen Fehden und Kriegen.

Um 1167 verläßt Richards Mutter Eleonore England und kehrt in ihre angestammte Heimat Aquitanien zurück, ins westliche Frankreich. Ihren Sohn nimmt sie mit. Am Hof von Poitou, einem Zentrum der gerade erwachenden höfischen Kultur, wächst er auf.

Schon mit zwölf Jahren wird Richard Herzog von Aquitanien. Auf den englischen Thron kann er sich vorerst keine Hoffnungen machen, da sein älterer Bruder Heinrich vom Vater bereits zum Mitkönig gekrönt worden ist. Doch Heinrich II. will seine Macht mit niemandem teilen. So kommt es zur ersten großen Allianz gegen ihn, die seine Frau Eleonore angestiftet hat. Sie war in erster Ehe mit König Ludwig VII. von Frankreich verheiratet. Nachdem dieser sie verstoßen hatte, tauschte sie die französische Krone gegen die englische ein und brachte das reiche

Aquitanien mit in die neue Ehe. Nun schickt sie ihre unzufriedenen Söhne an den Hof des gemeinsamen Lehnsherrn Ludwig, zu Heinrichs Feind. Seit jeher versucht der französische König, Nutzen aus den Familienzerwürfnissen der Anjous zu ziehen. Für Richard stellt der Aufstand von 1173/74 allerdings nur eine Episode dar. Nach der Aussöhnung mit dem Vater bekämpfen beide gemeinsam erfolgreich die aquitanischen Rebellen.

Zehn Jahre später – 1183 – kommt es erneut zu einem großen Familienzwist, wobei Richard erstmals einen Existenzkampf austragen muß. Seine Brüder Heinrich und Gottfried haben sich mit aquitanischen Rebellen und den Nachbarn verschworen. Mit im Bund ist auch schon der spätere Intimfeind Richards, der erst kurz zuvor an die Macht gekommene König Philipp II. August von Frankreich. Ausgelöst hat die Verschwörung König Heinrich. Er will seinem zweitältesten Sohn Aquitanien nehmen und dem Ältesten übertragen. Im Verlauf dieses Krieges

4 Die Krönung Philipp II. August zum König von Frankreich in der Kathedrale von Reims (1179). Er sollte lebenslanger Rivale Richards und des englischen Königshauses werden. **Französische Buchmalerei.**

stirbt der junge Heinrich, und Richard ist nun Alleinerbe: Ein Reich, das sich von Schottland bis hin zu den Pyrenäen erstreckt, erwartet ihn.

Im folgenden verschlechtert sich das Verhältnis zwischen Heinrich und seinem neuen Thronfolger kontinuierlich. »Das nämlich war König Heinrichs ›natura perversa‹«, schreibt dazu der Chronist Gerald von Wales, »daß er mit aller Macht Zwietracht unter den Söhnen säte und unterhielt, weil er nur aus deren Uneinigkeit Frieden und Ruhe für sich selbst erhoffte.« Der Vater sät nun Zwietracht zwischen Richard und dessen jüngstem Bruder Johann. Er will Johann Aquitanien zukommen lassen, und als Richard sich weigert, sein Herzogtum aufzugeben, versagt er ihm die Anerkennung als Thronerbe in England. Man argwöhnt sogar, er wolle Johann zu seinem Nachfolger in England machen.

Ulrike Kessler hat in ihrer 1995 erschienenen Löwenherz-Biographie erstmals versucht, Licht in die verworrenen Familienbeziehungen zu bringen. Dabei fällt Richards Braut Alice, der Schwester des französischen Königs, eine Schlüsselrolle zu. Um ihre Mitgift, ein strategisch wichtiges Grenzgebiet um die Festung Gisors in der Normandie, entbrennt ein Dauerkrieg. Vielfache Rücksichtnahmen und Interessen nötigen Richard zu einer jahrelangen Gratwanderung. Es sind Lehrjahre der Politik.

Am Ende dieser 20 Jahre dauernden Verlobung weist Richard die Braut zurück und heiratet eine andere. König Philipp benützt dies als Vorwand für den längst geplanten Vernichtungskrieg gegen das Haus Anjou-Plantagenet.

Doch zuvor findet der Vater-Sohn-Konflikt sein tragisches Ende. Im Spätherbst 1188 zwingt Richard den französischen König in einem taktischen Bündnis auf seine Seite. Bis zuletzt bemüht er sich, dem Vater das Selbstverständliche, nämlich die Erberklärung, abzuringen. Heinrich verweigert sie. Ohne diese Rechtssicherheit aber kann Richard nicht zum dritten Kreuzzug aufbrechen, der bereits sein Denken beherrscht. Im Frühsommer 1189 eröffnen die Verbündeten Richard und Philipp ihren Krieg gegen Heinrich. Dieser ist inzwischen todkrank und zu Abwehrmaßnahmen nicht mehr fähig. Aber er hat zu oft geblufft, so daß niemand ihm seinen Zustand glaubt. In Kürze ist er besiegt und zur Kapitulation gezwungen. Verbittert und seinen Sohn verfluchend, stirbt der alte König in Chinon. Im Bewußtsein, seinen Vater in den Tod gehetzt zu haben, tritt Richard an seine Bahre. Da fließt Blut aus der Nase der Leiche – so jedenfalls behaupten es einige Quellen. Nach dem Verständnis der Zeit hat der Tote damit den Sohn als seinen Mörder ausgewiesen. Als Bekenntnis seiner moralischen Schuld wird dieser auf seinem Totenbett verfügen, zu Füßen seines Vaters begraben zu werden.

Richard ist jetzt der König. Am 3. September 1189 wird er in der Abtei zu Westminster gekrönt. Er ist damit einer der mächtigsten Männer der bekannten Welt. Und der französische König, gerade noch sein Verbündeter, ist jetzt sein Erzfeind.

Aufbruch unterm Kreuz

Über der Altstadt von Vézelay, einem kleinen Ort in Burgund, ragt noch heute die Wallfahrtskirche Sainte-Madeleine auf, eine großartige romanische Klosterkirche. Im Juli 1190 ist in den Gassen der Stadt fast kein Durchkommen, und auf den Äckern und Wiesen lagert ein riesiges Heer in Zelten oder einfach unter dem Sommerhimmel. Es herrscht eine seltsame Stimmung, eine Mischung aus Kirmes und tiefer Frömmigkeit. In Vézelay beginnt in jenem Sommer ein heiliges Unternehmen: der dritte Kreuzzug. Die Heere von Richard Löwenherz und des französischen Königs Philipp II. August stehen kurz vor dem Aufbruch ins Heilige Land. Ambroise, ein einfacher Soldat und Sänger im Heer König Richards, berichtet: »In Vézelay, auf dem Berg, da brachte Gott Seine Gesellschaft unter; und viel Volkes waren dort auch im Tal, die standen in Seinem Dienste. Da hatte Er die gottesfürchtigste Gesellschaft versammelt, die je in dieser Welt gesehen war.« Für uns ist es heute leicht, die christlichen Motive dieser Menschen anzuzweifeln und ihnen Raublust sowie eine imperialistische Gesinnung zu unterstellen. Wahrscheinlich hätte man damit nicht einmal völlig unrecht. Doch nichtsdestoweniger ist die Kreuzzugsidee seit Papst Urban II. eine der wirkungsmächtigsten des Mittelalters und hat viele zehntausend Anhänger gefunden.

Vézelay ist als Ort für den Aufbruch gut gewählt. Schon lange ziehen von hier aus die Pilger nach Santiago de Compostela in Spanien. Von der Kanzel der Klosterkirche hat Bernhard von Clairvaux, der große Kirchenlehrer, 1146 mit mächtigen Worten zum zweiten Kreuzzug aufgerufen: »Wenn du ein kluger Kaufmann, ein Geschäftsmann bist, so kündige ich dir den großen Jahrmarkt an; sorge, daß er nicht vorübergehe. Nimm das Kreuz, und für alles, was du mit reuigem Herzen gebeichtet hast, wirst du sofort Nachlaß empfangen. Das bißchen Stoff kostet nicht viel; wenn man es aber in frommer Weise an die Schulter heftet, so gibt es ein Königreich, das Himmelreich.« Die Chronisten erzählen, die Menge habe ihm damals zugerufen: »Gib uns Kreuze!« In der damaligen Zeit ist sein Angebot fast unwiderstehlich. Die Menschen sind auf ihr Seelenheil bedacht, das ihnen wichtiger ist als das irdische Jammertal, in dem sie ihr Leben fristen. Ins Himmelreich einzugehen, ohne jeden Umweg durch Höllenqual und Fegefeuer, ist für sie ein ganz reales Ziel. Und hat nicht Sultan Saladin, der Anführer der Heiden, so erinnern sie sich, der frommen Christenheit ihre heilige Stadt Jerusalem genommen? Hatten nicht todesmutige Kreuzfahrer, Ritter und Bauern, Arme und Reiche, Jerusalem erst knapp 100 Jahre zuvor erobert, in schweren Kämpfen und unter unsäglichen Opfern? War es nicht die Aufgabe eines jeden ehrlichen Christen, die Stadt jetzt wieder zu befreien? Die Erinnerung an die vernichtende Niederlage der Kreuzritter gegen Saladins Heer nur drei Jahre zuvor, 1187, ist noch frisch.

5 (Rechte Seite) Aufbruch der französischen Ritter zum III. Kreuzzug (1189-1192) ins Heilige Land. Nur unwillig zog Philipp II. mit Richard in den Krieg. Er hatte andere Pläne. Französische Buchmalerei (15. Jh.)

Richard Löwenherz hat sich zum Kreuzzug entschlossen, als er von dieser Niederlage erfuhr. Ganz anders dagegen sein Waffengefährte Philipp II. August, der nur unwillig in diesen heiligen Krieg zieht. Er ist weder ein großer Kriegsherr noch ein mutiger Ritter. Seine Stärke liegt im diplomatischen Spiel. Noch dazu ist er Richards größter Feind. Aber er kann den König von England nicht alleine ziehen lassen, denn sein Prestige steht auf dem Spiel. Richard wiederum kann nicht ohne Philipp,

Quant le roy phle
cogneult le diffe
rement du roy
Richard et que le
temps dacomplir son voyage
estoit convenable il entra
luy et son armee en mer
et laissant le roy Richard a
meschines fit tant quil vint
arriver la veille de pasques
devant la cite dacre . pres
de la quelle il trouva les
xpiens doultremer qui la
uoient longuement attendus
et qui le receurent en sou
ueraine joye et menerent
dedans leur ost et ou siege
par eulx ja grant temps
maintenu combien quilz
nauoient gaires prouffite

seinen gefährlichsten Widersacher, in diesen Krieg ziehen, da dieser seine Abwesenheit ausnutzen würde. So sind sie aufeinander angewiesen – Todfeinde als Kampfgefährten. Am 4. Juli 1190 brechen sie auf. Der Pilgerstab, den man Richard gegeben hat, zerbricht. Ein böses Omen? Aber Löwenherz macht sich nichts daraus.

AUFBRUCH INS ABENTEUER

Das Heer marschiert von Vézelay aus nach Südwesten auf Lyon zu. Einige tausend müssen es sein, vielleicht 6000, vielleicht auch 8000 Männer und einige Frauen. Für die damalige Zeit ist das ein riesiges Heer, eines der größten überhaupt. Unter der Last der vielen Menschen bricht die Brücke über die Rhône, und zwei Personen ertrinken. Ein weiteres böses Omen? Die Könige beschließen daraufhin, getrennte Wege zu gehen. Das Land kann ein so großes Heer nicht ernähren. Philipp zieht über die Alpen nach Genua. Dort hat er die genuesische Flotte für den Seetransport gemietet. Richard will nach Marseille, um dort die englische Flotte zu treffen. Am 31. August erreicht er nach einem beschwerlichen Marsch in der Sommerhitze sein Ziel. Aber die Flotte ist noch nicht eingetroffen. Er wartet mehrere Tage und beschließt dann, vorauszufahren. Mit gemieteten Schiffen geht die Reise langsam an der Küste entlang bis nach Messina auf Sizilien. Unterwegs wird er bei einem Landgang fast gelyncht: In einem kleinen Dorf hört er einen Jagdfalken und trägt ihn einfach aus dem Haus des Besitzers. Nur mit Mühe kann er vor der aufgebrachten Menge fliehen, die in ihm einen gewöhnlichen Dieb vermutet. Es gilt als strafwürdige Anmaßung, wenn einfache Leute es wagen, einen Falken, ein typisch ritterliches Attribut, zu besitzen.

Als Richard am 23. September 1190 gemeinsam mit seiner Flotte von über 200 Schiffen, 50 Galeeren und Tausenden von Kriegern in Messina ankommt, läuft die ganze Stadt zusammen. Auf dem Flaggschiff, ganz vorne auf einer erhöhten Plattform, steht Löwenherz selbst, der strahlende Ritter. Die Bürger von Messina sind beeindruckt, viel mehr als von der eher unscheinbaren Ankunft König Philipps einige Tage zuvor. Das verschärft die Spannung zwischen den beiden weiter. Auch die Umstände in Messina sind nicht spannungsfrei, denn der Herrscher der Stadt, Tancred von Lecce, hält Richards Schwester Johanna, die Witwe seines Vorgängers, gefangen. Hinzu kommt, daß die Bevölkerung gegen die bunte und rauhe Gesellschaft der Kreuzritter aufbegehrt und Widerstand leistet. Am 4. Oktober gibt Richard Löwenherz schließlich den Befehl, Messina zu erobern. Das Unternehmen gelingt im Handstreich.

Am Ende schließen Richard und Tancred Frieden. Als König Philipp von Frankreich nach dem Kreuzzug auf dem Rückweg den inzwischen zum König gekrönten Heinrich VI. aufsucht, eröffnet er ihm, daß sich die beiden Normannenherrscher gegen ihn verschworen hätten, um ihm sein Erbe vorzuenthalten. Diese Anschuldigung ist völlig aus der Luft gegriffen, fällt aber bei dem mißtrauischen und machtgierigen Staufer auf fruchtbaren Boden. Während seiner Gefangenschaft in Deutschland wird Richard mit diesem Vorwurf konfrontiert werden …

Ulrike Kessler konnte nachweisen, wie der französische König den Kreuzzug systematisch zum Kampf gegen Richard umfunktioniert hat. In jeder Phase wird er sich Dritter bedienen und versuchen, sie sein Geschäft betreiben zu lassen. Auf diese Weise erwachsen Richard Feinde entlang der ganzen Kreuzzugsroute.

Die beiden Könige überwintern mit ihren Heeren in Messina. Richard nutzt die Zeit, um sich mit Joachim von Fiore zu unterreden, einem weithin bekannten Zisterzienserabt. Der Visionär bestärkt die Kreuzfahrer in ihrer siegesgewissen Zuversicht.

Erst im April 1191 geht die Reise weiter. Und auch diesmal ist die Fahrt abenteuerlich. Drei Tage nachdem Richards Flotte Messina verlassen hat, treibt ein heftiger Sturm die Schiffe auseinander. Als sich der Sturm legt, muß Löwenherz feststellen, daß seine Schwester Johanna, die er gerade aus der Gefangenschaft befreit hat, und seine neue Verlobte Berengaria mit ihrem Schiff verschollen sind. Er sendet Galeeren in alle Himmelsrichtungen aus. Vor Zypern entdecken sie

DIE WELT DES
RICHARD LÖWENHERZ
NORDSEE
Oxford
London
Köln
NORMANDIE
Paris
Trifels
Mainz
Worms
Speyer
Vezelay
AQUITANIEN
ATLANTIK
Tours
Basel
Salzburg
Poitiers
LIMOUSIN
Santiago
de Compostela
Bordeaux
Lyon
Mailand
Venedig
Genua
Toulouse
Marseille
Florenz
Lissabon
Barcelona
Rom
Granada
Tanger
MITTELMEER
SIZILIEN
Tunis
Aufenthaltsorte Richards
0
500
1000 Kilometer

Breslau
N
Kiew
Krakau
ERREICH
Wien
EN
Belgrad
SCHWARZES MEER
Sofia
Brindisi
ZYPERN
Tripolis
Tyrus
Akkon
Arsuf
Haifa
Jaffa
Caesarea
Damaskus
Jerusalem
Askalon
Alexandria
Kairo

Johanna und Berengaria auf ihrem Schiff – beide unversehrt. Andere hatten weniger Glück und gingen entweder mit ihren Schiffen unter oder wurden an die Küste Zyperns gespült, wo sie in Gefangenschaft gerieten. Der selbsternannte Kaiser der Insel, Isaak I. Komnenos, ließ sie festsetzen. Obwohl er selbst Christ ist, hat er ein Bündnis mit Saladin geschlossen. »Und man erzählte als Wahrheit, daß sie den Pakt geschlossen durch das Trinken des anderen Blutes«, notiert Ambroise angewidert.

Richard macht sich selbst auf den Weg nach Zypern. Als Isaak auf seine Bedingungen nicht eingehen will, befiehlt Löwenherz wieder einmal den Sturm. Was wie ein spontanes Abenteuer aussieht, war vermutlich von langer Hand geplant, denn Zypern besitzt für jedes Unternehmen im Heiligen Land einen strategischen Wert als Nachschubbasis. Richard selbst stürmt vorneweg auf den Strand von Limassol, mitten in die feindlichen Linien hinein. Die Truppen Isaaks fliehen in wilder Panik. In der folgenden kurzen Kampfpause, am 12. Mai 1191, heiratet Richard I., König von England, seine Braut Berengaria. Dann macht er sich an die weitere Eroberung Zyperns. Als seine Truppen wenige Wochen später die Tochter des Komnenos auf der Feste Kyrenia gefangennehmen, bricht dessen Widerstand endgültig zusammen. Unter Tränen bittet Isaak die Unterhändler Richards um ihre Freilassung – und darum, daß man ihn nicht in eiserne Ketten schlage. Beiden Wünschen gibt Richard statt. Er übergibt das Mädchen Berengaria und seiner Schwester Johanna zur Erziehung, ihr Vater Isaak Komnenos aber wird in Ketten aus massivem Silber gelegt. Richard hat wieder einmal sein Genie als Feldherr und seine politische Begabung bewiesen, ebenso seinen handfesten Humor.

Sturm auf Akkon

Noch heute zeigen die mächtigen Mauern von Akkon, wie stark die Befestigung der Stadt in ihrer Blütezeit gewesen sein muß. Während sich Richard Akkon nähert, leben die christlichen Belagerer vor diesen

Mauern in Schlamm und Regen, den ständigen Angriffen der Belagerten und des Sultans Saladin ausgesetzt, der mit seinen Truppen unweit der Stadt ein Feldlager aufgeschlagen hat. Die Zustände sind furchtbar: Krankheiten raffen die Kreuzfahrer dahin, die Vorräte gehen zur Neige. Vom Leben und Leiden der Belagerer und ihrer Gegner in der Stadt erzählt der Chronist Ambroise viele Geschichten – so bunt und grausam wie die Zeit: Eine Frau trägt Steine heran, um den Burggraben aufzufüllen. Von einem tödlichen Pfeil getroffen, bittet sie darum, dort im Graben unter den Steinen beerdigt zu werden und so im Tod die Arbeit fortzuführen. Ein Sergeant, ein einfacher Soldat, wird von einem Armbrustbolzen getroffen. Das Geschoß durchschlägt seinen Kettenpanzer, bleibt aber in einer Abschrift von Bibelworten stecken, die der Mann um den Hals trägt. »Aber so handelt Gott an denen, die er in seine Schar aufgenommen hat, daß sie nichts fürchten müssen!« folgert Ambroise und berichtet eine weitere seltsame Begebenheit: »Es geschah eines Tages, daß ein gewisser Ritter vor dem Graben sich befand, seinen Rücken hatte er ihm zugewandt, und er tat ein Geschäft, das kein Mann vermeiden kann. Und als er niedergebeugt war, um sich Erleichterung zu verschaffen, entfernte sich einer der Türken von dem Vorposten, dem er keine Beachtung schenkte, und zielte auf ihn. Aber es war ein niedriges und nichtswürdiges Unterfangen, dem Ritter ein Leid anzutun, als der in solcher Art beschäftigt war. Aber schon hatte der Türke den Vorposten längst verlassen und kam, die Lanze gerichtet, zu dem Ritter, um ihn zu töten, als die aus dem Heerzug zu rufen begannen: Flieht, Herr! Flieht, flieht! Mit großer Schwierigkeit richtete der sich auf; wenn er auch auf den Füßen stand, das Geschäft hatte er noch nicht verrichtet. Der Türke kam heran, so schnell ihn sein Pferd trug, und er glaubte sicherlich, den Ritter niederzustrecken. Aber (Gott sei gelobt!) er scheiterte in seinem Vorhaben. Denn der Ritter sprang zu der einen Seite und nahm zwei Steine in die Hände (nun hört, welch guter Rächer Gott ist); und als der Türke wiederum sein Pferd wandte, daß er seinen Zweck erfülle, da legte der Ritter auf ihn an, und als der Türke kam, da traf er ihn mit einem jener Steine, die er hielt, gleich unter dem Turban und an der Schläfe, geradeso wie er gezielt. Und im Moment fiel der Türke tot herab. Der Ritter nahm das Pferd und führte es am Zaume fort. Und jener, der mir diese Geschichte erzählte, sah, wie der Ritter das Pferd bestieg und gar zu seinem eignen Zelt hinritt und es dort gut und sicher hielt. (Ambroise, 56). So geht der Kampf hin und her, mit Scharmützeln, Sturmangriffen, Zermürbungstaktik und Waffenstillstand.

Der deutsche Kaiser Friedrich Barbarossa, den die Belagerer samt seinem mächtigen Heerzug voller Hoffnung erwarten, war beim Baden in Kleinasien ertrunken. Sein Heer, mit dem er sich an dem Kreuzzug ins Heilige Land beteiligte, hat sich danach fast vollständig zerstreut. Daher begrüßen die erschöpften Belagerer Richard Löwenherz um so begeisterter. Am 8. Juni 1191 geht er vor Akkon mit dem üblichen Gepränge an Land. Ein arabischer Chronist berichtet aus Saladins Lager: »Seine Ankunft machte großen Eindruck ... Die Franken bekundeten laut ihre Freude und entzündeten in der Nacht große Feuer in ihrem Lager ... Der König war wirklich ein Mann von Urteil und Erfahrung, Kühnheit und Tatkraft. Seine Ankunft erregte Furcht und Schrecken in den Herzen der Muslime ...« (Gabrieli, 267/268). Richards Rivale Philipp war schon vor ihm eingetroffen. Zwar hat Philipp kein großes Talent für den Krieg, interessiert sich aber für die Belagerungskunst. Auf seine Anweisung hin werden neue Belagerungsmaschinen gebaut, die Kanonen des Mittelalters. »Das Katapult Gottes« nennen die Kreuzfahrer eine der Steinschleudern, eine andere »Malevoisin« (schlechter Nachbar); eine gegnerische Maschine in der Stadt heißt »Malecousin« (übler Vetter). Sie schleudern Steine, Unrat, Leichen und manchmal auch griechisches Feuer, eine nicht zu löschende brennende Mischung aus Teer und Phosphor. Eine ernsthaftere Bedrohung für die Stadt sind die Versuche der Belagerer, die Stadtmauern und Türme zu untergraben. In den mächtigen Wällen erscheinen die ersten Breschen. Immer wieder versuchen Stoßtrupps, im blutigen Hauen und Stechen Mann gegen Mann in die Stadt vorzudringen. Saladin seinerseits unternimmt einen letzten Gegenschlag auf das feindliche Lager – und scheitert. Am 12. Juli kapituliert die erschöpfte Besatzung von Akkon. Die Bedingungen für ihren ungehinderten Abzug sind hart: Saladin muß 1500 christliche Gefangene freigeben, die Reliquie des Heiligen Kreuzes zurückerstatten, und 200 000 Dinare Lösegeld bezahlen – damals eine riesige Summe.

Grösse und Grausamkeit

Für das Kreuzfahrerheer ist der Sieg über Akkon ein Moment des Triumphes. Und doch werden unter den Siegern schon die Samen der Zwietracht gesät: Kaum hat Philipp vertragsgemäß seinen Anteil der Beute eingestrichen, stürzt er sich in die Vorbereitungen für seine Abreise. Im Heer jedoch herrscht Unruhe, da sämtliche Heeresangehörigen von der Beutezuteilung ausgeschlossen waren, und es ist vor allem Richard, der sich den Vorwurf der Habgier gefallen lassen muß. Der österreichische Herzog Leopold V., ein Parteigänger Philipps und Konrads von Montferrat, des französischen Anwärters auf die Krone des Königreichs Jerusalem, verschärft das Problem noch. Beim Einzug in die Stadt hat er seine Fahne auf seinem Quartier aufstellen lassen und damit einen Beuteanspruch erhoben – und das, obwohl er mit seinen wenigen Leuten einen militärisch völlig unbedeutenden Beitrag geleistet hat. Richards Männer reißen die Fahne herunter und werfen sie in die Kloake – vermutlich mit Billigung ihres Königs.

Was auf den ersten Blick wie ein Akt unerträglicher Arroganz wirkt, gewinnt bei Einbeziehung des politischen Hintergrunds ein anderes Gesicht. Nach Kessler hatte der österreichische Herzog im englisch-französischen Streit ohne zwingenden Grund Partei ergriffen und als Handlanger französischer Interessen fungiert. Entsprechend hat Philipp versucht, sich selbst die politische Dominanz zu sichern und Richard in die Rolle des Finanziers und militärischen Erfüllungsgehilfen zu drängen. Doch dieser hätte mit Leuten, die von ihm das Geld und von Philipp die Befehle entgegennehmen, kurzen Prozeß gemacht.

Für Richard wird dieser kleine Zwischenfall einmal weitreichende und ganz ungeahnte Folgen haben. Herzog Leopold ist sehr verärgert und reist nur drei Tage später überstürzt ab. König Philipp schifft sich am 31. Juli trotz der flehentlichen Bitten seiner eigenen Ritterschaft ein, um nach Frankreich zurückzukehren. Er fühlt sich nicht wohl in der Rolle des Kriegsherrn und hat im eigenen Land dringendere Probleme zu lösen: Er muß die Erbfolge in Flandern zu seinen Gunsten regeln – und er wird versuchen, Richards französische Besitzungen endgültig an sich zu bringen. »Eines sage ich euch«, schreibt Ambroise, »mehr Flüche nahm er mit sich denn Segen« (Ambroise, 77).Richard ist trotzdem nicht unglücklich: In diesem Krieg war Philipp ihm, so der Chronist Richard von Devizes, so lästig »wie ein Hammer, einer Katze an den Schwanz gebunden« (Gillingham 1973, 122).

Um die Erfüllung des Kapitulationsabkommens mit Saladin muß sich Löwenherz jetzt alleine kümmern. Die Kreuzfahrer haben mehrere tausend Geiseln aus der Bevölkerung von Akkon genommen. Aber Saladin kann oder will die Bedingungen nicht fristgerecht erfüllen: Vielleicht ist es ihm einfach unmöglich, so viele Gefangene in der kurzen Zeit auszuliefern und so große Summen aufzubringen. Vielleicht will er aber auch aus taktischen Gründen Richards Zug nach Jerusalem verzögern. Richards Antwort ist ein furchtbares Massaker. Am 20. August befiehlt er, alle Geiseln zu töten, die nicht zum Christentum konvertieren. Auf offenem Feld und vor den Augen von Saladins Armee werden die wehrlosen Menschen von den Kreuzfahrern in Stücke gehauen. Ambroise sieht darin nur die gerechte Strafe: »Und Richard, der König von England, der so viele Heiden in diesem Land getötet, wollte nicht länger sein müdes Haupt darüber belasten; aber daß er den Hochmut der Türken verderbe, daß er ihre Religion vernichte und das Christentum räche, befahl er zweitausendsiebenhundert von ihnen, alle in Ketten, aus der Stadt zu führen, wo sie alle niedergehauen wurden. So wurden ihre Hiebe und ihre Pfeilschüsse gerächt – Lob sei dem Herrn!« Richard selbst schreibt in einem Brief an den Abt von Clairvaux sehr viel kühler: »Sed eodem termino exspirato ... de Sarracenis, quos in custodia habimus, circa duo milia et sescentos, sicut decuit, fecimus exspirare.« – »Aber als diese Frist abgelaufen war ... haben wir die Sarazenen, die wir in unserer Obhut hatten, etwa Zweitausend und Sechshundert, wie es sich gehört, töten lassen«, übersetzt Kessler. Eine genauere Analyse des Wortlautes erschließt uns den Sinn dieser zunächst fremd klingenden Aussage. »Sicut decuit« – »Wie es sich gehört«, das ist eine formelhafte Wendung, die in etwa bedeutet: »Wie es jeder vernünftige Mann in dieser Lage dem Herkommen entsprechend getan hätte.« Für Richard Löwenherz ist der Mordbefehl eine politische Entscheidung, die der allgemeinen Kriegslogik entspricht.

Die Kälte und Menschenverachtung, die aus seinen Worten und aus der grauenhaften Tat spricht, kann man freilich auch so nicht erschöpfend erklären. Nicht unwesentlich zum Verständnis der Tragödie ist aber ein Streit im Kreuzfahrerlager. Nach Kessler habe Philipp vor seiner Abreise noch eine Mine gelegt, die alsbald hochzugehen drohte: Er hatte seinen Anteil an den Geiseln noch rasch Richards Gegner, dem Markgrafen Konrad von Montferrat, übergeben, damit dieser sie als Faustpfand zu Sonderverhandlungen mit Saladin nützen konnte. Es gelang Richard, dieses Kontingent in seine Hand zu bekommen.

Davon abgesehen, gehört zum militärischen Heldentum vielleicht die Rücksichtslosigkeit gegenüber dem Leben – dem eigenen und dem anderer. Auf der Seite der gegnerischen Kriegspartei faßt der Chronist Baha ad-Din zusammen: »Mehrere Gründe wurden angeführt, das Blutbad zu erklären; einer ist, sie hätten sie umgebracht, um sich für den Tod ihrer Gefangenen zu rächen, ein anderer, der König von England habe sich entschlossen, gegen Askalon zu ziehen, um es zu erobern, und er wolle deshalb nicht in seinem Rücken alle diese Leute in der Stadt zurücklassen. Gott weiß es am besten« (Gabrieli, 279).

Sieg über Saladin

Nur zwei Tage später bricht das Kreuzfahrerheer in Richtung Süden auf und zieht, immer an der Küste entlang, nach Jaffa. Das Ziel ist Jerusalem, die Heilige Stadt. Auf dem Meer, in geringer Entfernung zum Ufer, segelt die englische Flotte. Sie sichert Nachschub und Rückzug. Im Landesinnern hätte Richards Armee keine Aussicht, gegen die Reiterei und die geballte Militärmacht Saladins zu bestehen. Abgeschnitten von ihren Rückzugslinien und ihrem Nachschub, wären die Kreuzfahrer den Feinden ausgeliefert. Richards Planung und die militärische Ausführung sind Meisterstücke des mittelalterlichen Militärwesens. In geschlossenen Reihen marschiert die Armee an der Küste entlang, ständig dem Pfeilhagel der feindlichen Reiterei ausgesetzt. Außen, auf der Landseite, gehen die Fußsoldaten: In ihren Kettenpanzern, Lederwämsern und Leibern aus dickem Filz sind sie vor den Pfeilen gut geschützt. So geben sie den Rittern auf den verwundbaren Pferden Deckung. Nur mit dieser schweren Kavallerie, den Panzern des Mittelalters, können die Kreuzfahrer die Schlacht gewinnen. Der Marsch in voller Montur mit Gepäck ist wegen der Hitze und den fortwährenden Angriffen schwer. Viele sterben. Trotzdem halten die Soldaten unter Richards kritischem Auge und seinen steten Ermahnungen unbeirrbar die Marschordnung ein, bis nach Haifa und weiter über die Hänge des Berg Karmel, vorbei an Caesarea – bis zum 7. September. »Und ich glaube nicht, daß je ein Mann, an welchem Ort er auch sei, je besseres Marschieren sehen werde oder sah«, schreibt Ambroise mit sichtlichem Stolz (Ambroise, 87).

Am Morgen dieses Tages entscheidet sich Saladin zum Angriff. Trommeln und Zimbeln klingen, aus dem Wald von Arsuf preschen die Reitertruppen herbei. Aber die »Franken«, wie Saladins Truppen sie nennen, sind vorbereitet. Immer noch marschieren sie in geschlossener Ordnung, direkt auf die Hauptstreitmacht Saladins zu. Ambroise berichtet: »Und ich kann es erzählen und erkläre es euch (und viele wissen, ob ich lüge), daß weder Regen noch Schnee noch Hagel, wenn sie in des Winters Tiefe fallen, jemals dichter flogen als ihre Pfeile dort, die unsere Pferde niederlegten. Und man konnte Bündel von ihnen aufsammeln, so wie Männer Stroh aufsammeln auf dem Feld, so viele waren die, welche auf uns schossen. Und sie warfen sich auf unsere Reihen mit solcher Gewalt, daß es nicht viel gefehlt war, daß sie brachen« (Ambroise, 89). Die Nachhut wird am heftigsten getroffen. Richard hatte dies vorausgesehen und dort die Johanniter plaziert, die Elitetruppe der Kreuzritter.

Sie schicken Boten nach vorne, zur Spitze des Heerzugs, die darum bitten, endlich angreifen zu dürfen. Immer wieder lehnt Richard ab. Schließlich verlieren zwei der Ritter die Nerven, wenden ihre Pferde und stürmen mit dem Ruf »Heiliger Georg!« auf die Feinde los. Die anderen Johanniter folgen. Richard reagiert sofort. Er befiehlt den allgemeinen Angriff. Nur so kann er vermeiden, daß die Ritter einzeln aufgerieben, daß die Wucht des Angriffs geschwächt wird. Er selbst setzt sich an die Spitze. »Das war den Türken ein Neues; denn nun kamen unsere Männer über sie wie der Blitz. Da sah man den dichten Staub auffliegen! Und alle, die abgestiegen waren von ihren Pferden und die auf uns mit ihren Bogen schossen, womit sie unsere Männer so quälten, diese hatten jetzt den Kopf abgeschlagen; denn als die Ritter sie niederrannten, wurden sie von den Sergeanten getötet. Und als bald der König sah, daß das Heer seine Ordnung gebrochen und zu den Türken kam, schlug er die Sporen in sein Pferd, ohne zu warten, und kam mit Geschwindigkeit den vorderen zur Hilfe. Schneller als ein Armbrustpfeil, mit allem angestammten Mut und Eifer, schlug er mit solcher Wucht eine ganze Abteilung der Heiden, die zusammen auf seiner Rechten standen, daß sie alle stumm wurden ob der Ansicht der wackeren Männer, und mit Macht mußten sie ihre Sättel verlassen; ausgebreitet dicht wie Garben von Korn hättet ihr sie sehen können, welche rundumher am Boden lagen« (Ambroise, 91). Wieder ist den Kreuzfahrern ein Sieg über den zahlenmäßig größeren Feind gelungen – dank der Überlegenheit ihrer Waffen, ihrer Taktik, dank Richards ganz persönlichem militärischem Genie. Dem zornigen Saladin, berichtet unser allwissender Chronist, soll einer seiner Kommandeure auf die Vorhaltungen geantwortet haben:

»Großmächtiger Sultan, hör mich an! Mit starkem Recht hast du uns gezüchtigt und uns harte Worte gegeben ... Aber nichts kann [den Franken] widerstehen, denn sie haben Panzer – so stark und fest – damit sie bedeckt sind in solcher Art, daß ihnen Schaden anzutun wir nicht vermögen; nicht mehr als dem wetterharten Fels ... Und doch gibt es noch ein größres Wunder – ein Franke ist in ihrer Gesellschaft, der schlägt und verstümmelt unsere Leute; nie haben wir dergleichen gesehen. Jeder Tag fand ihn selbst an der Spitze, auf jeden Bedarf war er vorbereitet, wie ein guter kampferprobter Ritter. Er ist es, der solche Breschen geschlagen hat in unsere Linien. Und sie nennen ihn Melek (das heißt König) Richard« (Ambroise, 95).

So gewinnt Richard Löwenherz erneut durch Können und Mut eine Schlacht und vermehrt seinen Ruhm – auch unter seinen Feinden.

Nach Jerusalem?

Drei Tage nach dem Sieg von Arsuf, am 10. September 1191, erreicht Richard mit seinem Heer Jaffa. Saladin setzt nach der verlorenen Schlacht auf die Taktik der verbrannten Erde und hat die Stadt und ihre Mauern zerstören lassen. Richards Männer übernachten in einem Olivenhain außerhalb des Stadtgebiets. Es scheint ihnen, als ob sie nach Hunger, Durst und unendlicher Mühsal im wahren Garten Eden angekommen sind: »Vor Jaffa in dem Olivenhain, inmitten guten Gartens, da setzte das Heer Gottes seine Fahnen ... Und da waren Weiden, da waren mannigfache Trauben und Feigen, Granatäpfel, Mandeln, die wuchsen zahlreich überall – große Früchte, mit welchen die Bäume beladen – und die nahm das Heer für sich ohne Entgelt und ward vielfach erfrischt« (Ambroise, 97). Hier wollen sie bleiben, um dann nach Jerusalem vorzustoßen, dem Ziel all ihrer Anstrengungen. Doch vorerst gönnen sie sich Ruhe, setzen die Stadt wieder instand und freuen sich der neugewonnenen Lebenskraft. »Da war das Heer ohne Sorge in der Stadt, und von Tag zu Tag kroch da die Sünde ins Heer, gieriges Leben, Lüsternheit und Leichtsinn, da kamen die sündhaften Frauen wieder ins Heer, die sich unschicklich benahmen. Auf Schiffen kamen sie und Kähnen. Ach, Gnade Gottes!« (Ambroise, 98) Auch Löwenherz rastet. Bei der geliebten Falkenjagd wird er einmal von einer feindlichen Patrouille überrascht. Doch auch dieses Mal gelingt ihm knapp ein glückliches Entkommen, weil einer seiner treuen Ritter sich für ihn ausgibt.

6 Die Falkenjagd war ein Privileg der Vornehmen. Richard hätte sie beinahe den Kopf gekostet.
Buchmalerei aus dem Stundenbuch des Duc de Berry (um 1416).

Endlich wird der Marsch nach Jerusalem in Angriff genommen. Nach einem langsamen Vormarsch liegt die Armee am Jahresende 1191 bei Beit Nuba, nur knapp 20 Kilometer von ihrem Ziel entfernt. Das Wetter ist schlecht, schwerer Regen und heftige Hagelstürme, die Wege versinken im Schlamm. Trotzdem wähnen sich die Männer schon am Ziel ihrer langen Reise. Ambroise berichtet: »Da war im Heer eine große Freude und alle Art von Jubel. Da sah man Männer ihre Köpfe beugen und weinen: O Herr, gewähre uns Deine Hilfe! O herrliche Jungfrau, heilige Maria! O Herr, erlaube uns, Dich anzubeten! Denn nun sollen wir Deinen Schrein erblicken! Da zürnte keiner oder trauerte oder sorgte sich; aber überall war Freude und Glück, überall jubelten sie, überall riefen sie zusammen aus: O Herr, nun gehen wir den rechten Weg; Deine Eigene Gnade führet uns! Doch gab es solche, die diese Worte gering achteten und die Reise zu verzögern suchten; das waren die weisen Templer, die würdigen Johanniter und andere, die in diesem Land geboren waren. Und diese sagten dem König von England, daß wahrlich, nach ihrem Glauben, wenn man Jerusalem belagerte zu dieser Jahreszeit, Saladin angreifen würde ...« (Ambroise, 106). Die Lage ist militärisch aussichtslos. Selbst wenn sie Jerusalem nehmen könnten, was dann? Wie sollten sie es gegen nachrückende feindliche Truppen verteidigen? Wie könnten sie die lebenswichtige Verbindung zum Meer halten? Und wie viele Kreuzfahrer würden als dauerhafte Besatzung nach dem Kampf in der Stadt bleiben?

Die erzählende Quelle vermittelt den Eindruck, als habe Richard sich der Macht dieser Argumente und dem darauf folgenden Beschluß einer Heeresversammlung zum Verzicht auf die Belagerung gebeugt. Kessler jedoch kam nach einer eingehenden Urkundenanalyse zu einem anderen Schluß: Aus den Dokumenten gehe hervor, daß der Heeresrat so entschied, wie er selbst sich lange zuvor schon geäußert und danach seine Dispositionen getroffen hatte. Daraus könnte man folgern, daß Richard nie vorhatte, nach Jerusalem zu gehen. Das wahre Ziel sei vielmehr von Anfang an Ägypten gewesen und das Problem nur, diese Absicht dem Heer so lange zu verheimlichen, bis es im Stande war, die strategische Sinnhaftigkeit dieses Plans einzusehen. Geheimdiplomatie eben ...

Das Kreuzfahrerheer will auf Jerusalem nicht verzichten, aber Richard, der unbesiegbare Feldherr, bleibt hart. Man mag ihm übertriebenen Leichtsinn im Hinblick auf seine eigene Person vorwerfen, aber für eine verlorene Sache hat er sich nie eingesetzt. Im Januar 1192 marschiert die Armee ab, zurück zur Küste. Der Weg führt nach Askalon, so wie es Richard schon lange gefordert hat. Am 20. Januar trifft er dort ein. Askalon ist der letzte Hafen auf dem Weg nach Ägypten. Wenn es gelingt, ihn zu erobern und zu halten, dann ist Saladin im ganzen Heiligen Land vom Meer und vom Nachschub aus Ägypten abgeschnitten. Und in der Tat ist Richard auch hier erfolgreich. Anschließend bauen die Kreuzfahrer die Stadt und ihre Mauern in vier Monaten wieder auf.

Der edle Heide Saladin

Löwenherz verhandelt unterdessen mit Saladin. Schon zuvor in Jaffa hat er dem Sultan eines der ungewöhnlichsten Angebote unterbreitet, die das an diplomatischen Verwirrungen reiche Mittelalter kennt. Löwenherz verhandelt mit Saladins Bruder al-Adil Saif ad-Din, von den Kreuzfahrern Safadin genannt, in luxuriöser und überaus freundlicher Atmosphäre. Dann unterbreitet Richard seinem überraschten Gegenüber folgenden Vorschlag: Wenn Saladin ihm, seinem Bruder Safadin, die Gewalt über Jerusalem übertrage, dann werde er, Richard von England, ihm seine Schwester Johanna zur Frau geben. Als Mitgift würde er die Küste und die Hafenstädte von Akkon bis Askalon erhalten. Das glückliche Paar könnte dann in Jerusalem leben, das sowohl Christen und Muslimen zugänglich wäre. Safadin ist von der Idee beeindruckt und teilt sie seinem Bruder umgehend mit. Der akzeptiert – pro forma. Johanna allerdings ist sehr erzürnt und will nichts davon wissen, und natürlich steht ohnehin außer Frage, daß eine Christin von königlichem Geblüt nicht einen Heiden heiraten kann. Safadin könnte allerdings, schlägt Richard bei einem weiteren Treffen vor, sich taufen lassen, dann stünde dem Arrangement nichts im Weg. Das wiederum kann Safadin nicht annehmen. So scheitert der schöne Plan. War er nur eine Farce, ein großer Witz, wie neuerdings einige Historiker annehmen? Oder ein Instrument rationaler Realpolitik über Religionsschranken hinweg? Ein ernstgemeinter Versuch Richards, ein militärisch unerreichbares Ziel auf dem Weg spezifisch feudaler Heiratsdiplomatie zu gewinnen? Oder raffinierte Hinhaltetaktik? Vermutlich ein wenig von allem.

Kessler hat darauf hingewiesen, daß ein solcher Vorschlag unvereinbar mit typischer Kreuzfahrergesinnung sei, weil sich hierin die Auffassung einer prinzipiellen Gleichwertigkeit der Gegner äußere. Auf dem Höhepunkt der ritterlichen Kultur gab es tatsächlich Ansätze zu Humanität und Toleranz, jedoch lediglich unter den Angehörigen der adligen Elite beider Kulturkreise, weniger beim einfachen Volk.

Saladin kann diesen Vorschlag nicht ernsthaft in Erwägung gezogen haben, denn auch er führt einen heiligen Krieg gegen die Ungläubigen: »Das Verlangen nach dem heiligen Krieg hielt sein Herz und alle seine Sinne gefangen, so daß er von nichts anderem als davon sprach und sich um nichts anderes als um Rüstung und Soldaten für den heiligen Krieg kümmerte«, berichtet sein Chronist Baha ad-Din (Gabrieli, 143). Sein voller Name, unter dem ihn Zeitgenossen und Landsleute kennen, ist al-Malik an-Nasir Salah ad-Din Abu'l-Muzaffer Yusuf ibn Ayyub ibn Shadi. Der Titel »al-Malik an-Nasir« bedeutet in etwa »König, Beschützer (des Glaubens)«; man nennt ihn auch »Nur ad-Din«, »Licht des Glaubens«.

Den Europäern ist er der Inbegriff des edlen Heiden, und noch Lessing hat ihn in seinem »Nathan der Weise« verewigt. Saladin ist tatsächlich eine der faszinierendsten Gestalten seiner Zeit. Aus einfachen Verhältnissen stammend, erkämpft der Kurde seinen Weg zum Heerführer und schließlich zum Herrscher über ein riesiges Reich, das sich von den Ufern des Tigris im Osten bis zu den Grenzen Tunesiens im Westen erstreckt. Nachdem er seine Gegner besiegt hat, wendet er sich einem anderen Ziel zu: der Befreiung des Heiligen Landes. An seiner Glaubensstärke besteht kein Zweifel – auch ihm als gläubigem Muslim ist Palästina heilig. Dabei vereint er in seinen Taten tiefen Glauben, bemerkenswerten Realitätssinn und wirkliche Milde. Nach der Eroberung Jerusalems läßt er 200 gefangene Ordensritter, die Elitetruppen des Kreuzfahrerheeres, kaltblütig abschlachten, ohne sichtbare Gemütsbewegung. Alle anderen Bewohner der Stadt aber verschont er, ganz anders als die christlichen Invasoren 88 Jahre zuvor. Saladin und Richard Löwenherz sind gleichwertige Gegner, in ihren Tugenden ebenso wie in ihren Fehlern – das haben die Zeitgenossen und wohl auch sie selbst erkannt. Doch sie haben sich nie getroffen, weder bei Verhandlungen noch auf dem Schlachtfeld. Saladin, der Ältere und Besonnenere, hat bei einer späteren Verhandlung mit dem Bischof von Salisbury in Jerusalem seiner Sorge um Richards Wohlergehen glaubhaft Ausdruck verliehen: »Um nicht zu streng von ihm zu sprechen, so geht er doch oft ohne Not in die Gefahr und ist zu freigebig mit seinem Leben ... Ich wollte lieber mit Reichtum gesegnet sein, so er von Weisheit und Mäßigung begleitet ist, denn mit Wagemut und Unmäßigkeit.«

MACHENSCHAFTEN IM HEILIGEN LAND

Die Sorge Saladins sollte sich später als sehr berechtigt erweisen. Doch vorerst kämpft Richard nur an der politischen Front. Philipp ist mittlerweile nach Frankreich zurückgekehrt. Er stellt damit eine potentielle Bedrohung für Richards Besitzungen dar, obwohl er vor seiner Abreise geschworen hat, Richards Länder bis zum Ablauf von 40 Tagen nach dessen Rückkehr nicht anzugreifen. In England greift Richards Bruder Johann offen nach der Krone. Im Heiligen Land starten die französischen Befehlshaber eine Verleumdungskampagne, die Richard beschuldigt, Philipp nach dem Leben zu trachten.

Überall drohen also üble Machenschaften, die sofortige Klärung erfordern. Zudem spaltet die Frage, wer rechtmäßiger König von Jerusalem und damit Herrscher des Heiligen Landes sei, das Kreuzfahrerheer in zwei Fraktionen. Die Tatsache, daß Jerusalem nach wie vor von Saladin gehalten wird, macht die Angelegenheit nicht einfacher.

Guido von Lusignan, der angestammte König des Kreuzfahrerstaates Jerusalem, war 1187 in die Gefangenschaft Saladins geraten. Als er 1188 wieder freikam, befand sich sein Rivale, Konrad von Montferrat, bereits an der Macht. So zog Guido in einem Anfall ganz unwahrscheinlicher Torheit, wie man damals glaubte, 1189 mit seinen Anhängern zur Belagerung von Akkon. Wider jede Erwartung läßt er sich aber von dort nicht mehr vertreiben. Vor Akkon stirbt seine Frau Sybilla, und da sie die eigentliche Erbin des Königreichs Jerusalem ist, stirbt mit ihr auch ein großer Teil seines Anspruchs auf den Thron. Konrad dagegen heiratet, in einem faszinierenden Winkelzug, Sybillas jüngere Schwester Isabella. Daß diese noch verheiratet ist, scheint Konrad nicht weiter zu stören. Er findet einen willfährigen Bischof und läßt die bestehende Ehe scheiden. Damit herrscht eine Pattsituation zwischen Guido und Konrad: Beide haben rechtmäßige Ansprüche auf die Herrschaft über Jerusalem. Philipp unterstützt von Frankreich aus Konrad, Richard scheinbar Guido von Lusignan. Nur wird am Ende nicht dieser, sondern ein Neffe Richards Herrscher im Heiligen Land.

Von so verwirrender Komplexität kann mittelalterliche Politik sein. In dieser schwierigen Situation erfährt Richard von Kämpfen in Akkon. Er reitet sofort zurück und erreicht wenig später die Stadt, in der das Chaos herrscht. Genueser und Pisaner liefern sich Kämpfe, um Allianzen, Handelsanteile und Vorrechte zu sichern. Sie besitzen eigene, mit Mauern abgetrennte Stadtviertel und sind gewissermaßen die Dienstleister der Kreuzzüge, transportieren Ritter und Pilger auf eigene Rechnung, handeln mit Spezereien, Lebensmitteln und Waffen. Jetzt sind alte Rivalitäten wieder aufgebrochen. Zudem soll die Stadt Konrad von Montferrat in die Hände gespielt werden. Richard erreicht einen Waffenstillstand, dann sucht er Konrad auf. Der hat seit dem Herbst des Vorjahres mit Saladin wegen eines Separatfriedens verhandelt, was einem Verrat gleichkommt. Als er von Richards Ankunft erfährt, flieht er aus der Stadt. Die Verhandlungen bleiben erfolglos. Am 16. April beruft Richard eine Heeresversammlung ein: Entweder Konrad oder Guido, diese Frage muß jetzt geklärt werden. Die Versammlung stimmt für

Konrad. Richard ist nicht begeistert, aber er beugt sich scheinbar. Ein Bote wird nach Tyrus gesandt, um Konrad zu benachrichtigen. Der fällt auf die Knie und lobt Gottes weise Wahl, berichten die Chronisten. Guido von Lusignan hat, wie sich bald herausstellt, Glück im Unglück gehabt: Wenig später übergibt ihm Richard die Insel Zypern. Guido und seine Nachkommen werden dort 200 Jahre lang herrschen.

Ein mysteriöser Mord

Konrad dagegen bleibt nicht viel Zeit, sich an seiner neuen Würde zu freuen. Am 28. April, nur zwölf Tage nach seiner Wahl, kehrt er abends von einem Besuch bei dem Bischof von Beauvais zurück. Er ist zu Pferd und hat nur wenige Begleiter bei sich. »Nun sollt ihr hören«, schreibt Ambroise, »wie schnell das Glück sich ändert und wie geschwind es sich in Schmerz verkehrt.« In der Nähe der Geldwechselstuben von Tyrus, in einer schmalen Gasse, wird Konrad von zwei Männern in Kutten angehalten. Sie seien fromme Mönche, sagen sie, und gekommen, um ihm eine Bittschrift zu übergeben. Als Konrad nach dem Schreiben greift, ziehen die Männer ihre Dolche und stechen auf ihn ein. Konrad stirbt noch am selben Abend. »Er wurde eingeladen in die Hölle, wo (der Engel) Malik auf sein Kommen wartete, die Glut nach ihm ausschaute, der tiefste Grund des Feuers brannte, die Lohe loderte, die Flamme voll Erwartung züngelte«, triumphiert ein Chronist der Gegenseite, Imad ad-Din (Gabrieli, 295).

Einer der Attentäter wird noch am Tatort getötet, der andere sagt unter der Folter aus, er sei ein Anhänger des Alten vom Berge, aber der englische König habe den Auftrag für den Mord an Konrad gegeben. Viele glauben ihm: Löwenherz hat wahrhaft Grund genug, Konrad den Tod zu wünschen. Aber hat Richard Löwenherz wirklich den Befehl zum politischen Mord gegeben?

Der eigentliche Auftraggeber ist auf jeden Fall Rashid ad-Din Sinan. Der Alte vom Berge, wie er auch genannt wird, der seine Anhänger auf einer entlegenen Bergfestung um sich schart, ist der Anführer der

Assassinen, einer geheimbundähnlichen muslimischen Sekte. Zur Erhaltung der eigenen Macht spielt der Alte vom Berge die Kreuzfahrer und den Sultan Saladin gegeneinander aus, wobei seine Leute auch vor Meuchelmorden nicht zurückschrecken. Selbst der rechtgläubige Sultan Saladin entgeht nur knapp einem seiner Anschläge. Daher stammt scheinbar auch ihr Name Assassinen (frz. assassin = Mörder), der jedoch in Wahrheit auf das arabische Wort für Haschischgenießer zurückgeht. Durch den Haschischkonsum seiner Anhänger sicherte sich der Alte vom Berge blinden Gehorsam.

Das Geständnis des Täters, zu den Anhängern des Alten vom Berge zu gehören, ist durchaus glaubwürdig. Aber es gibt allem Anschein nach noch einen Hintermann, und sowohl Richard als auch Saladin werden in dieser Funktion genannt. Die Behauptung des Assassinen, Richard Löwenherz sei der eigentliche Auftraggeber gewesen, ist allerdings mit einiger Vorsicht zu genießen: Der französischen Partei im Kreuzfahrerheer kommt diese Aussage nur zu gelegen. Die Chronisten nennen dagegen einen guten Grund dafür, warum der Alte vom Berge Konrad auf eigene Rechnung hatte ermorden lassen. Konrad, so berichten sie, hatte ein Schiff, das den Assassinen gehörte, in Akkon aufbringen lassen und die kostbare Ladung beschlagnahmt. Über die Gründe dafür – persönliche Habgier, Handelskonflikte, Streitereien – geben die Quellen verschiedene Gründe an. Trotzdem, auch hier bleiben Zweifel. Später, als Richard in Gefangenschaft ist, taucht ein angeblicher Brief des Alten vom Berge auf, der die westliche Welt vom wahren Urheber des Anschlags unterrichten will; auch er erzählt die Geschichte von Streit und Beschlagnahme. Dieser Brief ist mit großer Sicherheit eine Fälschung – und wahrscheinlich die Quelle der Chronisten. Wenn es auch nicht völlig auszuschließen ist, daß Richards Gefolgsleute Mittel und Wege fanden, den Alten vom Berge zu kontaktieren und ein Bekennerschreiben von ihm zu fordern – dieses überlieferte Schreiben ist offensichtlich nicht das richtige. Aber es ist aufgrund dieser Beweise auch nicht auszuschließen, daß Richard wirklich der Auftraggeber des Attentats gewesen ist.

7 (Rechte Seite) Die Führer des fanatischen Geheimbundes der Assassinen tragen den Titel »Alter vom Berge«. Ehe die Mitglieder des Bundes zu Attentaten ausgeschickt werden, dürfen sie im Liebesgarten des Alten vom Berge die Wonnen des Paradieses erleben. Hat auch Richard einen von ihnen als Meuchelmörder gedungen? Buchmalerei aus dem »Livre des Merveilles« (um 1412).

Le liure de marc paul
Cy deuise du viel de la montaigne. et de son estat.
Mulette est vne contree la ou le viel de la montaigne souloit de/
mourer anciennement. et vault dire mulette en francois dieu
terrien. Or vous compteray tout son affaire selonc ce que le dit
messire marc pol qui loy compter a plusieurs hommes de celle co
tree. Le viel estoit appellez en leur langaige aloadin. Il auoit
fait fermer entre deux montaignes le plus grant iardin et le plus beau qui onc
ques feust veus. plains estoit de tous les fruis du monde. Et y auoit les plus
belles maisons et les plus beaux pallais qui onques feussent veus. tous do
rez et pointurez de toutes choses moult bien. Et si y auoit conduis qui couroi
ent moult bien de vin et de lait de miel et deaue. Et estoit plains de dames et de
damoiselles les plus belles du monde. qui sauoient iouer de tous instrumens
et chanter moult bien. et dansoient si que ce estoit vns delis de ce veoir. et leur
faisoit entendant le viel que ce iardin estoit paradis et pour ce lauoit il fait de
tel maniere que mahommes dist que leurs paradis seroit beaux iardins plais
de conduis de vin et de lait et de miel et deaue. et plains de belles femmes au
delit de chascun en tel maniere comme cellui du viel. Et pour ce creoient il que
ce fust padis. En cel iardin nentroit nulz homs se non ceulz que il vouloit fai
re ses hassisins. il auoit vn chastel a lentree de ce iardin si fort que tous li mon
des ne le pouoit prendre. Et ne pouoit on entrer en ce iardin que par illec. Et
tenoit en sa court Jeunes enfans de xij. ans de sa contree qui auoient voulē
te de estre hommes darmes et leur disoit comment mahommet disoit que
leurs paradis estoit de la maniere que ie vous ay dit. et ceulx le creoient co

Krieg und Frieden

Nachdem Richard Löwenherz alle diese störenden und unheiligen Machenschaften bereinigt hat, mit oder ohne die Unterstützung des Alten vom Berge, schickt er sich augenscheinlich ein letztes Mal an, die Heilige Stadt Jerusalem zu erobern. Bis zum Osterfest werde er bleiben, läßt er in der Stadt ausrufen, ebenso daß sie alle nach Jerusalem ziehen werden. Als die muslimische Bevölkerung Jerusalems von seinem Plan erfährt, bricht Panik aus. Nur zu gut erinnert man sich an das Massaker von Akkon. Selbst Saladin ist ernsthaft beunruhigt. Aber erst nach dem Pfingstfest marschieren die Kreuzfahrer auf Jerusalem zu, ohne größerem Widerstand zu begegnen. Schließlich lagern sie nur wenige Kilometer vor der Stadt in Beit Nuba. Sie sind wieder dort angekommen, wo sie schon sechs Monate zuvor waren. Erste Scharmützel und kleinere Beutezüge sind erfolgreich. Jetzt wollen die Kreuzfahrer endlich den entscheidenden Angriff. Aber Richard zögert, tagelang, wochenlang. Warum?

Die strategische Lage hat sich nicht geändert. Wieder erklären die ortskundigen Ritter dem murrenden Heer die Lage: »Und da begann das Volk zu sprechen, die waren voll großer Bitternis, weil sie nicht Jerusalem belagerten, nach dem sie sehr begehrten; und sie wollten nicht schweigen. Und die, welche den Eid genommen hatten (die Ordensritter) und beschlossen hatten, daß das Heer dort nicht hingehen sollte, wiederholten ihnen die Gründe dafür; und sie sagten auch, daß wenn sie die Stadt belagern sollten, dann würden sie so wenig Wasser dort finden, daß weder Mensch noch Tier zu trinken hätten« (Ambroise, 140). Wieder verweigert Richard letztlich den Weitermarsch nach Jerusalem. Seinen Kritikern entgegnet er: »Dieses Unterfangen kann nicht geschehen; und Ihr werdet mich niemals sehen, wie ich meine Leute in ein Unternehmen führe, aus dem ich nichts als Schmach gewinne; wenig kümmert mich, wer mich jetzt in dieser Sache mißversteht. Wißt nämlich mit Gewißheit, daß Saladin unsere Zwecke kennt und unsere Stärke ... Und wenn ich nun das Heer hinführe und Jerusalem belagern soll und ein Mißgeschick geschähe, durch das Verlust entstünde, dafür sollte ich ewig beschuldigt werden und verleumdet. Und ich weiß es wahrhaftig und mit Sicherheit, daß es Leute gibt, hier und in Frankreich, die haben gewünscht und wünschen noch mit Inbrunst, daß ich etwas von dieser Art tue, davon überall schlecht gesprochen würde. Und wir – Menschen aus fremden Ländern, die nicht die Straßen hierorts kennen, die Wege, die Pfade, die schweren Pässe und gefährlichen Schluchten –, wir können nichts zum Gewinn erreichen, da wir das Wissen nicht haben, welches uns die Macht gäbe, das Land zu erobern« (Ambroise, 137). Man kann Richard sicher Ruhmsucht unterstellen, nicht aber mangelnden Realismus. Und endlich legt er offen dar, wieviel sinnvoller es doch sei, nach Ägypten zu ziehen, um den Feind im Zentrum seiner Macht anzugreifen. Jerusalem könnte dann den Kreuzfahrern wie eine reife Frucht zufallen. Aber die Masse des Heeres besteht aus Pilgern, nicht aus Strategen, und von ihnen will niemand nach Ägypten. Auch die französische Heeresführung hetzt gegen den Feldherrn.

Eines Tages, so berichten die Chroniken, sei Richard auf die Hügel nahe Emmaus geritten, als er plötzlich Jerusalem in der Ferne liegen sah. Er habe sein Gesicht mit dem Schild verdeckt, um nicht sehen zu müssen, was er nicht erreichen konnte.

Der Weg führt das Heer wieder zurück an die Küste und weiter bis nach Jaffa. Richard führt erneut Verhandlungen mit Saladin, doch ohne Erfolg. Als er Jaffa verläßt und nach Akkon zurückkehrt, überfällt und erobert Saladin die nun wehrlose Stadt. Richard macht sich sofort zu Schiff auf den Rückweg. Vom Meer aus scheint Jaffa ganz in der Hand Saladins zu sein; aber überraschend springt ein Bote vom Turm der Zitadelle ins Meer und schwimmt auf Richards rot gestrichene Galeere zu. Von ihm erfährt der König, daß immer noch Verteidiger auf der Festung ausharren, und er befiehlt den Angriff. Ohne Rüstung springt er selbst vom Schiff ins seichte Wasser, stürmt den Strand hinauf, mit dem Schwert um sich schlagend, mitten in die gegnerischen Truppen. Diese

8 Schon im Altertum unter König Antiochus war Jerusalem Objekt der Begierde. Auch Richard wird mit seinen Kreuzrittern die Stadt belagern. Doch er zögert mit dem Angriff. Warum? Buchmalerei (15. Jh.).

ziehen sich völlig überrascht zurück. Am 5. August wagt Saladin einen Überraschungsangriff auf das Heerlager der Kreuzfahrer. Wieder reagiert Richard blitzschnell, wieder führt er das Heer in die Schlacht. Saladins Bruder schickt seinem Gegner Richard mitten durchs Kampfgetümmel zwei wertvolle Pferde. Es sei eines Königs nicht würdig, ohne Pferd zu kämpfen, läßt er sagen, und er bitte Richard, diese beiden aus seinem Stall anzunehmen. Unter Todfeinden ist dies eine entschieden ungewöhnliche und ritterliche Geste. Die Schlacht entscheiden schließlich eine ungewöhnliche Taktik Richards und die Wut und Raserei der Franken. Saladin zieht seine Armee zurück, diesmal endgültig. Am 2. September wird ein Vertrag geschlossen, der für drei Jahre den Christen den eroberten Küstenstreifen zugesteht, Saladin aber Jerusalem. Askalon, mühsam wiederaufgebaut, wird erneut zerstört. Den christlichen Pilgern sagt Saladin sicheres Geleit zu und freien

Zutritt zu den heiligen Stätten Jerusalems. Viele Kreuzfahrer brechen gleich auf, Richard aber will die Stadt nicht sehen, die er nicht erobern konnte. Am 9. Oktober 1192 reist er von Akkon aus mit dem Schiff in Richtung Heimat. Der dritte Kreuzzug ist beendet, mit zwiespältigem Ergebnis.

In Gefangenschaft

Richard tritt auf seiner Galeere, der »Franknef«, die Heimreise an. Von Kreuzzugsheimkehrern wird das Schiff dann in Brindisi gesichtet, allerdings ohne den König. Drei Monate wird man nichts mehr von Richard Löwenherz hören. Es ist, als ob der Erdboden ihn verschluckt hätte. Auch heute sind die genauen Umstände seines zeitweiligen Verschwindens nicht geklärt. Die zeitgenössischen Berichte widersprechen sich. Nach allem, was wir wissen, wollte Löwenherz vermutlich in Südfrankreich landen. Kurz vor seiner Ankunft an der Küste erfuhr er dann von dem Plan König Philipps und des Grafen von Toulouse, ihn gefangenzunehmen. Die Möglichkeit, durch die Meerenge von Gibraltar und über den Atlantik weiter nach England zu segeln, wird er kaum ernsthaft in Erwägung gezogen haben: Dagegen sprachen der stürmische Herbst, seine Schiffe, die dafür nicht gebaut waren, und schließlich die Herrschaft der muslimischen Seeräuber über die Gewässer von Gibraltar. Löwenherz beschließt, so scheint es, mit seinen Begleitern von der nord-östlichen Adriaküste über die Ostalpen nach Österreich und dann über Böhmen an die Nord- oder Ostsee zu ziehen. Im Niedersächsischen wäre er so über das Gebiet seines Schwagers, des Welfen Heinrich der Löwe, gekommen.

Es wird berichtet, Löwenherz habe Piraten angeworben, um unerkannt an der nördlichen Adriaküste zu landen, habe aber mit deren Schiff bei Venedig Schiffbruch erlitten. Sicher ist, daß Löwenherz im Winter 1192 in Österreich – in Kärnten – eintrifft. Doch auch diese neue Route ist nicht ohne Gefahren: Löwenherz durchquert das Territorium des österreichischen Herzogs Leopold – seit der Fahnenaffäre von

9 Die Legende will, daß Richard beim Grillen eines Hähnchens in Österreich von seinen Häschern geschnappt wird. Kupferstich von M. Merian d. Ä. (1630).

Akkon ein eingeschworener Feind – und kann die Länder des deutschen Kaisers Heinrich VI., des Nachfolgers Barbarossas und damit eines weiteren politischen Gegenspielers, nicht gänzlich vermeiden.

Auch wenn der Angriff auf einen Kreuzfahrer ein vom Papst geächtetes Verbrechen ist, sind Leopold und Heinrich an Richards Festsetzung mindestens ebenso interessiert wie der französische König. Es ist wieder einmal ein Wagnis wie aus einem Ritterroman und für den König einer Großmacht auch damals ein entschieden ungewöhnliches Vorhaben. Richards Inkognito als reicher Kaufmann läßt sich nicht lange aufrechterhalten. Zu gut gekleidet ist die Reisegesellschaft und zu wenig sparsam. Gerüchte, der König von England sei im Land, verbreiten sich in den Städten und Dörfern. In Friesach in Kärnten kann Löwenherz einem Suchtrupp Leopolds noch entkommen. Der Ritter Roger von Argentan, den man ausgesandt hat, um ihn zu finden, ist ein Normanne wie Richard. Er fällt vor Löwenherz auf die Knie, bietet ihm seine Dienste und seine Pferde an, bittet ihn, die Flucht zu ergreifen. Der König flieht mit nur zwei Begleitern bei Nacht und Nebel. Dann verläßt ihn das Glück. In einem kleinen Ort in der Nähe von Wien, am Tag des Apostels Thomas, dem 21. Dezember 1192, finden ihn Leopolds Häscher. Von den Umständen seiner Verhaftung gibt es wiederum abweichende Berichte. Die bestbezeugte Version läßt ihn krank und hungrig in seinem Quartier liegen, während sein Page Besorgungen erledigen geht. Der Page habe, so berichten die Chronisten, zu sehr mit Rang und Reichtum seines Herrn geprahlt, sogar die Handschuhe mit dem aufgestickten königlichen Wappen sichtbar im Gürtel getragen. Die Stadtwache habe ihn darauf festgehalten und gefoltert, bis der arme Junge die Unterkunft seines Königs preisgab. Als die Wache vor dem Haus aufzieht, begleitet von einer johlenden Menschenmenge, tritt Richard vor die Tür: Er werde sein Schwert nur Herzog Leopold persönlich übergeben, soll er gesagt haben. Eine andere Version, die unter den Feinden kursiert, teilt der Chronist von Reims mit: »Aber er wurde beobachtet und erkannt. Als er dieses erkannte, nahm er das Gewand eines Küchenknechts an und ging selbst in die Küche und drehte dort Kapaune am Bratspieß. Aber ein Spitzel ging und erzählte es dem Herzog, und als der Herzog es herausfand, da sandte er so viele seiner Ritter und Anhänger, daß sie ihn leicht übermannte« (Anonymus, 272). Ein großer und kostbarer Rubinring habe den scheinbaren Koch verraten, ergänzen andere Erzähler. Herzog Leopold ist jedenfalls selbst in der Stadt und kommt sofort herbeigeeilt. Richard Löwenherz ist nun Gefangener des österreichischen Herzogs, und man bringt ihn auf die Burg Dürnstein in der Wachau. Von dort aus wird er später auf die Burg Trifels am deutschen Rhein geschafft, vor allem aber finden wir ihn in den Rheinstädten: in Speyer, Worms und Mainz. Er befindet sich in der wachsamen Obhut des deutschen Kaisers, aber nicht im Kerker und nicht in Kettenhaft. Er ist jetzt ein wertvolles Pfand in den Händen seiner Gegner.

JOHANN OHNE LAND

In England glaubt unterdessen kaum noch jemand daran, daß Richard Löwenherz, der verschollene König, je zurückkehren wird. Während er, von der Außenwelt abgeschnitten, über die Alpen wandert und schließlich in Gefangenschaft gerät, probt sein eigener Bruder den Aufstand. John Lackland, »Johann ohne Land«, nennt man ihn spöttisch, weil er unter seinem strengen Vater einst ohne eigenes Land geblieben war. Vor seiner Abreise hat Richard ihn im Interesse der Dynastie mit großen Ländereien und einer starken Machtposition in England ausgestattet. Jetzt versucht Johann, die Macht ganz an sich zu reißen. Im Januar 1193 erfährt er von Richards Festnahme – Philipp II. August von Frankreich ist der eifrige Überbringer der Nachricht. Johann reist sofort nach Frankreich, um Philipp als Lehnsherrn zu huldigen. Dann kehrt er zurück und versucht den Staatsstreich: Richard sei tot, behauptet er, und somit er der rechtmäßige Thronfolger. Er bittet den schottischen König Wilhelm um Waffenhilfe, aber dieser lehnt ab, da er zu Richard stets gute Beziehungen gepflegt hat. Daraufhin ersucht Johann den Grafen von Flandern um eine Invasionsarmee – und der sagt zu. Als seine Söldner an der englischen Küste landen, werden sie von eilends aufgestellten englischen Truppen aufgerieben. Die greise Eleonore von Aquitanien, Johanns und Richards Mutter, führt in Richards Namen Krieg gegen ihren jüngsten Sohn. Der zieht sich auf seine Burgen Nottingham und Tickhill zurück und wartet auf bessere Zeiten. Die Bedeutung seiner Rebellion wird laut Kessler vielfach überschätzt; im Grunde reichten Richards Maßnahmen vor und während des Kreuzzugs völlig aus, Johann in Schach zu halten. Die volkstümliche Überlieferung aber sieht das anders.

Aus vielen Sagen und Romanen kennen wir John Lackland als »den bösen König Johann«. In seinem Auftrag, so erzählt man seit Jahrhunderten, hat der berüchtigte Sheriff von Nottingham das Land während der Abwesenheit des rechtmäßigen Königs ausgeplündert. Dagegen sei ein Mann aufgetreten, Robin Hood, der edle Räuber. Aber:

Hat es Robin Hood wirklich gegeben? Und in welchem Zusammenhang steht seine Geschichte mit der von Richard Löwenherz? Die historische Forschung ist sich in dieser Frage nicht einig. Offensichtlich ist, daß es verschiedene Überlieferungslinien gibt, die Robin Hood in verschiedenen Zeiten und an verschiedenen Orten festmachen. Die heute bekannte Version geht auf eine Geschichte Englands zurück, die der Schotte John Major im Jahre 1521, also Jahrhunderte später, verfaßte. Erst seine Erzählung versetzt Robin Hood und seine Räuberbande in die Zeit des Richard Löwenherz. Hat die Legende einen faktischen Hintergrund? Kein Eintrag in den Steuerverzeichnissen und Kirchenbüchern bezeugt die Existenz eines Robin Hood in und um den Sherwood Forest zur Zeit König Richards. Die Existenz des edlen Räubers Robin Hood kann man also nicht beweisen. Der britische Historiker Anthony Bridge

10 Viele Sagen ranken sich um das Leben Richards. So auch die Geschichte vom edlen Räuber Robin Hood. Historisch nachweisbar ist er nicht.
Ausschnittbogen für ein Papiertheater, Lithographie (1821).

hat allerdings auf einen bemerkenswerten Sachverhalt hingewiesen: Nach seiner Befreiung und Rückkehr nach England setzt Richard Löwenherz in Nottingham für die Zeit vom 30. März bis zum 2. April 1193 ein Treffen des Staatsrats an, so berichten die Quellen. Damals jagt er auch tatsächlich im Wald von Sherwood. Eine weitverbreitete Ballade berichtet nun, er habe sich dort als Mönch verkleidet, um so den berühmten Robin Hood, den König der Gesetzlosen, zu treffen.

Es ist immerhin denkbar, daß Richard Löwenherz im Wald von Sherwood Gesetzlose und Geächtete getroffen hat, verstoßen von der Gesellschaft und verfolgt von der ungerechten und grausamen Obrigkeit seines eigenen Königreichs, es mag sein, daß ihn das zu neuer Gesetzgebung veranlaßt hat, und es mag auch sein, daß die Legende einem von ihnen den Namen Robin Hood gegeben hat. Beweisen läßt sich das nicht, aber widerlegen ebensowenig.

DIE BEFREIUNG

Noch aber ist Löwenherz in der Macht seiner Gegner, und die pokern um die Bedingungen seiner Freilassung. Herzog Leopold verlangt vom Kaiser zunächst die gewaltige Summe von 50 000 Mark für die Übergabe seines wertvollen Gefangenen, und Heinrich stimmt zu. Er wird schließlich 150 000 Mark Silber für Richards Freiheit fordern. Leopold fordert von Richard außerdem die Freilassung des Isaak Komnenos, mit dem er entfernt verwandt ist, und seine Wiedereinsetzung als Herrscher über Zypern. Isaak wird auch tatsächlich befreit, stirbt aber kurz darauf bei einem Umsturzversuch in Konstantinopel – ein Giftmord, wird gemunkelt. Mittlerweile, es ist Anfang Frühjahr 1193, weiß ganz Europa von der Gefangenschaft des englischen Königs. Der englische Kanzler Walter von Coutances beruft den Staatsrat ein und entsendet zwei Äbte nach Deutschland, um Richards Aufenthaltsort in Erfahrung zu bringen. Gegen Ende März finden sie ihn in Ochsenfurt am Main auf der Reise nach Speyer, wo er sich vor dem Kaiser verantworten soll. Heinrich VI. hat ihn unter Anklage gestellt. Beschuldigt wird er der Verschwörung gegen das Reich, der Mißhandlung Leopolds von Österreichs und des Mordes an Konrad von Montferrat. Es sind ganz offensichtlich konstruierte Anschuldigungen, und die ganze Situation erinnert an Schauprozesse der jüngeren Vergangenheit. Die Äbte finden Richard trotzdem bei guter Gesundheit und voll ritterlichem Geist, Humor und Selbstbeherrschung.

Das Tribunal in Speyer am 22. März verwandelt er in seinen größten Triumph. Auf die Anklagen des Kaisers, die dieser von seinem Thron herab verkündet, antwortet Richard redegewandt und bescheiden, so daß die Anwesenden völlig von seiner Position überzeugt werden. Der Kaiser selbst gibt ihm, von Gefühlen überwältigt, den Friedenskuß. Die Umstehenden weinen vor Freude, die Gefahr einer Konfrontation scheint gebannt. Es ist eine rührende Szene und zugleich ein Höhepunkt symbolischer Politik: Wie sieht die Realität aus, hinter der glänzenden Oberfläche? Natürlich ist Heinrich VI. ein viel zu kluger und gerissener Politiker, um sich von momentaner Rührung zu unüberlegten Gesten hinreißen zu lassen: Sentimentalität ist nicht seine Sache. Auch hat sich an den grundlegenden Fakten nichts geändert: Richard ist in der Gewalt des Kaisers, ein enormes Lösegeld muß gezahlt werden, der englische König ist gezwungen, politisches Entgegenkommen zu zeigen, und muß am Ende für England den Lehnseid leisten.

Was hier geschieht, ist eine politische und symbolische Inszenierung höchsten Grades, die es beiden Parteien ermöglicht, ihr Gesicht zu wahren und ihre Ehre wiederherzustellen. Symbolisch erringt Löwenherz seine Macht zurück, symbolisch verzeiht ihm der Kaiser seine fiktiven Verbrechen. Danach ist Richard Löwenherz noch fast ein Jahr lang in seiner Gewalt, bis der Großteil des Lösegelds gezahlt und für den Rest Geiseln gestellt sind. Die politisch aktive Rolle, die Richard während dieser Zeit spielt, ist das Ergebnis neuerer Forschungen. Er regiert vom Rhein aus sein Königreich, entfaltet eine rege Diplomatie und Geheimdiplomatie und schafft es, als Gefangener eine Allianz deutscher Reichsfürsten um sich zu sammeln. An ihrer Spitze steht der Kölner Erzbischof Bruno, jener Mann, der wenige Jahre später – 1198 –

11 1193 fällt Richard in die Hände Kaiser Heinrichs VI., der ihn auf Burg Trifels in der Pfalz gefangensetzt. Erst nachdem Richard 1194 ein hohes Lösegeld gezahlt und den Lehnseid geleistet hat (unten), läßt der Kaiser ihn frei. Buchmalerei (1195/1196).

12 (Rechte Seite) Der Sänger Blondel vor Königin Maria von Anjou. Der anrührenden Volkssage nach soll er seinen König Richard lange gesucht und schließlich befreit haben. Buchmalerei (1455).

auf Richards Wunsch und mit Hilfe seines Geldes Richards Neffen Otto zum deutschen Gegenkönig krönen wird. Ein zehnjähriger Bürgerkrieg ist die Folge: Richards Rache an den Staufern.

Nach einer Legende hat sich die Befreiung Richards ganz anders gestaltet: Der nordfranzösische Trouvère Blondel habe seinen König Richard Löwenherz gesucht, überall in den deutschen Landen. Vor jeder der vielen Burgen habe er jenes Lied gesungen, das er und der König einst in glücklicheren Tagen gemeinsam erdacht hatten. Schließlich, nach vielen Monaten der Wanderschaft, habe von einem Burgturm herab ein Gefangener mit einer Liedzeile geantwortet. Das sei Richard Löwenherz gewesen. Der treue Blondel habe ihn befreit und gemeinsam seien sie in die Heimat gezogen. Diese Geschichte erzählt man noch heute in Dürnstein und um die Burg Trifels, obwohl sie wohl erdichtet wurde, um dem Bedürfnis der Menschen nach Romantik auch in ganz unromantischen Angelegenheiten zu genügen.

Ritter ohne Fehl und Tadel?

Nach seiner Freilassung im Februar 1194 bleibt Richard nur kurze Zeit in England, bevor er wieder nach Frankreich zieht. Dort führt er nicht nur Krieg gegen Philipp, sondern treibt seine Bündnispolitik weiter, wodurch Philipp immer stärker eingekreist wird. An der Seine errichtet er mit dem Château Gaillard eine gewaltige Festung zum Schutz der Normandie.

Ebenfalls in Frankreich findet er wenige Jahre später sein tragisches Ende. Durch seinen frühen Tod bleibt er der Nachwelt als jugendlicher Held im Gedächtnis. Anders als sein Vater Heinrich II. mußte er das Siechtum im Alter und den allmählichen Machtverfall nicht erleben. Ein Ritter ohne Fehl und Tadel war Richard Löwenherz gewiß nicht. Aber er war ebensowenig der »schlechte Mensch und schlechte König«, den Historiker später aus ihm gemacht haben. Die These mancher Historiker in jüngerer Zeit, die Menschen im Mittelalter hätten ihre Affekte ungezügelter ausgelebt, im Guten wie im Bösen, ist fragwürdig und nicht zu beweisen – unwahrscheinlich ist sie angesichts der damaligen Lebensbedingungen aber nicht. Der Furor, die wilde Raserei, die Richards Verhalten in Familienzwisten wie auf dem Schlachtfeld prägen, mag zum guten Teil ein Erbe des Hauses Anjou sein. Mut und persönlicher Einsatz bis hin zur Todesverachtung sind integrale Bestandteile von Richards Herrschaft, und er verlangt sie auch von anderen. Ulrike Kessler schreibt ihm zudem eine herausragende politische Begabung zu. Richard Löwenherz ist in der Politik und ebenso als Feldherr alles andere als ein Abenteurer; er ist ein nüchterner Realist.

Seine Person ist uns zwar nicht sehr detailliert beschrieben, doch wissen wir, daß er groß, stattlich und rotblond war, und von seinen Eigenschaften werden vor allem sein Mut, darüber hinaus auch Klugheit und Menschenkenntnis beschrieben. Aber jede der voneinander unabhängigen Chroniken spricht ihre eigene Sprache. Sie erlauben uns sehr oft ein minutiöses Erfassen politischer Abläufe. Auf diese Weise gewinnt die Gestalt ein eigenes Profil. »Die besondere Funktion des Richard Löwenherz war«, so Kessler, »die Kunst des Überlebens in der Sphäre der Macht.« Fast sein ganzes Leben kämpft er aus der Defensive heraus, sieht er sich zwischen zwei Gegner gestellt, deren Zusammengehen er verhindern muß. Das hat nichts mit persönlicher Streitsucht zu tun, sondern ist die von der politischen Realität vorgegebene Situation. Als er schließlich aus ihr herausfindet, ist sein Leben auch schon zu Ende.

Verglichen mit seinem Vater und seinen Brüdern zeigt er einen ausgeprägten Loyalitätssinn. Er sammelt und hält an seiner Seite eine Elite ritterlicher Männer, die politisch und administrativ zu den besten ihrer Zeit zählen. Er rühmt sich seiner Treue, und Freunde und Gefolgsleute wissen, daß sie sich auf ihn verlassen und mit seiner Großzügigkeit rechnen können.

Tragisch ist sein Verhältnis zum Vater, ungetrübt gut dagegen das zur Mutter und zu dem welfischen Neffen Otto; gegenüber dem treulosen Johann ist er von geduldiger Großmut. Wo es allerdings um Richards Beziehung zu seiner Frau oder eventuellen Geliebten geht, da verfallen die Chronisten in seltsames Stillschweigen. Daraus die

13 Generationen hat das Leben von Richard Löwenherz bewegt. Politisch hatte er nur begrenzten Erfolg, aber sein Schicksal hat in der Literatur und im Film eine Nachwirkung, wie sie nur wenige Herrscher erfahren haben.

Vermutung abzuleiten, Richard Löwenherz sei homosexuell gewesen, wie das seit den fünfziger Jahren dieses Jahrhunderts immer wieder geschieht, wäre freilich ein Fehler: Es ist nicht unmöglich, daß Richard solche Neigungen verspürte, aber bewiesen ist es nicht, und die Quellen geben bei ernsthafter Untersuchung nicht die Spur eines Hinweises darauf.

Richard war keineswegs der unzivilisierte Barbar, als den man ihn oft hingestellt hat. Latein soll er besser beherrscht haben als so mancher Bischof. Und die höfische Kunst des Liederdichtens und -singens hat er sein ganzes Leben hindurch verfolgt. Eine besondere Vorliebe zeigte er auch für die im Entstehen begriffene polyphone Sakralmusik. Ein Chronist schildert ihn als leidenschaftlichen Dirigenten seines Kirchenchors. Darüber ist freilich nicht zu vergessen, daß er ein Mann des Krieges war, wenn eben auch nicht so ausschließlich, wie man früher gemeint hat. Dieses Handwerk ist mit Großmut und Milde nicht immer vereinbar, wie das Geiselmassaker von Akkon beweist.

Daß er schließlich in Frankreich seinen frühen Tod fand, ist wohl kein Zufall. Er hat den Tod gesucht, bis er ihn fand. Die Thronfolgesituation – der unfähige Johann als Erbe – muß dieses Sterben wohl zu einem tragischen gemacht haben. Es war abzusehen, daß sein lebenslanger Kampf um seine französischen Besitzungen vergeblich gewesen war. Und in der Tat zerfällt das Reich sofort nach seinem Tod.

Richard Löwenherz ist das Abbild einer Zeit, die uns in ihren Menschen nah ist und doch unendlich fern. Er ist ein Mensch aus unserer eigenen Vergangenheit – und er liefert den Stoff, aus dem man Helden macht. Man hat ihn nicht vergessen. In den Erzählungen von edlen Rittern und ihren mutigen Taten lebt er weiter.

Literaturhinweise

Ambroise: L'Estoire de la Guerre Sainte.
Hg. u. Übers. Edward Noble Stone. Seattle (Wash.) 1939.
(Anonymus): La Chronique de Rains.
Hg. u. Übers. Edward Noble Stone. Seattle (Wash.) 1939.
Barber, R.W.: The Knight and Chivalry.
London 1970.
Bridge, Anthony: The Crusades.
London 1980
Bridge, Anthony: Richard the Lionheart. London 1989
Broughton, Bradford B.: The Legends of King Richard I. Cœur de Lion.
Den Haag/Paris 1966.
Brunner, K. (Hg.): Der mittelalterliche Versroman über Richard
Löwenherz. o.O. 1913.
Duby, Georges: Die Zeit der Kathedralen.
Kunst und Gesellschaft 980–1420. Frankfurt a. M. 1980.
Gabrieli, Francesco: Die Kreuzüge aus arabischer Sicht.
Zürich/München 1973.
Gillingham, John: The Life and Times of Richard I.
London 1973.
Gillingham, John: Richard Löwenherz. Eine Biographie.
Düsseldorf 1981.
Hiestand, Rudolf: Der Kreuzfahrer und sein islamisches Gegenüber.
In: Das Ritterbild in Mittelalter und Renaissance. Düsseldorf 1985.
Holt, J.C.: Robin Hood.
London 1982.
Kessler, Ulrike: Richard I. Löwenherz. König, Kreuzritter, Abenteurer.
Graz/Wien/Köln 1995. Zu beziehen über die Autorin:
Postfach 354 / A-1131 Wien oder E-Mail: kessler@eunet.at
Info-Homepage: http://members.eunet.at/kessler
Landon, Lionel: Itinerary of King Richard I.
London 1935.

Norgate, Kate: Richard the Lion Heart.
London 1924.
Obermeier, Siegfried: Richard Löwenherz.
Reinbek 1995.
Pernoud, Régine: Der Abenteurer auf dem Thron. Richard Löwenherz, König von England. München 1996.
Rohde Lundquist, Eva: Saladin and the Crusaders.
Lund 1992.
Runciman, Steven: Geschichte der Kreuzzüge.
München 1995.
Smail, R.C.: The Crusaders in Syria and the Holy Land.
London 1973.
Smail, R.C.: Crusading Warfare.
Cambridge 1956.
Zöllner, Walter: Geschichte der Kreuzzüge.
Berlin 1983.

Karl der Große – Rätsel um den ersten Kaiser

Von Hans-Christian Huf

Der erste Kaiser

Der Kaiser reitet. Immer wieder durchmißt er in den langen Jahren seiner Herrschaft unermüdlich das Land von Süd nach Nord, von Ost nach West. Im Sommer wie im Winter, in Regen oder Schnee ist er mit seinem kleinen Hofstaat unterwegs, von einer Pfalz zur anderen, von einem Feldzug zum nächsten. Er erobert sein Reich zu Pferd – eine staunenswerte Leistung. Auf seinen Zügen durch die Mitte Europas legt er Entfernungen zurück, mit denen er den Erdball mehrmals hätte umrunden können. Dabei fügt er das mächtigste Reich zusammen, das seit vielen Jahrhunderten bestanden hat. Eines der bekanntesten uns überlieferten Bildnisse zeigt Karl den Großen zu Pferd – wen sollte das wundern?

In Sagen und Legenden ist Karl der Große bis heute lebendig, mehr als 1000 Jahre nach seinem Tod. Dichter glorifizierten ihn als »Leuchtturm Europas«, Sieger und Triumphator, der über allen Königen der Erde steht. Sie verherrlichten ihn als Retter des Abendlandes vor den Heiden. Karl der Große, ein Mann der Tat, erschuf ein Riesenreich, baute monumentale Pfalzen, förderte Künste und Wissenschaften. In seine Zeit fällt der Beginn der karolingischen Renaissance: Die europäische Geisteswelt des christlichen Abendlandes wurde geboren. Karl der Große gab dem Volk Gesetze und Münzen – und den christlichen Glauben.

14 (Vorhergehende Doppelseite) Die Pfalzkapelle in Aachen, 788–805 gebaut, ist das wohl bedeutendste architektonische Denkmal, das Karl der Große hinterlassen hat.

Die Größe seiner Taten hat sich in das Gedächtnis der europäischen Völker eingeprägt. Schlag auf Schlag eint er ein gewaltiges Reich. Erst wenige Jahrhunderte sind seit den Völkerwanderungen vergangen, die ganz Europa aus dem Gefüge brachten. Nun formt sich im Herzen unseres Kontinents, im heutigen Ostfrankreich, in Belgien und im westlichen Deutschland unter der Herrschaft starker Könige eine neue Macht – das Frankenreich. Aus ihm geht Karl der Große hervor, der erste römische Kaiser aus dem Geschlecht der Karolinger. Heute wird er als Vater Europas geehrt, und jetzt, zur Jahrtausendwende, fügt sich sein Reich als politisches Bündnis erneut zusammen.

Doch die Glanzgestalt hat auch ihre Schattenseiten. So brandmarkte man Karl den Großen zur Zeit der Aufklärung als Verbrecher, der durch sein Bündnis mit dem Papsttum der Kirche den Weg geebnet und alle Freiheit zerstört habe. Carolus Magnus – Herr über ein Millionenheer christlicher Sklaven? In seinem Streben nach Macht habe er die Züge eines grausamen Despoten getragen, wird ihm nachträglich vorgeworfen.

Wer war Karl der Große wirklich? Welcher Mensch verbirgt sich hinter dem Mythos? Nur wenige Dokumente sind erhalten, die helfen könnten, das Geheimnis dieses Mannes aufzuklären. Darunter befinden sich die Aufzeichnungen eines Gelehrten namens Einhard, ein Vertrauter seiner letzten Lebensjahre. Zwanzig Jahre nach dem Tod des Kaisers schreibt Einhard die »Vita Caroli Magni« (Das Leben Karls des Großen) – eine Biographie, in der er seinen Herrn zum Idealbild des Herrschers verklärt. Als Held nach dem Vorbild römischer Caesaren soll Karl in die Geschichte eingehen. Deshalb schafft Einhard die Kaiserpersönlichkeit in Form eines Augenzeugenberichtes aus Wunsch und Wirklichkeit neu. Späteren Chronisten und Geschichtsschreibern gilt er als verläßliche Quelle, und erst in der heutigen Zeit versuchen Historiker zu entschlüsseln, was in der »Vita Caroli Magni« historische Wahrheit ist. Doch bis zum heutigen Tage bleibt selbst eine einfache Frage unbeantwortet: Wie sah Karl eigentlich aus?

Einhard gibt uns eine eindringliche Beschreibung des Kaisers in der Blüte seines Lebens: »Karl war kräftig und stark, dabei von hoher

15 *Karl d. Große (747-814), König der Franken und seit 800 römischer Kaiser. Er hat sein Reich in langen Kämpfen auf dem Pferd erobert.* Bronzestandbild von etwa 870.

Gestalt, die aber das rechte Maß nicht überstieg. Es ist allgemein bekannt, daß er sieben Fuß groß war. Er hatte einen runden Kopf, seine Augen waren sehr groß und lebhaft, die Nase etwas lang; er hatte schöne graue Haare und ein heiteres und fröhliches Gesicht. Seine Erscheinung war immer imposant und würdevoll, ganz gleich ob er stand oder saß. Sein Nacken war zwar etwas dick und kurz, und sein Bauch trat ein wenig hervor, doch fielen diese Fehler bei dem Ebenmaß seiner Glieder nicht sehr auf. Sein Gang war selbstbewußt, seine ganze Körperhaltung männlich und seine Stimme klar, obwohl sie nicht so stark war, wie man bei seiner Größe hätte erwarten können ... Er kleidete sich nach der nationalen Tracht der Franken: Auf dem Körper trug er ein Leinenhemd, die Oberschenkel bedeckten leinene Hosen; darüber trug er eine Tunica, die mit Seide eingefaßt war; die Unterschenkel waren mit Schenkelbändern umhüllt. Sodann umschnürte er seine Waden mit Bändern und seine Füße mit Stiefeln. Im Winter schützte er seine Schultern und Brust durch ein Wams aus Otter- oder Marderfell. Darüber trug er stets einen blauen Umhang. Auch gürtete er sich stets ein Schwert um, dessen Griff und Gehenk aus Gold oder Silber waren.«

Feindliche Brüder

Die Herkunft und Jugend des großen Kaisers läßt der Biograph indessen im dunkeln. Nicht einmal das genaue Datum seiner Geburt ist bekannt. Eine Quelle nennt den 2. April 742. Damit wäre Karl ein voreheliches Kind seiner Eltern, des Frankenkönigs Pippin und seiner Frau Bertrada, die erst im Jahre 749 heirateten. Doch die Epoche kennt keine verläßlichen Zeitangaben. Auf jeden Fall gibt es noch einen jüngeren Sohn des Paares, Karlmann, der als eheliches Kind geboren wurde. Aus dieser Konstellation haben manche Geschichtsschreiber späterer Zeiten einen tödlichen Konflikt zwischen den Brüdern konstruiert. Aber auch das sind nur Mutmaßungen, denn eheliche und uneheliche Nachkommen sind im fränkischen Recht nahezu gleichberechtigt, und nach dem Tod des

Vaters Pippin wird das Fränkische Reich 768 zwischen Karl und seinem Bruder geteilt. Doch schon bald darauf, am 4. Dezember 771, stirbt Karlmann überraschend. Nur 20 Tage später feiert Karl das Weihnachtsfest als König aller Franken. Ob er die Alleinherrschaft anstrebte und sogar, wie gelegentlich spekuliert wird, aus Machtbesessenheit zum Brudermörder wurde, ist bis heute nicht einwandfrei zu klären.

Die Ursprünge von Karls Frankenreich liegen in den Eroberungen der fränkischen Merowinger, eines Königsgeschlechts, das sich göttlichen Ursprungs wähnte. Die Merowinger führten ihre Herkunft auf den sagenhaften Stammvater Merowech zurück. Schon der Gründer des Frankenreichs, Chlodwig I. (um 466–511), tritt zum Christentum über und trägt damit wesentlich zur Vormachtstellung des Fränkischen Reiches im Abendland bei. Durch List und Gewalt unterwirft er sämtliche rivalisierenden fränkischen Kleinkönige und erobert den noch römischen Teil Galliens, Aquitanien und die linksrheinischen Gebiete der Alemannen. Unter seinen Nachfolgern kommt es jedoch zu blutigen Familienfehden, die die Kraft und Macht der Merowinger schnell schwinden lassen. Schließlich übernehmen die Hausmeier, die Inhaber des höchsten Amtes in der Staatsverwaltung, die eigentliche Herrschaft. Deren Erbe tritt Karl an.

Das Leben im frühen Mittelalter

Über die Lebensbedingungen der Menschen im Frühmittelalter berichten die Quellen nur wenig. Finstere Wälder und morastige Flußniederungen bedeckten große Flächen und stellten für unsere Vorfahren eine ganz reale Bedrohung dar. Im Wald lauerten Wölfe, Bären und andere wilde Tiere, gleichzeitig war der Wald aber auch wichtiger Rohstofflieferant. Die Welt des Frühmittelalters war erfüllt von Geistern und Dämonen, von unbezähmbaren Naturgewalten und übernatürlichen Kräften. Die Natur erschien übermächtig, und vor diesem Hintergrund blühten Naturreligionen und Naturkulte. Die Menschen ernährten sich zu einem guten Teil von der Jagd, vom Fischen und von wild wachsenden

Früchten. Bienenhonig war in jener Zeit, als der Zucker im Abendland noch fast unbekannt war, das wichtigste Süßmittel.

Die wenigen damals verwendeten Werkzeuge waren recht einfach. Bis ins 11. Jahrhundert hinein dominierten Holzwerkzeuge, einfache Grabstöcke oder Spaten. Der eisenbeschlagene Räderpflug, die landwirtschaftliche Revolution des Mittelalters, war sicher noch eine Rarität. Lange noch waren hölzerne Pflüge im Gebrauch, die die Oberfläche der Erde lediglich ritzten. Zugtiere wie Ochsen und Kühe gab es kaum; sie kamen vor allem auf den großen Gütern der Reichen und Mächtigen zum Einsatz. Die Ernteerträge waren gering, und in schlechten Jahren fielen sie ganz weg. Die daraus resultierende Mangelernährung, verbunden mit schlechten hygienischen Verhältnissen, machte die Menschen anfällig für Krankheiten. Hungersnöte und Epidemien waren so allgegenwärtig, daß die karolingischen Annalen öfter von ihnen als von kriegerischen Auseinandersetzungen berichten.

Die Dörfer der karolingischen Zeit waren häufig mit spitzdornigen Hecken und primitiven Barrikaden notdürftig gegen Naturgewalten und wilde Tiere gesichert. Hier lebten die Menschen mit ihren wenigen halb domestizierten Tieren. Sie wohnten in schmuck- und meist fensterlosen Hütten, deren Wände aus einfachen Holzrahmen mit einer Verkleidung aus Flechtwerk und Lehm errichtet wurden, die Dächer waren mit Stroh oder Schilf gedeckt. Im ewigen Halbdunkel glomm das Feuer, und der Rauch suchte sich durch den Rauchfang im Dach und durch die niedrige Tür seinen Weg nach draußen.

Bauern, die eigenes Land besaßen, waren im Mittelalter sehr selten. Häufig gehörten sie zum unfreien Gesinde, das beim oder auf dem Herrenhof wohnte und das zum Hof gehörende Land bestellte. Aber auch solche, die eigene Höfe betrieben, waren zumindest verpflichtet, ihren Herren alljährlich Steuern in Form von Silberstücken, Geflügel und Kleinvieh zu überlassen. Darüber hinaus mußten sie ihre Arbeitskraft bei den wichtigsten Saisonarbeiten wie der Heu- und Getreideernte oder bei der Weinlese zur Verfügung stellen.

DAS FRANKENREICH ZUR ZEIT KARLS DES GROSSEN
Raphoe
Lindisfarne
Clogher
Dromore?
Hexham
Armagh
Clonmacnoise
Dublin
Clonfert
Kildare
York
Bangor
Lincoln
Hereford
Leicester
Llandaff
London
Dorchester
Winchester
St. Pol
Bayeux
Rouen
Amiens
Arras
Lisieux
Soissons
Meaux
Avranches
Evreux
Quimper
Paris
Rennes
FRANZIEN
Vannes
Chartres
Le Mans
Nantes
Angers
Orléans
Tours
LOIRE
Auxerre
Seine
Chasseneuil
Bourges
Poitiers
Nevers
Saintes
Angoulême
BURGU
Clermont
Bordeaux
GARONNE
AQUITANIEN
Bazas
LePuy
KGR. ASTURIEN
Agen
Cahors
Bayonne
Dax
GASCONGNE
Rodez
Auch
Albi
Roncesvalles
Tarbes
Toulouse
BASKEN
Nîmes
Arles
Carcassonne
Agde
Marseille
NAVARRA
Narbonne
SEPTIMANIEN
OMAIJADISCHES EMIRAT VON CORDOBA
EBRO
SPANISCHE MARK
Barcelona
Toledo
MITTE
Das Reich Karls des Großen
Patrimonium Petri (Kirchenstaat)
Erzbischofssitze und Bischofssitze
BALEAREN
0
500
1000
Kilometer

KGR. DÄNEMARK
OSTSEE
Haithabu
BALTISCHE VÖLKER
Bremen
Verden
SACHSEN
ELBE
WILZEN
POMORANEN
Osnabrück
Minden
Münster
Hildesheim
ODER
WEICHSEL
Halberstadt
Paderborn
Eresburg
THÜRINGEN
POLANEN
Köln
Düren
Fritzlar
Büraburg
RHEIN
SORBEN
ELBE
HESSEN
Salz
Trier
Mainz
Ingelheim
Würzburg
Worms
Lorsch
NORDGAU
BÖHMEN
Speyer
Eichstätt
Regensburg
ALAMANNIEN
MÄHREN
DONAU
Freising
Passau
Augsburg
BAYERN
OST-MARK
DONAU
Reichenau
Wessobrunn
Konstanz
Salzburg
Chur
AWAREN
Sitten
Brixen
Säben
KARANTANIEN
LOMBARDEI
Trient
Aquileia
PANNONIEN
Brescia
FRIAUL
Grado
Mailand
Verona
Venedig
Pavia
Mantua
Piacenza
Po
SAVE
ITALIEN
Parma
Reggio
ADRIATISCHES MEER
Sirmium
Bologna
Savona
Ravenna
Florenz
TUSCIEN
Siena
PATRIMONIUM PETRI
ELBA
Ascoli
Spoleto
Tiber
Ajaccio
Ortona
Rom
Neapel
HZM. BENEVENT

Nach Rom

Die Karolinger waren ein kriegerisches Volk, und ihre Siege sicherten ihnen das Recht auf die Herrschaft. Kriege waren in jener Zeit die Regel, längere Zeiten des Friedens eher die Ausnahme. Das Mittelalter kannte weder Institutionen, die im modernen völkerrechtlichen Sinne den außenpolitischen Verkehr regelten, noch schriftlich festgehaltene Rechtsnormen, die die Gewaltenfülle einzelner Herrscher klar benannten und abgrenzten. In dieser »unfertigen« Ordnung ohne juristisch abgesicherte Machtverteilung ist jeder König auf sich selbst gestellt: Es gilt, dem Gegner stets die eigene Überlegenheit deutlich vor Augen zu führen.

Einen der wichtigsten Kriege, die Karls Vater, Pippin der Jüngere, führte, war der Feldzug gegen die Langobarden. Das alte Bündnis zwischen den in Norditalien ansässigen Langobarden und den Franken zerbricht im Kampf um die Schutzherrschaft über das Papsttum. Im Jahr 753 besetzen die Langobarden das Exarchat, also das byzantinische Besitztum von Ravenna, und bedrohen damit die Autorität des Papstes. Papst Stephan II. (752–757) eilt persönlich über die Alpen, um Pippin um Hilfe zu bitten. In einer Zeit, da der römische Papst zur höchsten und einzigen moralischen Autorität Europas auch in Staatsdingen heranwächst, muß jede europäische Großmacht ein überragendes Interesse daran haben, die päpstliche Unterstützung für die eigenen Unternehmungen zu gewinnen. Nach einigem Zögern versichert Pippin dem Papst seine Unterstützung, und in zwei Feldzügen wird er die Langobarden besiegen. Pippin und seine beiden Söhne Karl und Karlmann werden vom Papst zu Schutzherren Roms ernannt, und er verpflichtet die Franken, nie einen anderen König als einen aus dem Geschlecht Pippins zu wählen – damit sind die Karolinger als neues Königsgeschlecht endgültig bestätigt.

Nach Pippin des Jüngeren Tod im Jahr 768 versucht seine Frau Bertrada, wieder ausgleichend auf das Verhältnis zu den Langobarden hinzuwirken. Sie erreicht, daß ihre beiden Söhne langobardische

Prinzessinnen zur Frau nehmen. Doch für Karl ist die Politik seines Vaters ein schweres Erbe. Als der Langobardenkönig Desiderius, Karls Schwiegervater, erneut den Papst bedroht, muß er handeln. Er schickt seine Braut Desiderata kurzerhand zu ihrem Vater zurück. Nur knapp zwei Jahre nach dem Tod des Bruders, seit er also Alleinherrscher über das gesamte Frankenreich ist, entschließt sich Karl im Sommer 773 zum Angriff. Er führt ihn mit unerhörter Schnelligkeit und Umsicht aus. Während sich das Langobardenheer in Oberitalien auf einen Angriff von Norden, von den Alpen her einstellt, führt Karl seine Truppen in einem beispiellosen Gewaltmarsch von Westen her, vom heutigen Frankreich aus über den Mont Cenis durch das italienische Piemont, in den Rücken seiner Feinde. Sein Onkel zieht gleichzeitig mit einer Heeresabteilung über den Großen St. Bernhard. Die Langobarden sind vom plötzlichen Erscheinen der vereinten Frankenheere so überrascht, daß sie Hals über Kopf die Flucht ergreifen.

Nach weiteren Schlachten und Belagerungen ist 774 das ganze Langobardenreich – mit dem Zentrum um Pavia in Oberitalien – in der Hand Karls des Großen. König Desiderius ist unterworfen. Karl läßt die Kinder seines Bruders Karlmann scheren – nach alter Merowingersitte das äußerliche Symbol für den Verlust königlicher Würden. Auf Meuchelmord – noch zu Chlodwigs Zeiten ein probates Mittel zur Beseitigung von Rivalen – verzichtet er indes. Er schickt Desiderius und Karlmanns Söhne ins Kloster und demonstriert so eine klare Abkehr von den blutigen Ritualen der Vergangenheit. Besonnenheit statt Raserei, politische Einsicht statt Rache um jeden Preis – der neue Frankenherrscher präsentiert sich in vieler Hinsicht zivilisierter als seine Vorgänger. Er nennt sich nun »König der Franken und der Langobarden«. In Rom erfährt er zum Osterfest 774 einen triumphalen Empfang und läßt sich als Beschützer der Christenheit feiern. Dem Papst leistet er einen feierlichen Treueschwur und überläßt ihm Teile des langobardischen Besitzes. Karl bestätigt und ergänzt auf diese Weise die territorialen Schenkungen, die sein Vater Pippin dem römischen Bischof 754 und 756 gemacht hat; dessen Traum eines päpstlichen italienischen

Großreiches erfüllt Karl jedoch nicht. Dennoch bilden die dem Papst überantworteten Gebiete – »Patrimonium Petri« genannt – den Urkern des Kirchenstaates, der bis 1870 bestehen soll, ehe er zu jenem winzigen Stadtteilstaat Vatikan zurechtgestutzt wird.

Das Blutgericht

Unmittelbar nördlich der niedersächsischen Kleinstadt Verden an der Aller, im sogenannten Sachsenhain, stößt der Spaziergänger ganz unvermutet auf eine seltsame Hinterlassenschaft der jüngeren Geschichte. Die nationalsozialistischen Machthaber hatten in den Jahren 1934/1935 dort 4500 Findlinge aufstellen lassen, in Erinnerung, wie sie meinten, an den »Widerstandskampf der germanischen Sachsen gegen den Nichtgermanen Charlemagne«. Die Steine stehen noch heute dort; von der pseudogermanischen Blut-und-Boden-Ideologie ist gottlob nichts geblieben. Tatsache ist, daß im Jahr 782 an dieser Stelle eine furchtbare Bluttat geschieht. Eine nicht genau bekannte Zahl von sächsischen Gefangenen – eine vielleicht übertreibende Quelle spricht von 4500 – wird nahe dem Zusammenfluß von Aller und Weser auf Geheiß Karls des Großen an einem einzigen Tag hingerichtet. Als »Blutgericht von Verden« ist dieses Ereignis in die Geschichte eingegangen.

16 Karl hat viele Frauen. Seine Braut Desiderata schickt er kurzerhand zu ihrem Vater zurück, als es ihm politisch sinnvoll erscheint. Buchmalerei (8./9. Jh.).

Die Vorgeschichte beginnt genau zehn Jahre zuvor, im Juli 772. Karl plant einen Krieg gegen die Sachsen, wie ihn schon die Merowinger zur Sicherung der Grenzen immer wieder führen mußten. Das Gebiet der Sachsen liegt an der Ostflanke des Frankenreiches, etwa auf dem Gebiet der heutigen Länder Niedersachsen, Sachsen und Thüringen. Sie leben noch stärker als andere germanische Stämme in den alten Traditionen von Naturgottheiten und Geistern. Auf steten Raubzügen dringen sie immer

17 Krönung Pippins III., des Jüngeren, im Jahr 751 zum König der Franken. Seine geschickte Politik schuf für seinen Sohn Karl (d.Gr.) eine wichtige Machtbasis für die Erweiterung des Reiches.
Franz. Buchmalerei.

wieder tief ins Frankenland ein. Dieser Situation will Karl der Große endgültig ein Ende bereiten und die Macht der Sachsen für immer brechen. Schon mit seinem ersten Feldzug macht er das unmißverständlich klar. Er erobert eine sächsische Grenzfestung, die Eresburg, dann zieht er mit seinen Truppen zum ehrwürdigsten Heiligtum der Sachsen, zur »Irminsul«. Ein Baum oder Baumstamm sei das gewesen, berichtet ein

Mönch aus Fulda später, der für die Sachsen die Säule des Alls und ein Göttermal darstellte. Karl läßt das Heiligtum kurzerhand zerstören. Das ist der Beginn eines Religionskrieges – und das erklärt auch den zähen Widerstand der Sachsen. Der Krieg wird 32 Jahre dauern.

Als Karl in Italien seinen Krieg gegen die Langobarden führt, schlagen die Sachsen zurück. Im Sommer des Jahres 775 aber, nach etlichen Überfällen, ringen fränkische Truppen mit ihrer Übermacht den Gegner wiederum nieder. So geht es hin und her, bis Karl erneut seine überragende Begabung als Feldherr beweist: Im Juni 776 ist er noch in Oberitalien, im August hat er schon die Alpen überquert und schlägt die Sachsen. Angesichts der Wegverhältnisse ist diese Leistung fast unvorstellbar. Es muß ein ungeheurer Willensakt gewesen sein – und eine körperliche Höchstleistung für Karl und seine Männer. Die sächsischen Stammesführer, überrumpelt und beeindruckt, entsenden eine Delegation zu Karl und bitten um Frieden. Feierlich schwören sie im Jahr 777 auf dem Reichstag in Paderborn, mitten im eigenen Land, einen Treueid auf den Frankenkönig Karl.

Karl muß allerdings bald feststellen, daß er nur mit Teilen der auf viele lokale Potentaten verteilten sächsischen Führung ein Abkommen geschlossen hat. Einer der Anführer mit Namen Widukind fehlt bei den Verhandlungen. Bald findet dieser genug Anhänger, um den Kampf gegen die verhaßten Invasoren von neuem aufzunehmen. Aber viele sächsische Heerführer und Adlige haben sich längst auf die Seite des Stärkeren geschlagen. 782 liefern sie die Aufständischen der fränkischen Obrigkeit aus. So beginnt das »Blutgericht von Verden« – mit Verrat im eigenen Lager. Dies paßte nicht ins verquere Nazi-Bild vom »Sachsenschlächter« und Vernichter der »nordischen Rasse«, ebensowenig die Tatsache, daß Franken und Sachsen im gleichen Maß germanisch (oder ungermanisch) waren.

Wer aber von Karl dem Großen mehr Milde erwartet hätte, der läßt sich von seinem Mythos blenden. Der Frankenkönig ist nicht der gütige Patriarch, den spätere Geschichtsschreiber aus ihm gemacht haben. Mit Milde und Güte hätte er kaum ein Imperium errichten können, das sich über fast ganz Europa erstreckt. Um die ständig neu aufflackernden Kämpfe zu unterbinden, greift er ab 795 zu einem neuen Mittel: Die Sachsen werden zu Tausenden deportiert. Ortsnamen wie Sachsenhausen (bei Frankfurt) oder Sachsenried (im bayerischen Allgäu) zeugen noch heute davon, daß sie in alle Himmelsrichtungen verstreut wurden. Schließlich verlöscht der Widerstand der Sachsen, und 804 kommt es schließlich zu einem Friedensschluß mit einem Volk, das dezimiert, von seinen Führern verlassen und großer Landesteile im Osten beraubt worden ist.

Der Untergang des Tassilo

Einen weiteren Dauerkonflikt trägt Karl der Große mit den Bayern aus. Auch dort ist, wie im Falle Widukinds, eine charismatische Persönlichkeit verantwortlich für die Auseinandersetzungen: Sein Vetter Herzog Tassilo, ein machtbewußter Mann, der sein bayerisches Stammherzogtum weitgehend von der fränkischen Vorherrschaft befreit hat. Im Kampf um die Behauptung dieser Unabhängigkeit findet Tassilo zunächst Rückhalt bei den Langobardenherrschern Norditaliens, denn er hat – wie einst Karl selbst – ebenfalls eine Tochter des Langobardenkönigs Desiderius geheiratet. Mit dem Machtverlust der Langobarden ist Tassilos Lage bedrohlich geworden, doch ihn scheint der Umschwung nicht zu kümmern. Zudem besteht offenbar eine persönliche Feindschaft zwischen den beiden Herrschern: Tassilo hatte Pippin und dessen beiden Söhnen Karl und Karlmann den Vasalleneid leisten müssen, entfernte sich aber 763 ohne Genehmigung und offensichtlich in Unfrieden von einem Feldzug in Aquitanien.

Ein Kreuzzug wie gegen die Sachsen kommt diesmal nicht in Frage, denn der christliche Herzog Tassilo ist selbst in Kämpfe mit heidnischen Stämmen verwickelt. Unter anderem in den Alpentälern Tirols führt er gerade gewalttätige Christianisierungskampagnen durch. Im Lauf der Jahre hat er in seinem Land zahlreiche Klöster gestiftet und sie reich mit Ländereien ausgestattet. Der Machtkampf mit den christlichen Bayern

18 Schier endlos sind die Kriege Karls, die er mit Mäßigung, aber auch mit grausamer Härte führen kann. Spielszene.

und ihrem frommen Herrscher fordert von Karl ein Höchstmaß an Geduld. So wartet er, entledigt sich anderer Feinde und dringenderer Probleme – und nimmt derweil die Eidbrüche, Treueschwüre, den Verrat und Betrug des bayerischen Herrschers mit Gelassenheit hin.

Diese Mäßigung bringt Karl den Beifall der gesamten christlichen Welt ein. Tassilos Hausmacht aber verringert sich täglich. Schließlich dekretiert selbst der Papst, der bayerische Herzog möge seine Eide nicht wieder brechen, sonst »... seien König Karl und sein Heer von jeder Gefahr der Sünde frei, und was in seinem Land geschehe an Brand, Mord und sonstiger Übeltat, das solle über Tassilo und seine Genossen kommen ...« (zitiert nach Wies, 145). Mit dieser Rückendeckung lädt ihn Karl 787 auf den Reichstag nach Worms. Als Tassilo dort nicht erscheint, geht alles sehr schnell. Mit einem großen Heer zieht Karl selbst noch im Herbst desselben Jahres auf das berühmte Lechfeld bei Augsburg. Zwei weitere Heere, eines aus Ostfranken mit den unterworfenen Sachsen, ein weiteres aus den langobardischen Gebieten, rücken von Nordosten und Süden auf Donau und Alpen zu. Derart augenfällig wird Tassilo die Macht des Fränkischen Reiches demonstriert, daß er sich sofort und ohne Widerstand zu leisten Karl auf dem Lechfeld unterwirft. Das Herzogtum Bayern erhält er aus der Hand des Frankenkönigs noch einmal als Lehen zurück; die Unabhängigkeit aber ist ihm für immer genommen. Dagegen habe, so berichten die Quellen, Tassilo ein letztes Mal aufbegehrt. Im Bündnis mit dem Hunnenvolk der Awaren im Osten des Reiches habe er sein Land zurückerobern wollen. Ein Jahr später, 788, wird er auf dem fränkischen Reichstag in Ingelheim als Gefangener vorgeführt. Er wird der schon 25 Jahre zurückliegenden Fahnenflucht in Aquitanien sowie der Verschwörung gegen Reich und Lehnsherrn beschuldigt. Wahrscheinlich hat Karl hier einen politischen Prozeß inszeniert, um seinen ärgsten Widersacher endgültig zu entmachten. Jedenfalls arbeitet dieses Gericht – mit Karl selbst als Gerichtsherr – ganz in seinem Sinne: Tassilo, der letzte aus dem Geschlecht der Agilolfinger, wird zum Tode verurteilt, doch der milde Karl begnadigt ihn zu lebenslanger Klosterhaft – die damals übliche Form, politische Gegner auszuschalten.

19 Der berühmte Tassilo-Kelch (um 781), der bedeutendste erhaltene Kelch des frühen Mittelalters. Er wurde von Herzog Tassilo III. von Bayern (um 741–794) gestiftet. Tassilo versucht verzweifelt gegen Karl die Unabhängigkeit seines Landes zu erhalten.

In Bayern sind die Sagen über den stolzen Herzog Tassilo noch lebendig. In Wessobrunn, nahe dem uralten Kloster, zeigt man den Besuchern bis zum heutigen Tage die drei Quellen des Tassilo. Einst, sagt die örtliche Überlieferung, habe er auf der Jagd mit seinem Hofjäger Wezzo an diesem Brunnen geruht. Im Traum sei ihm die Himmelsleiter erschienen, und er habe darauf Engel auf- und absteigen sehen. An diesem wunderbaren Ort habe er deshalb ein Kloster errichten lassen. Das Kloster wurde zu einem Hort der Gelehrsamkeit und Kultur, und eines der ältesten Schriftzeugnisse deutscher Sprache, das »Wessobrunner Gebet«, stammt von hier. Tassilo starb in Vergessenheit um das Jahr 794, wahrscheinlich im mächtigen Benediktinerkloster von Lorsch

20 Die Tor- oder Königshalle in Lorsch (um 875). Wahrscheinlich starb Herzog Tassilo im Benediktinerkloster von Lorsch.

nahe Worms – jedenfalls zeigte man dort bis ins 16. Jahrhundert hinein seinen Sarkophag.

Der Vorfall von Roncesvalles

In den Sagen vieler Völker lebt Karl der Große als ewiger Sieger fort. Selbst seine Niederlagen haben die Dichter noch in Siege verwandelt. Als er in Spanien in einen Hinterhalt marschiert, machen die Sänger daraus eine Heldensaga. So gibt ein trauriges Scharmützel den Anlaß für das »Chanson de Roland«, das »Rolandslied« – eines der ältesten epischen Heldenlieder, das gegen 1100 in Nordfrankreich aufgeschrieben wurde. Für Karl aber bringt dieses spanische Abenteuer zunächst keinen ersichtlichen Gewinn. Daß man ihn Jahrhunderte später wegen seines Angriffs auf das muslimische Reich zum »Retter des Abendlandes« verklären könnte, kommt ihm wohl kaum in den Sinn. Es ist einer seiner zahlreichen Unterwerfungsfeldzüge, der ihn diesmal in den äußersten Westen des Kontinents führt.

Auf dem schon erwähnten Reichstag zu Paderborn, gerade als der Sieg über die Sachsen endgültig scheint, trifft überraschend eine Delegation unter Führung des Statthalters von Barcelona samt Gefolge ein. Sie bittet Karl um Hilfe gegen Abd ar-Rahman, der das Abassiden-Kalifat in Bagdad nicht anerkennen will und sein eigenes Kalifat in Córdoba gegründet hat. Eine mächtige Koalition unter der geistigen Führung des Kalifen von Bagdad stehe in Spanien gegen Emir Abd ar-Rahman, teilt man Karl mit. Dieser entschließt sich spontan zum Angriff, da er so die ungeklärte Westgrenze seines Reiches vorschieben und befestigen, vielleicht sogar ungeahnte Reichtümer erwerben kann.

Im Frühjahr 778 bricht die fränkische Armee auf. Karl selbst marschiert an der Spitze eines Heeresteils durch Südwestfrankreich und über die alte Militärstraße vom heutigen St. Jean Pied de Port über den Pyrenäenpaß von Roncesvalles (etwa entlang der heutigen Nationalstraßen 135 beziehungsweise 472) nach Pamplona und auf Zaragoza zu. Ein zweites Truppenkontingent umgeht die Pyrenäen im Südosten und gelangt so in den Rücken des Feindes. In Spanien angekommen, muß Karl jedoch feststellen, daß die verheißungsvollen Mitteilungen des Gesandten wohl nicht ganz der Wirklichkeit entsprechen. Das maurische Spanien ist keineswegs gewillt, sich in die Hand des christlichen Herrschers zu geben, selbst wenn dieser der Unterstützung des Kalifen sicher sein könnte. Selbst christliche Städte wie Pamplona müssen mühsam erobert werden. Bagdad ist weit weg, und man hat sich in Spanien längst komfortabel mit dem Kalifat von Córdoba eingerichtet.

Schließlich steht Karl mit seinem Heer vor dem uneinnehmbaren Zaragoza. Die Bevölkerung leistet erbitterten Widerstand. Sein Beschluß fällt ebenso schnell wie überraschend: Mit allen Männer zieht sich der Frankenkönig zurück und läßt Zaragoza unangetastet. Er wird gewußt haben, daß sein Tod oder auch nur eine Niederlage seine Position und sein Reich ernsthaft gefährdet hätten. Er tritt den Rückzug an und überquert wieder die Pyrenäen. Irgendwo auf der Paßhöhe von

Roncesvalles überfallen baskische Truppen die kleine Nachhut des fränkischen Heeres unter der Leitung des bretonischen Ritters Roland. Es ist nur ein Scharmützel, ein Raubüberfall, bei dem Roland stirbt.

Das »Rolandslied« verklärt diesen Zwischenfall 300 Jahre später – also zu einer Zeit, als die Kreuzzugseiferer den Ton angeben werden – zum welthistorischen Ereignis. Die heidnischen Mauren seien es gewesen, die hier die christlich-tapferen fränkischen Ritter angegriffen hätten, berichtet der unbekannte Dichter, und todesmutig hätten sie gegen die feindliche Übermacht gekämpft. Der stolze Roland aber, unbedacht in seiner Raserei , habe versäumt, rechtzeitig Hilfe herbeizurufen. Als Karl schließlich als Rächer erscheint, habe sogar die Sonne in ihrem Lauf innegehalten, damit Karl, der mächtige Krieger, genügend Zeit habe, die bösen Heidenbuben zu verfolgen und vernichtend zu schlagen.

Der Schatz der Awaren

Noch einen letzten großen Feldzug will Karl unternehmen, bevor er sich der Organisation seines Reiches zuwendet. Es geht gegen die seinerzeit mit Tassilo verbündeten Awaren, jenem Reitervolk, das einst Angst und Schrecken verbreitete. Zu Karls Zeiten sind sie längst in der Gegend seßhaft geworden, die wir heute als Ungarn kennen, und haben sich dort in ihren riesigen Ringburgen verbarrikadiert. Von einem Erdwall umgeben, der nach der Schilderung des Chronisten von St. Gallen bis zu sechs Meter hoch gewesen sein soll, liegen diese Siedlungen wie Fremdkörper in der Pannonischen Steppe.

Um die Mitte des 5. Jahrhunderts waren die Awaren von Zentralasien aus nach Westen gezogen. Inmitten den Völkerbewegungen jener Zeit unterjochten sie sich reitend, brandschatzend und plündernd ein gewaltiges Reich. Es dehnte sich vom Unterlauf der Donau bis zum Erzgebirge, von Siebenbürgen bis an die Alpen. Innerhalb dieses Gebietes herrschten die Clans und Stämme weitgehend autonom, aber unter dem Oberbefehl eines Khans. Als vereinte Heeresmacht waren sie schwer zu schlagen. Sie schienen mit ihren kleinen Pferden verwachsen und immer in Bewegung, den Gegner mit Schauern von Pfeilen ermüdend, um ihn anzugreifen. So tauchten sie Mitte des 6. Jahrhunderts vor Konstantinopel auf und erpreßten riesige Summen Schutzgeld von den byzantinischen Kaisern. Alle benachbarten Völker hatten sie unterworfen und tributpflichtig gemacht.

Aber die besten Zeiten der Awaren sind jetzt, gegen Ende des 7. Jahrhunderts, bereits vorbei. Die einstmals straff geführte Reitertruppe steht vor dem Auseinanderbrechen. Neben den allmächtigen Khan sind andere Herrscher getreten; ein reicher Adel verfolgt seine eigenen Ziele. Da erscheinen die ersten Gesandten der Awaren an Karls Hof, um über strittige Grenzfragen zu verhandeln.

Der Frankenkönig schätzt solche Situationen: Der Gegner zerfleischt sich selbst, während Karl zum Angriff übergeht. Einhard berichtet: »Mit Ausnahme des Sachsenkrieges war der nun folgende Kampf gegen die Awaren ... wohl der größte, den Karl jemals führte. Er begann ihn auch

21 Am 25. Dezember 800 krönt Papst Leo III. in Rom Karl, den Frankenkönig, zum römischen Kaiser. Gemälde von Friedrich Kaulbach (1861).

mit mehr Eifer als alle anderen und verwendete eine bessere Ausrüstung« (29). Trotzdem dauert der Krieg acht Jahre. Der König verfolgt zwei Ziele: Er will den Osten des Reiches befrieden und die Awaren unterwerfen. Die Pläne Tassilos von einer Allianz mit den Awaren hatten gezeigt, daß sie ein Risikofaktor blieben. Aber darüber hinaus lockt ihn auch der sagenhafte Schatz der Awaren. Über Jahrhunderte hatten sie auf ihren Raubzügen Gold und Silber, Edelsteine und wertvolle Güter aller Art zusammengetragen. In einer Zeit, da Gold und andere Edelmetalle knapp sind und Geld oder Geldwirtschaft praktisch nicht existieren, ist ein solcher Schatz beinahe jedes Risiko wert. In den Jahren 795 und 796 holt Karl zu den letzten entscheidenden Schlägen aus, die den Sieg über die Awaren bringen. Die Quellen berichten, daß er sich ihres Schatzes bemächtigt: 16 Ochsenkarren, schreibt Einhard, habe man gebraucht, um Gold und Geschmeide fortzubringen. Bei einer Last von etwa einer halben Tonne pro Karren wären das 8 Tonnen gewesen. Das ist die goldene Grundlage des Kaiserreiches – vergleichbar mit dem Zustrom von Gold aus dem neuentdeckten Amerika ins Reich der Habsburger viele Jahrhunderte später. Bis 799 flackern die Kämpfe immer wieder auf, bevor sich die Awaren endgültig geschlagen geben. Zwei Jahrzehnte danach verschwinden sie aus der Geschichte, nahezu ohne eine Spur zu hinterlassen, und noch heute sagt ein russisches Sprichwort: »Verschwunden wie die Awaren«.

Die Ordnung des Reiches

Unermüdlich hat Karl über drei Jahrzehnte hinweg sein Reich mit dem Schwert geeint. Dann ist es endlich soweit. Am 25. Dezember des Jahres 800 wird Karl der Große in Rom zum Kaiser gekrönt. Wir wissen nicht, wie sich die Zeremonie genau vollzog. Die Annahme, daß Karl von Papst Leo III. zu dieser Krönung gedrängt, ja von ihm geradezu überrumpelt wurde, ist aber ganz unrealistisch. Sicher war die Sache Endpunkt einer längeren Entwicklung und vorher abgesprochen worden. Daß beide, Papst und Kaiser, der Veranstaltung ihren eigenen Stempel aufprägen wollten, daran kann kein Zweifel bestehen. Der Papst hat ein starkes Interesse daran, seine Unentbehrlichkeit in solchen Dingen zu demonstrieren, sich selbst sozusagen als den Mittler zwischen Gott und Kaiser zu stellen. Karl der Große dagegen will sich gerne aus eigener Kraft zum Kaisertum erheben, aber vorerst bedarf er noch der Unterstützung und Absegnung durch den Papst. Erst bei der nächsten Krönung 813 in Aachen, als Karl seinen Sohn Ludwig zum Mitregenten erhebt, setzt er sich und ihm die Kaiserkrone selbst auf. Diese Praxis konnte sich jedoch nicht durchsetzen. Über Jahrhunderte hinweg blieb die Krönung durch den Papst in Rom die höchste Legitimation weltlicher Herrschaft. Die damit verbundene besondere kaiserliche Schutzpflicht gegenüber der römischen Kirche und der Christenheit hoben die Autorität des Kaisers über die aller anderen abendländischen Herrscher hinaus. Mit dieser Ehrung, in der sich sämtliche mittelalterliche Ordnungs- und Heilsvorstellungen verdichteten, konnte nichts konkurrieren.

Die Krönung Karls zum Kaiser war eine Entscheidung, die für die nächsten Jahrhunderte richtungsweisend sein sollte. Durch diese Handlung sagt sich Papst Leo und mit ihm die römische Kirche und das ganze Abendland vom byzantinischen Reich los, das seit dem Untergang Roms allein den Kaiser stellt. Karl der Große, nun der zweite christliche Kaiser in Europa, mußte sich folglich mit dem byzantinischen Kaiser über seinen Titel verständigen, um unnötige Konflikte zu vermeiden: Er nennt sich deshalb nicht »Kaiser der Römer«, sondern »imperator Romanum gubernans imperium« (Kaiser, der das Römische Reich regiert). Und auch dieses Reich wurde im Sinne eines Kompromisses einige Jahre später noch genauer definiert, indem man künftig von einem westlichen und einem östlichen Teil des Reiches sprach.

Zeit der Blüte

Die Krönung zum Kaiser war der politische Höhepunkt im Leben Karls. Doch er war wesentlich mehr als nur ein Haudegen, der einen halben Kontinent unter seine Macht zwang. Nicht weniger folgenreich war sein

22 Der sogenannte Karls-Thron in der Pfalzkapelle in Aachen.

23 (Rechte Seite) Nicht weniger folgenreich als seine Machtpolitik war für die kommenden Jahrhunderte Karls Einfluß auf die kulturelle Erneuerung des Abendlandes. Sie rechtfertigt seinen Beinamen »der Große«. Buchmalerei aus der Zeit Karls. Anfangsseite des Lukas-Evangeliums.

INCIPIT EV
ANGELIVM SECD
LV CAM
NIAM
QVIDEM
MVLTI
CONATI SVNT

Einfluß auf die kulturelle Entwicklung des Westens, den er zu einer kulturellen Erneuerung führte, wie sie in diesem Teil der Welt seit Jahrhunderten nicht mehr gesehen worden war und deren Auswirkungen bis heute wirksam sind.

Das Kaisertum Karls des Großen findet seinen augenfälligsten Ausdruck in der Kapelle der Kaiserpfalz von Aachen, die wie durch ein Wunder fast unverändert bis in unsere Tage erhalten geblieben und kürzlich zum Weltkulturerbe unter dem Schutz der UNESCO erklärt worden ist. Die Arbeiten an diesem Werk eines unbekannten Baumeisters begannen etwa ab dem Jahr 794, also noch vor der Kaiserkrönung. Aber es ist ein durch und durch kaiserlicher Bau, der erste in einer Reihe von Herrschaftsbauten des mittelalterlichen Römischen Reiches – und einer, der Maßstäbe setzte. Viel von der Zahlenmystik, die die Architektur in sich birgt, wird uns wohl für immer verborgen bleiben. Aber der Eindruck, daß hier ein Herrscher versucht hat, eine Weltordnung zu versinnbildlichen und sie gleichsam in diesem Bauwerk zu illustrieren, ist auch heute noch erfahrbar.

Die Kapelle war das Zentrum der Aachener Pfalz, ursprünglich nur eine von vielen Pfalzen im Fränkischen Reich. Einige Jahre vor der Kaiserkrönung muß sich Karl entschlossen haben, sein Wanderleben zu beenden und eine wirkliche Residenz zu bauen – das Ergebnis ist die Pfalz von Aachen.

In seiner Aachener Hofschule versammelt Karl gelehrte Männer aus allen Ländern Europas um sich, darunter als Leiter den hochgelehrten Briten Alkuin. Viele der antiken Schriften, die wir heute kennen, sind durch die Schreibstuben dieser Männer gegangen. Ihre Vorarbeit, ihre Ideen werden das Mittelalter prägen und die Grundlagen unseres heutigen rationalen Denkens liefern. Karl selbst kann allerdings weder lesen noch schreiben, sondern läßt sich vorlesen, zum Beispiel aus dem »Gottesstaat« des Augustinus. Auf den Urkunden sieht man noch die unbeholfenen Striche, die der Kaiser mit schwerer Hand zu seinem Namen setzte. Dennoch ist er keineswegs ungebildet, spricht er doch Latein und versteht Altgriechisch.

Was Karl versucht in allen seinen Erlassen, Gesetzen und Regulierungsbemühungen, ist eine Verwirklichung göttlicher Ordnung, so wie er sie sieht. Alles steht letztlich im Dienst einer Utopie, die Karls ganz persönliche Vision gewesen sein dürfte. Es wäre jedoch ein Fehler, die Urkunden und Vorschriften zu wörtlich zu nehmen. Oft sind sie eben nur Ausdruck eines Wunsches, und ihre vollständige Verwirklichung hat Karl trotz all seiner Macht nie erreicht. Dennoch ist vieles geblieben, was Karl eingeführt hat. Nicht zuletzt verdanken wir es ihm, wenn wir heute neben den altrömischen Großbuchstaben des Alphabets die kleinen Buchstaben verwenden. Sie sind aus der sogenannten karolingischen Minuskel der Schreibstuben Karls des Großen hervorgegangen.

Rätsel um ein Grab

Karl der Große starb in Aachen, dem Zentrum seiner Welt, und zwar am 28. Januar 814. Der Chronist Einhard berichtet von seinem Ende: »Im Januar wurde er während seines Winteraufenthalts in Aachen von hohem Fieber befallen und mußte das Bett hüten. Er beschloß zu fasten, wie er es bei Fieber immer getan hatte, denn er glaubte, durch Enthaltsamkeit die Krankheit zu vertreiben oder wenigstens zu mildern. Zu dem Fieber stellten sich Schmerzen in der Seite ein, die von den Griechen mit Pleuritis [Rippenfellentzündung] bezeichnet werden. Trotzdem bestand er darauf, weiterhin zu fasten, und stärkte sich nur ab und zu durch wenig Trinken. Er starb, nachdem er die heilige Kommunion erhalten hatte, am achtundzwanzigsten Januar in der dritten Stunde des Tages, sieben Tage nach seiner Erkrankung, im zweiundsiebzigsten Lebensjahre und seinem siebenundvierzigsten Regierungsjahr« (57f.). Noch am selben Tag wird er in Aachen, in der Kirche, die er zu seiner und zu Gottes Ehren gebaut hatte, beigesetzt.

Wahrscheinlich will man ihn mit dieser unziemlichen Eile vor den Mönchen des französischen Klosters St. Denis retten. Denn Karl hatte im Jahr 769 angeordnet, daß man ihn dort neben seinem Vater bestatten möge. Für die Mönche würde ein so berühmter Toter große Vorteile mit

24 *Aachen war für Karl das Zentrum seiner Welt. Diese wunderbare Goldbüste von 1349 wird dort im heutigen Domschatz aufbewahrt.*

sich bringen: Geschenke und Zuwendungen der königlichen Familie, Pilger aus aller Herren Länder, Geld und Macht. Aber bevor eine Delegation aus St. Denis in Aachen vorsprechen kann, haben die Aachener längst Tatsachen geschaffen. Für die Umgebung des Kaisers bedeutet das Karlsgrab in Aachen die Sicherung ihres Status quo – und natürlich die Sicherung der Rolle Aachens als Residenzstadt.

Im Winter 881 werden all diese Kalkulationen zunichte gemacht, als die plündernden Normannen in Aachen ihr Winterquartier beziehen. Vermutlich waren es die Mönche des Klosters Stavelot, die das Grab des Kaisers zuvor unkenntlich gemacht haben – den Reliquienschatz haben sie jedenfalls vor der nahenden Bedrohung nach Mainz gerettet. Wie es auch gewesen sein mag, die Kunde über das Grab verliert sich von nun an.

Im Jahr 1000 kommt ein anderer Kaiser nach Aachen, Otto III. (983–1002). Sein Ziel ist die Neugestaltung der Kirche und des Reiches. Aus diesem Grund sucht er nach den Überresten des schon fast mythischen Gründers Karl. Möglicherweise hat er das Grab gefunden, doch die Quellen widersprechen sich in diesem Punkt. Vielleicht gibt es eine alte, geheimgehal-tene Überlieferung bei den Mönchen des Domkapitels, ererbt von den Mönchen aus Stavelot. Vielleicht haben die Domkleriker dem neuen Kaiser das Versteck eröffnet. Nach drei Tagen der Suche, so berichten die Chronisten, habe Kaiser Otto das Karlsgrab gefunden. Ab hier wird die Schilderung mysteriös. »Wir traten bei Karl ein. Denn er lag nicht wie die Körper anderer Verstorbener, sondern saß auf einem Hochsitz, als lebe er. Er war mit goldener Krone gekrönt, hielt das Zepter in den Händen mit angezogenen Handschuhen, durch die bereits die Fingernägel durchbohrend herausgekommen waren ... Als wir dann an sie [eine Decke aus Kalk und Marmorstein] kamen, empfanden wir einen sehr starken Geruch. Wir richteten sofort ein Gebet an ihn mit gebeugten Kniekehlen. Dann bekleidete ihn Kaiser Otto mit weißen Gewändern, schnitt ihm die Nägel und stellte alles fehlende um ihn wieder her ... Aus seinem Munde zog er einen Zahn, dann ließ er die Decke wieder herstellen und ging weg« (Chronik Novalese nach Wies, 11f.). So berichtet der Graf von Lomello, einer der Begleiter Kaiser Ottos. Die Darstellungen anderer Chronisten unterscheiden sich deutlich. Der Leichnam des Kaisers habe in der Grabstätte gelegen, nicht gesessen, erzählen sie, und man habe ein Halskreuz daraus entfernt. Nach diesem Tag versinkt die geheimnisvolle Grabkammer erneut im Dunkel der Zeiten.

Mehr als 150 Jahre später entdeckt Kaiser Friedrich Barbarossa das Karlsgrab noch einmal, »kraft göttlicher Inspiration«, wie seine Hofschreiber berichten (Wies, 15). Offensichtlich hat sich das Wissen um Karls Grabstätte unter den Klerikern des Domkapitels noch nicht verloren. Barbarossa läßt die Gebeine in einer Holzlade zwischenlagern und gibt einen Schrein in Auftrag. Auf Anweisung Friedrichs II. schließlich finden die Gebeine Karls des Großen um das Jahr 1215 in einem goldenen Schrein im Chor des Aachener Münsters ihre letzte Ruhestätte. Ob es wirklich die sterblichen Überreste Karls sind? Wissenschaftler können bestätigen, daß es sich um die Knochen eines einzigen Menschen handelt, der um 800 gelebt hat und der von überdurchschnittlicher Größe war – mehr nicht.

Nach der ursprünglichen Grabkammer wird weiter gesucht. Gelehrte Altertumsforscher haben in den letzten Jahrhunderten viele Theorien aufgestellt. Im Jahr 1910 haben Archäologen im sogenannten Westbau des Aachener Doms gegraben. Sie fanden auch eine große Grabstelle, aber da man damals nicht im entferntesten daran dachte, daß der Kaiser außerhalb des heiligen Bereiches begraben sein könnte, wurde der Fund nicht weiter verfolgt. Immer noch suchen Kunsthistoriker, Historiker und Architekten nach dem wahren Karlsgrab. Bereits zu Beginn dieses Jahrhunderts haben einige Wissenschaftler die Schilderung des Grafen von Lomello ins Reich der Fabel verwiesen. Vielleicht, so die Überlegung, gab es keine Grabkammer und keinen mumifizierten Leichnam? Handelt es sich lediglich um eine der vielen malerischen Geschichten, mit denen die Chronisten jener Zeit ihre Werke auszuschmücken pflegten? Neuere Forscher vermuten ein Erd- oder Wandgrab, vielleicht im Bereich des Westwerks unterhalb des ursprünglichen Thronraumes. Der Schatz aus dem Karlsgrab könnte in Bestandteile eines Altares umgearbeitet worden sein, in die berühmte »Pala d'Oro«. Der Aachener Dombaumeister zitiert eine alte Überlieferung: »Ein erw. Capitel habe die güldenen Ornamente aus dem Schatz machen lassen, der im Grab Karls gefunden worden sei. Diese Legende birgt einen Teil der Wahrheit. Kaiser Otto III. ließ sie zum Seelenheile Karls anfertigen für den Salvator-Altar, unter welchem der große Kaiser, ein Stockwerk tiefer, im Erdgeschoß begraben liegt« (Noppius nach Wies, 24). So klärt sich vielleicht das Rätsel. Karl der Große könnte unmittelbar nach seinem Tod im berühmten Proserpina-Sarkophag bestattet worden sein, direkt unter seinem Thron. So konnten seine Nachfolger an der Macht sich auf die direkte heilige Einwirkung des 1165 heiliggesprochenen Reichsbegründers berufen. Oder sollte es doch eine Grabkammer gegeben haben, mit Schätzen, die bis heute unentdeckt blieben? Man wird noch lange danach suchen. Die Rätsel um den ersten Kaiser sind noch nicht alle gelöst.

Literaturhinweise

Braunfels, Wolfgang: Karl der Große.
Reinbek 1991.
Einhard: Vita Caroli Magni/Das Leben Karls des Großen, übersetzt von
E. Firchow. Stuttgart 1996.
Farrier, Susan E.: The Medieval Charlemagne Legend.
New York/London 1993.
Munz, Peter: Life in the Age of Charlemagne.
London/New York 1969.
Reiss-Museum Mannheim: Die Franken. Wegbereiter Europas. 2 Bde.
Mainz 1996.
Seibt, Ferdinand: Glanz und Elend des Mittelalters.
Berlin 1987.
Wies, Ernst W.: Karl der Große. Kaiser und Heiliger.
Esslingen/München 1986.

Die Phönizier – Nomaden des Meeres

Von Michael Gregor

DIE PHÖNIZIER ENTDECKEN DIE WELT

25 (Vorhergehende Doppelseite) Schnell und manövrierfähig – ein phönizisches Kriegsschiff mußte keinen Gegner fürchten. Der Rammsporn am Bug riß die Flanken der gegnerischen Schiffe auf – eine gefährliche Waffe in den Seeschlachten der Antike.

Soeben waren wir aufgefordert worden, während des Landeanflugs die Sicherheitsgurte anzulegen, als der Pilot die Maschine plötzlich mit einer engen Kurve auf Gegenkurs brachte. Eine aufgeregte Stimme verkündete aus dem Cockpit, Artilleriekanonen hätten die Landebahn unter Beschuß genommen. Wir flogen zurück nach Zypern, um einige Tage in Nikosia zu warten, bis der Flughafen im Westen Beiruts wieder geöffnet würde.

Als ich die Küste des Libanon 1976 zum ersten Mal aus dem Flugzeugfenster erblickte, hatte der gnadenlose Bürgerkrieg gerade einen ersten Höhepunkt erreicht. Noch erfreuten sich die Nachbarn im Süden und im Osten, Israel und Syrien, am Gemetzel zwischen Christen und Muslimen, zwischen arm und reich, zwischen Libanesen und Palästinensern in Flüchtlingslagern. Die Generalstäbe in Damaskus und Tel Aviv warteten ab, ließen den wirtschaftlichen Konkurrenten Beirut, die Handels- und Bankenmetropole des Nahen Ostens, in Schutt und Asche fallen, um dann ihre Armeen in Marsch zu setzen und sich des Kadavers zu bemächtigen.

Wer dieses Land im Altertum beherrschte, kontrollierte den Handel zwischen Afrika und Kleinasien, Mesopotamien und Europa. Ägypter, Hethiter, Perser, Assyrer und Griechen schickten ihre Soldaten immer wieder hierher, ohne einen endgültigen Sieg erringen zu können – das gelang erst den römischen Legionen. An diesen häufig umkämpften Gestaden siedelten im Altertum Menschen, denen die Griechen den Namen »phoinikes«, Phönizier, gaben. Das griechische Wort »phoinos« bedeutet »purpurrot« und erinnert an einen Wirtschaftszweig der Phönizier, der ihnen ersten Ruhm sicherte und sie bald zu einer der mächtigsten Handelsnationen machte: das Färben von Purpurstoffen. Eine Küstenschnecke der Art Murex lieferte den begehrten Rohstoff. Noch heute ist die einstige wirtschaftliche Bedeutung der Purpurschnecke an der Stelle des antiken Tyros, wo heute Sur liegt, sichtbar: Hier erheben sich große Hügel, die aus den Gehäusen der dort verarbeiteten Stachelschnecken bestehen.

Begehrte Luxusgüter gelangten schon in frühester Zeit über große Entfernungen zu ihren Käufern. Die Gebiete am Ostufer des Mittelmeeres waren Schnittpunkt vieler Handelswege. Indien schickte Seide, Elfenbein und Gewürze; Arabien Duftöle und Weihrauch; Afrika Gold und Elfenbein. Später kommen Kupfer und Silber aus Zypern und Iberien sowie Zinn aus England hinzu. Wie eine Spinne in ihrem Netz saßen jetzt die phönizischen Städte am Knotenpunkt verschiedener Warenströme

26 Archäologen haben im Libanon bei Ausgrabungen viele Gehäuse der Meeresschnecke Murex gefunden - aus ihrem Fleisch gewannen die Phönizier den begehrten Farbstoff Purpur.

GROSS-
BRITANNIEN
Berlin
London
DEUTSCH-
LAND
Cassiteride/
Cornwall
BRETAGNE
Paris
FRANKREICH
ATLANTISCHER
OZEAN
Alpen
Etrurien/Tosc
ITALIEN
KORSIKA
SPANIEN
PORTUGAL
Rom
BALEAREN
SARDINIEN
AZOREN
Madrid
Utica
Lissabon
Lilibeo
Tarschisch/
Tartessos
Karthago
SIZIL
Gadir/Gades
(heute Cádiz)
Algier
Tunis
MA
Rabat
Atlas
TUNESIEN
Essaouira
MARÕKKO
Tripolis
KANARISCHE
INSELN
ALGERIEN
LIBYE
S A H A R A
MAURETANIEN
Dakar
SENEGAL
KAPVERDISCHE
INSELN
Zur Südspitze
von Afrika
6500 km
GUINEA
NIGERIA
SIERRA
LEONE
ELFEN-
BEIN-
KÜSTE
Lagos
Abidjan

DIE WELT
DER PHÖNIZIER
Moskau
RUSSLAND
Ankara
TÜRKEI
Athen
RHODOS
KRETA
ZYPERN
SYRIEN
Byblos
Beirut
Sidon
Tyros
Akko
LIBANON
Damaskus
Amman
Jerusalem
ISRAEL
PALÄSTINA
JORDANIEN
Baghdad
IRAK
Tehran
IRAN
Kairo
ÄGYPTEN
SAUDI-
ARABIEN
Riad
ROTES MEER
Addis Abeba
ÄTHIOPIEN
Antike Namen sind rot,
moderne Namen schwarz.
Ländergrenzen sind moderne Grenzen
Grüne Flächen: phönizische
Einflußgebiete
0
2000 Kilometer

und verdienten jedesmal mit. Niemand kam an ihnen vorbei, wenn es um die Erschließung neuer Handelswege ging.

Die Phönizier waren wie die Hebräer Semiten und sprachen eine dem Hebräischen verwandte Sprache. Die antiken Geschichtsschreiber Herodot und Iustinus vermuteten ihre Herkunft aus der Gegend des Persischen Golfes. Ihre neue Heimat im Westen war das Land Kanaan. Es gelang ihnen schnell, sich an die neue Umgebung anzupassen, und auch ihren vielen Herren ordneten sie sich zumeist pragmatisch unter: Ägyptern, Babyloniern, Assyrern, Hethitern, Persern, Griechen und Römern. Sie änderten ihre und ihrer Götter Kleidung und Kopfputz nach der Mode der Eroberer; innerlich jedoch blieben sie sich und ihren Göttern treu.

Im Palast Salmanassars III. (858–824 v. Chr.), des assyrischen Herrschers, entdeckten Archäologen prächtige Reliefe, mit denen die Säle geschmückt waren. Die feingemeißelten Werke der assyrischen Bildhauer zeigen uns nun ein Bild der frühen Phönizier: Sie rudern in langen, schmalen Booten mit emporstrebendem Bug und erhöhtem Heck, das die Form eines Kamelkopfes hat, an Land. Träger bringen die Ballen mit Lapislazuliblau gefärbter Wolle, die Barren von Gold, Silber, Kupfer und Blei vor den König. Die Gesandten sind mit langen, enganliegenden Doppelgewändern bekleidet. Sie tragen mit Bändern umwundene Turbane, Spitzbärte und aufgebogene Schuhe. Ihre Diener bringen in Schüsseln Süßspeisen herbei, tragen Kisten auf den Schultern und große Kessel wie Kappen auf den Köpfen.

Die Zedern des Libanon

Das libanesische Hinterland besteht aus Wüste und Gebirge. Kaum gerät der schmale, fruchtbare Küstenstreifen aus dem Blickfeld, beginnt sich die Straße in engen Kurven nach oben zu winden. An den Berghängen werden weiß getünchte Dörfer sichtbar, noch vor wenigen Jahren nur unter Lebensgefahr zu passieren. Doch wir bleiben von den Nachwirkungen des Bürgerkriegs nicht verschont. Einige Soldaten stoppen die bergaufwärts fahrenden Autos mit lässig baumelnder MP, stochern im Gepäck herum und geben die Fahrt erst nach Entrichtung eines Bakschischs frei.

Vielleicht erging es den phönizischen Holzhändlern vor 3000 Jahren auch nicht anders, und sie mußten beutegierigen Bergvölkern immer wieder Wegezoll zahlen, um die mächtigen Zedernstämme unbehelligt ins Tal nach Byblos zu bringen, dem lange Zeit wichtigsten Hafen. Zedernholz ist ausgesprochen widerstandsfähig gegen Ungeziefer und Fäulnis und daher als Bauholz ideal – ein weiterer Grundstein für den unaufhaltsamen Aufstieg der Phönizier. Aus Zedernholz erbauen sie ihre Flotte, und Zedernholz ist begehrte Handelsware im Austausch mit dem benachbarten Großreich im Süden, dem Ägypten der Pharaonen. Schon um das Jahr 2550 v. Chr. notierte ein Schreiber des Pharao Snofru: »Und er brachte 40 Schiffsladungen von Zedernstämmen.«

Dieses Holz konnte nur aus Phönizien stammen. Mehrere Jahrtausende belieferte das Land die mediterrane Welt mit einem der wichtigsten Rohstoffe. Legten die Schiffe aus Byblos einmal nicht mehr in ägyptischen Häfen an, brachte dies für die holzarme Hochkultur Probleme mit sich: »Keiner fährt mehr gen Norden nach Byblos«, klagte ein Chronist am Nil. »Wie sollen wir uns die Zedern verschaffen für unsere Mumien, jene Bäume, in deren Holz man unsere Priester begrub, mit deren Öl man unseren Adel einbalsamierte?«

Denn nicht nur für den Schiffsbau, sondern auch für die Reise ins Jenseits mußte Zedernholz Schutz vor gefräßigem Ungeziefer gewähren. Ein glücklicher Zufall hat eine Papyrusrolle erhalten, welche die Bedeutung des Zedernholzes für Ägyptens Seelenheil beschreibt: Etwa um das Jahr 1130 v. Chr. bricht ein religiöser Würdenträger mit Namen Wenamun nach Byblos auf. Dieser Priester huldigt dem Reichsgott Amun, dessen Statue jedes Jahr in einer prächtigen Prozession auf dem Nil präsentiert wird. Als Transportmittel dient eine große Zeremonialbarke, die nun durch einen Neubau ersetzt werden muß. Im Auftrag der Tempelvorsteher von Theben soll Wenamun das dafür notwendige

Holz besorgen. Um sich auf dem langen Weg zu verpflegen, erhält er fünf Pfund Gold und siebeneinhalb Pfund Silber in Barren, wie es damals üblich ist.

Die Reise führt zunächst nilabwärts nach Tanis, dann auf einem Richtung Syrien fahrenden Schiff durchs Nildelta zum Mittelmeer. Schon bei seinem ersten Landgang in Palästina wird dem Priester die ganze Barschaft entwendet, zum Bedauern der Behörden dieses gastlichen Landes. (Uns widerfährt fast 3000 Jahre später ein ganz ähnliches Mißgeschick. Und wie seinerzeit nehmen die freundlichen Beamten die Anzeige höflich zur Kenntnis, sind untröstlich ob unseres Verlustes, versichern uns jeder nur erdenklichen Unterstützung – und fahren mit ihrem Alltagsgeschäft fort.)

Wenamun bleibt nur ein Bildnis seines Gottes Amun, als er wieder an Bord geht. Um nicht mittellos in Phönizien einzutreffen, überfällt

27 Dichte Zedern-Wälder wuchsen auf den Bergen des Hohen Libanon. Schon im Altertum wurden sie wahllos gefällt bis zu ihrer Vernichtung – kaum eine Zeder überlebte den Kahlschlag.

Wenamun selbst einige Küstenbewohner und raubt mehrere Pfund Silber. Doch die Tat spricht sich offenbar herum. Auf Befehl des Herrschers Zakar-Baal verweigert der Hafenmeister in Byblos Wenamun den Landgang; erst einen Monat später wird er vom Fürsten empfangen. Zakar-Baal weiß, daß seine Vorgänger den Ägyptern tributpflichtig waren und das Zedernholz für Amuns Barken ohne Entgelt lieferten. Aber die Zeiten haben sich gewandelt. Phönizien ist zu einer bedeutenden Handelsmacht geworden, und Zakar-Baal ist sich dieses Wandels bewußt, als er zu Wenamun spricht: »Wäre der Herrscher über Ägypten auch Herr über mein Eigentum und wäre ich sein Diener und Untertan, dann hätte er kein Gold und Silber zu schicken brauchen ... Aber ich bin nicht dein Diener noch der deines Herrn. Ein einziges Wort von mir genügt, dann liegen die Stämme am Strand. Wo aber hast du die Schiffe, mit denen du hättest kommen sollen, um sie abzuholen? Wo

hast du die Taue, um sie festzuzurren? Es ist wirklich eine törichte Reise, auf die du dich hast schicken lassen!«

Doch Wenamuns Unternehmung findet ein gutes Ende. Aus Ägypten kommen per Schiff Edelmetalle, Leinenstoffe, Rinderhäute und andere Luxuswaren. So kann man im Papyrustext lesen: »Der Fürst zeigte sich erfreut und sandte 300 Mann und 300 Ochsen aus, um die Stämme zu fällen.«

Heute sind die Berghänge im Libanon-Gebirge fast alle ohne Baumbewuchs, von der Bodenerosion zerklüftet. Nur am Rande der Beka-Ebene, in Bsharri und am Berg Barouk, haben sich kleine Zedernhaine erhalten. Einige Stämme sind zerfetzt, andere von einem Kugelhagel durchlöchert. Wie dicke milchige Tränen quillt das klebrige Harz aus dem Holz, um die Verletzungen zu verschließen. Es heißt, muslimische Extremisten hätten ihre im nahen Ausbildungscamp erworbenen Kenntnisse über Sprengstoff und Munition hier oben, an der Grenze zum christlichen Gebiet, ausprobiert. Noch immer ist die Beka-Ebene Tummelplatz radikaler bewaffneter Gruppen, die sich hier auf Einsätze in Israel oder anderen ihnen politisch unliebsamen Staaten vorbereiten.

Oder war es nur das große Unwetter vom vergangenen Jahr, das den Zedern so zusetzte? Wie in den Märchen von Tausendundeiner Nacht vermischen sich in den Erzählungen unserer Gewährsleute Erfindung und Wahrheit. Traurig ist der Anblick dieser kümmerlichen Reste einst endloser Wälder in jedem Fall, Ergebnis eines jahrtausendelangen Vernichtungswerkes.

Piraten gegen den Pharao

Die Schilderung von Wenamuns Reiseabenteuer enthält eine historisch wichtige Botschaft: Ägypten ist zur Zeit der 20. Dynastie nicht mehr die frühere Supermacht, kann nicht mehr schalten und walten wie in den vorangegangenen Jahrhunderten. Das Mittelmeer ist unsicher geworden; kriegerische Völker sind mit schnellen Schiffen von seinen nördlichen Küsten übers Meer gekommen, betreiben Piraterie, brandschatzen und plündern die Küstenstädte wie 2000 Jahre später die Wikinger an Europas Ufern. Die Piraten schließen sich sogar zu einer gemeinsamen Streitmacht zusammen und greifen Ägypten an. Nur mit Mühe kann Pharao Ramses III. die sogenannten Seevölker zurückschlagen.

Bis heute umgibt ein Geheimnis diese »Nordleute von den Inseln«, wie sie die Schreiber des Pharao bezeichnen. Seit Generationen streiten Historiker darüber, woher sie kamen und wer sich hinter den ungenauen Bezeichnungen verbirgt, die aus Ägypten überliefert sind. Wahrscheinlich waren die Pelasger Philister, kamen aus Griechenland und siedelten sich in der palästinensischen Küstenebene an. Vielleicht waren auch Etrusker darunter, sehr wahrscheinlich jedoch weitere griechische Volksstämme. Sogar den von Homer (eigentlich: Homeros) besungenen Trojanischen Krieg deuten einige Gelehrte heute als einen Überfall einer vereinigten griechischen Piratenflotte auf eine reiche Handelsstadt in Kleinasien.

Auch die phönizischen Hafenstädte haben zunächst unter den Piraten zu leiden, aber dann erkennen die Phönizier, daß ihnen das Chaos auf dem Meer und an den Küsten ungeahnte Möglichkeiten bietet. Nur sie verfügen noch über eine funktionierende Handelsflotte sowie über den Mut und die notwendigen Kontakte, um den Warenaustausch in diesen turbulenten Zeiten wieder in Gang zu bringen. Ein halbes Jahrtausend lang werden sie nun fast konkurrenzlos die entscheidenden Handelswege im Mittelmeer kontrollieren. Die schier unerschöpflich erscheinenden Zedernwälder im Gebirge sichern die materielle Grundlage und dienen zum Bau schnittiger Kriegsschiffe und bauchiger Handelssegler.

Aus phönizischen Quellen ist kein Bericht überliefert, wie die berühmten Schiffe damals gebaut wurden. Doch der griechische Dichter Homeros liefert in seiner »Odyssee« (5. Gesang) immerhin eine genauere Anleitung zum Bau eines Floßes. Nach einem Schiffbruch greift der Held Odysseus selbst zum Werkzeug:

28 Immer wieder sind die Hafenstädte an der libanesischen Küste von fremden Eroberern heimgesucht worden – die Seefestung in Sidon haben christliche Kreuzritter im 13. Jahrhundert errichtet.

»Der aber fällte sich Stämme, und rasch war die Arbeit vollendet.
Insgesamt zwanzig schlug er heraus mit Hieben der Erzaxt,
Glättete sie dann kundig und machte sie grad nach der Richtschnur ...
Und er durchbohrte sie alle und paßte sie dann aneinander
Und verband sie zum Floß mit Pflöcken und haltenden Klammern.
Ganz so wie ein Mann, der in Zimmermannskünsten bewandert,
Sich den Boden bemißt eines breiten, gerundeten Lastschiffs,
Solcher Breite machte sich auch sein Floß der Odysseus.
Pfosten errichtend und sie mit häufigen Streben verbindend,
Schuf er ein Deck, das er oben mit langen Balken belegte.
Dahinein setzt' er den Mast, mit der Rahe an ihm befestigt,
machte zudem ein Steuer, damit er zu lenken vermöchte.
Und er umzäunte das Floß ringsum mit Weidengeflechten,
Schutzwehr gegen die Woge, und schüttete drüber viel Laubwerk.
Tücher brachte inzwischen die hehre Nymphe Kalypso,
Segel daraus zu machen, und fachgerecht schuf er auch diese.
Daran schnürte er fest die Brassen und Taue und Schoten,
Und auf Bohlen zog er das Floß in die heilige Salzflut.«

Ähnlich ging es vermutlich auch auf phönizischen Werften zu, aber wohl ohne die Hilfe einer Nymphe. Anders als es seit 1000 Jahren in Europa

29 Das Reliefbild am Sarkophag König Ahiroms zeigt den Herrscher auf einem reichgeschmückten Thron bei der Audienz – doch über das alltägliche Leben bei Hofe ist kaum etwas bekannt.

üblich ist, errichteten die antiken Schiffszimmerleute nicht zuerst ein Gerüst aus Spanten, sondern begannen mit der Außenhaut. Planken wurden miteinander verzahnt, und erst als diese Schale fertig war, verstärkte man sie innen durch feste Spanten.

TYROS BEHERRSCHT DAS MITTELMEER

Die phönizischen Städte Berytos (das heutige Beirut), Sidon, Byblos, Akko und Tyros liegen am Meer. Vom Land her war die Bedrohung durch mächtige Eroberer allgegenwärtig. So war es nur natürlich, daß sich die Expansionsbestrebungen der Phönizier auf das Meer richteten, und mit kaum gesehener Abenteuerlust brachen sie zu ihren Fahrten ins Unbekannte auf.

Nach dem Seevölkersturm entwickelte sich Tyros rasch zur Hauptstadt des phönizischen Städtebundes. Die Stadt lag damals auf einer schützenden Insel vor der Küste. Der Prophet Ezechiel (27,2–3 und 4–5) schildert die Stadt im Alten Testament mit begeisterten Worten: »Das Wort des Herrn erging an mich: Du Menschensohn, stimm die Totenklage über Tyrus an! Sag zu Tyrus: Du, die du wohnst am Zugang zum Meer, die du Handel treibst mit den Völkern bis hin zu den vielen Inseln ... Im Herzen der Meere liegt dein Gebiet. Vollendet schön schufen dich deine Erbauer. Aus Zypressenholz vom Senir-Gebirge bauten sie all deine Planken, eine Zeder vom Libanon nahmen sie, um auf dir einen Mast zu errichten.«

Bei Ezechiel erfahren wir vieles über die Stellung und das Wirken der Phönizier. Perser und Libyer dienen als Söldner im Heer und bewachen die Stadtmauern; von der Iberischen Halbinsel kommen Silber, Eisen, Zinn und Blei; griechische Händler bringen Leibeigene und Schmiedewaren aus Kleinasien; Armenier schicken Pferde und Lastesel; arabische Händler liefern Elfenbein und Ebenholz aus Afrika; Syrien versorgt die Märkte mit Rubinen und feinen Textilien, mit Korallen und Kristallen; und der Jemen ist mit Gold und Edelsteinen vertreten.

»So fülltest du dich, wurdest schwer beladen mitten im Meer. Über gewaltige Wasser brachten dich deine Ruderer. Da zerbrach dich der Ostwind mitten im Meer. Dein Reichtum, deine Waren, dein Handelsgut, deine Seeleute und deine Matrosen, die Männer, die deine Risse dichten, die deine Waren eintauschen, alle deine Soldaten auf dir und das ganze Heer, das du hast, fallen mitten ins Meer am Tag deines Sturzes ... Als deine Waren vom Meer her kamen, hast du viele Völker gesättigt. Die Könige der Erde machtest du reich mit deinem gewaltigen Reichtum und deinen Handelswaren.« Die neidvollen Drohsprüche des im benachbarten Babylonien lebenden Ezechiel konnten der Prosperität von Phöniziens mächtigster Stadt nicht schaden. Der Geschichtsschreiber Strabo berichtet sogar von Hochhausbauten in Tyros, erzwungen wohl durch die Knappheit des Baulandes. Vergleiche mit Hongkong und Manhattan heute sind daher nicht abwegig.

Im 9. Jahrhundert v. Chr. erlangten assyrische Herrscher erneut die Vormachtstellung im Nahen Osten und bestimmten daher auch die Geschicke Phöniziens. Die Händler der Meere arrangierten sich auch in diesem Fall mit den Beherrschern ihres Landes – zu beiderseitigem Vorteil, wie es lange Zeit scheint. Doch zu groß ist der Stolz von Tyros, Sidon und Byblos, um nicht immer wieder einmal gegen die Fremdherrschaft aufzubegehren. Daraufhin rücken assyrische Bogenschützen gegen Tyros vor und überschütten die Stadt mit einem Hagel ihrer Pfeile. Der Prophet Jesaja (23,8) berichtet vom Unheil, das der Stadt widerfährt: »Wer hat das über Tyrus beschlossen, das einst Kronen verschenkte, dessen Kaufleute wie Fürsten auftraten und dessen Händler die vornehmsten Herren der Erde waren?«

Der König von Tyros muß nach Chittim/Kittim (der hebräische Name für Zypern) flüchten, kommt dort aber ums Leben. So übermitteln die Keilschriftarchive im fernen Ninive den stolzen Satz des assyrischen Herrschers Sennacherib: »Wie man Eier einsammelt, die liegengeblieben sind, so habe ich die ganze Erde eingeheimst...« Er selbst greift mit Streitwagen, Wurfmaschinen und Mauerbrecher das aufständische Sidon an, dessen König »von dem Angesichte meiner Soldaten bis in die Mitte des Meeres geflohen war. Wie einen Fisch fing ich ihn aus der Mitte des Meeres und hieb ihm den Kopf ab.«

Wer erbaute Jerusalems Tempel?

Immer wieder hatten Eroberer versucht, die stolze Stadt Tyros zu zerstören; doch immer wieder konnte sie neu errichtet werden, was unter anderem der Fertigkeit ihrer Handwerker zu verdanken ist. Von den Fähigkeiten phönizischer Baumeister wußte auch König Salomo, als er um das Jahr 970 v. Chr. den Bau des großen Tempels in Jerusalem plante. Er übermittelte dem Herrscher Hiram von Tyros eine Botschaft, um seine Hilfe in Anspruch zu nehmen (1. Könige 5,20): »Befiehl nun, daß man auf dem Libanon Zedern für mich fällt. Meine Knechte sollen mit deinen Knechten arbeiten. Den Lohn für deine Knechte werde ich dir geben, ganz wie du bestimmst. Du weißt ja selbst, daß wir niemanden haben, der so gut Holz fällen kann wie die Leute von Sidon.«

Und Hiram antwortete ihm (1. Könige 5,22–23): »Ich habe die Botschaft vernommen, die du an mich gesandt hast, und werde deinen Wunsch nach Zedern- und Zypressenholz erfüllen. Meine Leute werden es vom Libanon an das Meer schaffen. Ich lasse es dann auf dem Meer an den Ort flößen, den du mir nennen wirst. Dort lasse ich es wieder auseinandernehmen, so daß du es abholen kannst. Du aber erfülle meinen Wunsch, und sende Lebensmittel für mein Haus.« Das Ergebnis dieser Kooperation ist noch heute in Jerusalem zu bewundern. Auch die gigantischen Steinblöcke in der Tempelmauer wurden von phönizischen Steinmetzen gemeißelt.

Als Belohnung schickte Salomo nun Jahr für Jahr 2000 Kor Weizen und 20 Kor reinen Öls, denn er besaß keine Bodenschätze und konnte darum nicht mit Gold bezahlen. Salomo hatte, so erzählt die Bibel, dem König Hiram zusätzlich zum versprochenen Lohn noch 20 Städte in Galiläa abgetreten. Doch als Hiram aus Tyros kam, um sie anzusehen, gefielen sie ihm nicht (1. Könige 9,12).

Die »Joint-ventures« der beiden Herrscher erstreckten sich auch noch auf andere Gebiete. So ließen sie gemeinsam eine Flotte am Roten Meer bauen. Im Buch der Könige (1. Könige 9,26–28) werden Einzelheiten beschrieben: »König Salomo baute auch eine Flotte ... Hiram schickte seine Leute, geübte Seefahrer, mit den Leuten Salomos zu

30 Die Kunstfertigkeit phönizischer Goldschmiede und Elfenbeinschnitzer wurde in der ganzen antiken Welt gerühmt – auf der spanischen Insel Ibiza sind die alten Vorbilder bis heute im traditionellen Bauernschmuck erkennbar geblieben.

Schiff aus. Sie fuhren nach Ofir, holten von dort vierhundertzwanzig Talente Gold und brachten es dem König Salomo.«

Nie waren vor den Phöniziern Seefahrer aus dem östlichen Mittelmeer weiter nach Westen vorgedrungen als bis nach Sardinien und Sizilien; jedenfalls ist davon nichts überliefert.

Die Phönizier segeln nun über die unsichtbare Grenze des Erkundeten hinaus; navigiert wird nach den Sternen: Kurs West! Die damalige Schiffsgeschwindigkeit beträgt 30 bis 40 Seemeilen pro Tag. Aus dem Grund entstehen viele phönizische Siedlungen an der nordafrikanischen Küste in diesem Abstand voneinander.

Zuerst wird Utica nahe dem heutigen Tunis gegründet; es folgen Stützpunkte auf Sardinien und Ibiza und an der iberischen Mittelmeerküste bei Malaga. Es geht aber nicht um die Eroberung fremder Reiche, sondern Handelsplätze und Seerouten sollen gesichert werden. Professor Hans-Georg Niemeyer ist Experte für diese Westexpansion in der Antike: »Phönizische Importe oder die Übernahme phönizischer Techniken und Formen sind im frühen Italien und in Andalusien nachzuweisen. Sie korrespondieren zeitlich auffallend gut mit den im Alten Testament erwähnten, in mehrjährigem Abstand gemeinsam durchgeführten Handelsexpeditionen der Könige Salomo und Hiram von Tyros nach Tarschisch, das wir heute mit Sicherheit als das historische Tartessos in Südspanien identifizieren können. Sie galten offensichtlich auch den Erzlagerstätten in Etrurien und auf Sardinien, aber hauptsächlich dann auf der Iberischen Halbinsel.«

Der griechische Geschichtsschreiber Herodot berichtet über die Handelsmethoden der Phönizier: »Die Händler bringen ihre Waren, purpurne Stoffe und Amphoren, an den Strand. Dann gehen sie zurück auf ihre Schiffe und lassen ein Rauchzeichen aufsteigen. Daraufhin kommen die Eingeborenen und legen soviel Gold bei den Waren nieder, wie sie die Waren für Wert erachten. Genügt das den Phöniziern, nehmen sie das Gold und fahren davon. Wenn nicht, warten sie, daß die Eingeborenen mehr Gold bringen, bis beide Seiten zufrieden sind. Die phönizischen Händler entzünden ihre Signalfeuer entlang der nord- und westafrikanischen Küste an vielen Plätzen, um die Eingeborenen zum Tauschhandel aufzufordern.« Herodot bezeichnet diese Methode als »stummen Handel«.

DER KONKURRENZNEID DER GRIECHEN

»Einstmals kamen phönikische Männer, berühmt in der Seefahrt,/ Gauner, die führten unzähligen Tand auf dem Schiffe, dem schwarzen.« (Homer: »Odyssee«, 15. Gesang)

Der griechische Dichter Homeros zeigt sich den phönizischen Konkurrenten gegenüber als neidischer Provinzbarde. Im 15. Gesang der »Odyssee« läßt er seiner Fremdenfeindlichkeit freien dichterischen Lauf und erzählt folgende Begebenheit: Im Haus des Laertes, des Vaters Odysseus', arbeitete eine phönizische Sklavin. Als diese eines Tages im Hafen mit ihrer Wäsche beschäftigt ist, taucht ein Schiff auf. An Bord sind »durchtriebene« Phönizier und massenweise Plunder, Blendwerk für die Griechen. Die Sklavin wird von einem der Seefahrer aus ihrer Heimat verführt und vereint sich mit ihm am Schiffsheck zum Liebesspiel. Homer zeigt sich empört: »Denn das betört ja die Sinne bei den weiblichen Wesen, auch wenn eine rechtschaffen wäre.« Die Affäre endet wie erwartet. Die Sklavin flüchtet mit ihrem Liebhaber übers Meer und nutzt die Gelegenheit, goldenes Geschirr aus dem Haus des Königs und ein ihr anvertrautes Kind mitzunehmen. Ein phönizischer Händler ermöglicht die Flucht, indem er im Palast als Ablenkung eine goldene Kette mit Bernsteinperlen zur Schau stellt.

Auch an anderen Stellen verunglimpft Homer die Phönizier als Erzgauner und macht sich über ihre Physiognomie lustig, dabei verdankt er ihnen sein wichtigstes Handwerkszeug: die Schrift. Bei Herodot sind die näheren Umstände nachzulesen: Der phönizische Prinz Kadmos macht sich auf Befehl seines Vaters auf die Suche nach seiner Schwester Europa, die von dem Gott Zeus am Strand von Tyros geraubt und nach Kreta gebracht worden war. Zwar kann Kadmos seine

Schwester nicht zurückholen, aber er bringt ein wichtiges Kulturgut mit nach Griechenland – das phönizische Alphabet.

Schon gegen Ende des 3. Jahrtausends v. Chr. werden in den Hochkulturen zwischen Euphrat und Tigris und am Nil Schriftsysteme entwickelt. In Mesopotamien ist das die Keilschrift, in Ägypten sind es die Hieroglyphen. Jedes dieser Systeme hat seine Vor- und Nachtteile. In Phönizien, dem Land Kanaan, treffen die Kulturen und ihre Schriften aufeinander und werden hier für die Bedürfnisse eines pragmatischen Handelsvolkes weiterentwickelt. Die lange Inschrift auf dem Sarkophag des Königs Ahirom von Byblos, gemeißelt um das Jahr 1000 v. Chr., zeigt bereits die Schriftzeichen des fertigen Alphabets. Herodot irrt also nicht, wenn er von den »phönizischen Buchstaben« spricht, welche die Griechen übernommen hätten. Wahrscheinlich verwendeten die Griechen die neue Schrift aber zuerst für ihre Dokumente im Alltag, und es ist sicher kein Zufall, daß sie auch das Maßsystem, vor allem die Hohlmaße, von den Phöniziern übernahmen.

Das bestehende Konkurrenzverhältnis hinderte die Griechen auch nicht, begehrte Exportgüter der Phönizier zu kaufen.

Die ersten Doppeldecker

Die Bauweise von Kriegsschiffen unterschied sich auch in der Antike schon von der der Handelsschiffe. Letztere mußten über eine große Ladekapazität verfügen und stabil gebaut sein; ihr hohes Eigengewicht störte also nicht. Kriegsschiffe dagegen sollten vor allem schnell und extrem manövrierfähig sein und waren darum schlank und leicht konstruiert. Ihre Länge konnte die Breite um das Siebenfache übersteigen, um so die größtmögliche Zahl Ruderer und Kämpfer aufzunehmen. Die Kriegsschiffe verfügten daher über nur sehr wenig Stauraum.

Der langgezogene Rumpf hatte ein rundes, hochgebogenes Heck und einen spitz ausgezogenen, mit einem bronzenen Rammsporn bewehrten Bug, mit dem die Flanken des gegnerischen Schiffes gerammt und zersplittert wurden.

31 Das neue Alphabet entwickelten die Phönizier aus der Keilschrift Mesopotamiens und den ägyptischen Hieroglyphen. Die »Phönizischen Buchstaben« sind die Grundlage unserer Schrift geworden – auch wenn ihre ursprüngliche Schreibweise kaum zu entziffern ist.

Im Rumpf saßen zu beiden Seiten je zwei Reihen mit bis zu 50 Ruderern, die das Schiff im Gefecht geschickt zu manövrieren hatten; ein kleines Rahsegel wurde fast nur zur Überwindung größerer Entfernungen benutzt. Vom Bug bis zum Heck des Schiffes, über die Köpfe der Ruderer hinweg, zog sich eine schmale hölzerne Konstruktion, die »Kampfbrücke«, die durch Schilde geschützt wurde und auf der Bogenschützen und Katapulte Platz und Schutz fanden. Beiderseits des Hecks waren schließlich die Steuerruder angebracht.

Den Phöniziern wird eine entscheidende Verbesserung beim Bau von Kriegsschiffen zugeschrieben. Um noch mehr Ruderriemen an Bord unterzubringen, konstruierten sie eine zweite Ebene. Bis heute streiten die Gelehrten darüber, ob die Riemen von unterschiedlicher Länge waren und wie verhindert wurde, daß sich die Ruderer gegenseitig behinderten. War schon vorher das Rudern im Gleichtakt, besonders im Kampfgetümmel, kein Kinderspiel, so erforderte nun das doppelte Deck eine langwierige Ausbildung der Rudermannschaften. In diesem Training lag auch lange Zeit die Überlegenheit der phönizischen Kriegsflotte begründet.

Es ist bezeichnend, daß im Gegensatz zum Landheer keine Söldner auf den Schiffen eingesetzt wurden. Die Knochenarbeit an den Riemen war Vertrauenssache, und zu sehr hing das Schlachtenglück davon ab. Galeerensträflinge, die man bei dieser Arbeit vermuten würde, waren im Altertum fast unbekannt. Erst im Mittelalter und besonders in der Neuzeit wurden Menschen auf Ruderbänken geschunden; in der Antike dagegen schonte man diese wertvollen Experten wo immer möglich.

Die Leichtbauweise der Kriegsschiffe bot der Besatzung keine Unterbringungsmöglichkeiten und schränkte aus diesem Grund den Aktionsradius erheblich ein. Wann immer sich Gelegenheit bot, wurde der Heimathafen angelaufen, oder aber die Mannschaft verließ das Schiff und zog es auf den Strand.

Genauere Kenntnisse darüber, wie die Phönizier ihre Schiffe bauten, verdanken wir der Bergung zweier Schiffsrümpfe auf Sizilien, die nach langen Tauchgängen in der seichten Bucht vor Marsala, der Phönizierstadt Lilibayon, zu Tage gefördert wurden. Sie werden nun im Museum restauriert, doch für den Laien bleiben die wenigen gut erhaltenen Planken ein enttäuschender Anblick. Es handelte sich um kleine Transportsegler, Mehrzweckschiffe also. Da sie klein und wendig waren, wurden sie in erster Linie zur Aufklärung und Nachrichtenübermittlung eingesetzt. Sie wurden aus vorher zugeschnittenen und bearbeiteten Holzteilen zusammengefügt. Diese Fertigbauweise machte es Jahrhunderte später den Römern, die im ersten Krieg gegen Karthago ein Phönizierschiff erobert hatten, sehr leicht, das Konstruktionsprinzip zu erkennen und Nachbauten anzufertigen – vielleicht das entscheidende Moment im Ringen um die Macht auf dem antiken Mittelmeer.

Navigation

Eudoxos von Knidos, ein griechischer Astronom und Mathematiker, stellte im 4. Jahrhundert v. Chr. fest, daß die Griechen nach dem Sternbild des Großen Bären segelten, dem einzigen, das nicht im Meer versinkt, wie Homer behauptete. Die Phönizier dagegen orientierten sich schon an dem Kleinen Bären, dessen Sterne sich in einer kleineren Bahn am Himmel bewegen und darum besser zum Navigieren geeignet sind. Auch das lernten die Griechen von den Phöniziern – ebenso, daß der Kleine Bär niemals in den Meereswellen versinkt, auch wenn es so aussieht. Da sich die Erdachse im Laufe der Jahrhunderte in ihrer Ausrichtung zum Himmel durch eine Rotationsbewegung leicht verschoben hat, befand sich der Polarstern, an dem sich die Seeleute heute orientieren, damals an einer anderen Position. Ein Stern des Kleinen Bären, Kochab, stand dem Nordpol zu jener Zeit am nächsten.

Wahrscheinlich peilten die antiken Seefahrer »über den Daumen«, das heißt, sie maßen die Entfernung eines Sterns zum Horizont mit Hilfe des ausgestreckten Armes und der gespreizten Finger. Vielleicht benutzten sie aber auch schon den in Babylonien erfundenen Gnomon, eine Vorstufe der Sonnenuhr, mit der die Länge der Schatten und damit der Höhenwinkel der Sonne über dem Horizont gemessen wurde.

Die Phönizier hatten sich zu wahren Meistern in der Seefahrt entwickelt, was ihnen eine Beweglichkeit verschaffte, die ihren Händlern bei der Öffnung neuer Märkte und ebenso ihrer Kriegsflotte entscheidende Vorteile gegenüber jedem Gegner sicherte, der es wagte, sie außerhalb seines eigenen Territoriums anzugreifen.

Jenseits der »Säulen des Herakles«

In der Meerenge von Gibraltar beträgt die Entfernung zwischen der Küste Afrikas und der Iberischen Halbinsel nur 14 Kilometer. Die Seefahrer des Altertums wußten: Hier beginnt die unendliche Weite des Ozeans, ohne rettende Ufer in Sichtweite. Die Phönizier aus Tyros nannten die Meerenge von Gibraltar »Säulen des Melkart«, weil sie wie mächtige Gegenstücke zu den zwei Säulen im Tempel ihres Stadtgottes Baal Melkart erschienen, schreibt der Grieche Arrianos. Seine Landsleute, auf See ewige Rivalen der Phönizier, sahen hier in Gestalt des Atlas eine der Stützen des Universums.

Für die Phönizier, ebenso wie viel später für die Kolonial- und Seemacht Großbritannien, sind die »Säulen des Melkart« ein Ort von einmaliger strategischer Bedeutung. Ihre Kontrolle bedeutet Seeherrschaft: »Britannia rule the waves«.

Nicht weit von Gibraltar entfernt liegt am Atlantik die sagenumwobene Hauptstadt eines seit langem wichtigen Handelspartners: Tartessos. In ihrer Nähe gründen die Phönizier ihre Kolonie Gadir (lateinisch: Gades), deren Mauerfundamente heute unter den Häusern der Altstadt von Cádiz verborgen liegen. Einst erhob sich die Stadt auf drei Inseln zwischen dem Meer und einer großen Lagune, so wie viele andere phönizische Gründungen. Denn so war die Sicherheit von Schiff und Mensch stets gewährleistet.

Der Römer Vellius Paterculus schreibt dazu vor 2000 Jahren: »80 Jahre nach dem Fall von Troja und 120 Jahre nach Herakles Hinscheiden zu den Göttern gründete die Flotte von Tyros, damals die mächtigste auf den Meeren, im hintersten Winkel Hispaniens, im allerfernsten Landstrich unseres Erdenrunds, auf einer vom Ozean umschlossenen, durch einen schmalen Isthmus vom Festland getrennten Insel, die Stadt Gades.«

An welchem Datum die Stadt wirklich gegründet wurde, hat schon viele Gelehrte beschäftigt. Denn wer kann sagen, wann Troja fiel und wie menschlich Herakles war, bevor er zu den Göttern aufstieg? Der Küstenstreifen um Cádiz jedenfalls hat sich im Laufe der Jahrtausende gehoben, und die durch Abholzung der Wälder beschleunigte Bodenerosion hat die einstige Lagunenlandschaft in neues Schwemmland mit wenigen Wasserläufen verwandelt. So finden sich jetzt die Fundamentreste phönizischer Hafenstädtchen weit von der Küste entfernt im Binnenland.

32 Zwei Säulen galten den Phöniziern als heiliges Symbol ihres Gottes Baal Melkart, den die Griechen mit Herkules gleichsetzten. Von hohen Felsen ist die Meerenge von Gibraltar begrenzt – als »Säulen des Melkart« wurden sie von den orientalischen Seefahrern bezeichnet.

Doch was zieht die Phönizier überhaupt an diese für sie so ferne Küste? Die Antwort findet sich flußaufwärts in den Bergen. Hier, im Gebiet der Flüsse Guadalquivir, Guadiana und Rio Tinto, liegen die Reichtümer der Iberischen Halbinsel tief in der Erde verborgen. Die einheimische Bevölkerung liefert die Erträge aus den Silber- und Kupferminen, im Tausch erhalten sie Luxusgüter aus dem Orient. Unzählige Generationen haben hier als Bergleute gelitten oder als Herrschende und Kaufleute von den Minen profitiert. Die riesigen Schürfwunden in der Landschaft sind auch nach 3000 Jahren noch gut sichtbar.

Im Archäologischen Museum von Sevilla ist heute ein prächtiger Goldschatz ausgestellt, der wahrscheinlich von phönizischen Goldschmieden auf Zypern hergestellt wurde. Das Geschmeide stammt aber aus dem Grab eines einheimischen keltiberischen Fürsten: Es dürfte sich also um Tauschware handeln. Der Überlieferung nach waren phönizische Händler bei ihrer ersten Einkaufstour auf der Iberischen Halbinsel von den großen Mengen eingetauschten Silbers sehr überrascht. Sie ließen sogar Anker und schwere Geräte an Land zurück, um das Schiff nicht zu überladen und doch kein Gramm des wertvollen Minerals zurücklassen zu müssen.

Die Reichtümer aus dem Hinterland kamen auch der Handelsstadt Gadir zu gute. Auf den Klippen an der Hafeneinfahrt stand einst der berühmte Tempel der Astarte, die die Römer als Venus Marina verehrten. Das Meer hat den Tempel längst verschlungen, doch manchmal läßt es uralte Opfergaben wieder aufsteigen: kleine Figuren der Astarte und anderer Götter.

Die Neugründung Gadir ist nicht etwa End-, sondern Ausgangspunkt für weitere Fernfahrten über See. Wieder sind es Bodenschätze, die locken. Durch den stürmischen Golf von Biscaya führt die Route zur Bretagne und bis zur südwestenglischen Halbinsel Cornwall. Hier fördern die einheimischen Bergleute Zinn aus den Minenstollen. Dieses für das Härten von Kupfer zu Bronze so wichtige Metall war damals rar. Man fand es lediglich in Nordwestspanien, Irland und in Cornwall, das nun für lange Zeit Cassiteride, »Zinninsel«, heißt.

Die Phönizier versuchten immer wieder, sich durch die Blockade der Meerenge von Gibraltar das Monopol für den Seeweg dorthin zu sichern. Wen wundert es da, daß sie bei ihren Nachbarn zwar respektiert, aber auch entsprechend unbeliebt waren? Beim Historiker Strabon ist nachzulesen, wie brutal sie gegen jeden Konkurrenten im Seehandel vorgingen: Als ein phönizischer Kapitän sah, daß ein römisches Schiff dem seinen folgte, um den Weg zu dem Zinnfundort zu ermitteln, änderte er seinen Kurs und fuhr absichtlich auf eine Untiefe zu (wahrscheinlich sind hier die heimtückischen, felsenübersäten Gewässer rund um die nebelverhüllte Insel Ouessant/Ushant an der Westeinfahrt des Ärmelkanals gemeint). Das römische Schiff folgte, und beide erlitten Schiffbruch. Der römische Seefahrer bezahlte seine Neugier mit dem Leben, der Phönizier aber rettete sich auf einem Stück des Wracks und wurde später vom Staat für die Ladung voll entschädigt, die er geopfert hatte, um den Seeweg geheimzuhalten.

Die Phönizier unternahmen Entdeckungsreisen auch im Auftrag des ägyptischen Pharao Necho II. (610–595 v. Chr.). Von einen dieser geheimnisumwitterten Reisen erhalten wir durch Herodot Kenntnis. Pharao Necho läßt einen Kanal vom Nil zum Roten Meer graben. Die Phönizier passieren ihn, um dann Afrika auf der Südroute zu umfahren. »Wenn der Herbst kam, gingen sie an Land, wo immer sie sich gerade befanden, und nachdem sie ein Stück Land mit Korn besät hatten, warteten sie, bis es reif zum Schneiden war.« Dann segeln sie weiter, umrunden den Kontinent und gelangen endlich nach über zwei Jahren durch die Straße von Gibraltar wieder nach Ägypten. Sie haben 21 000 Kilometer mit ihren kleinen offenen Schiffen zurückgelegt. »Über Libyen [= Afrika] wissen wir, daß es an allen Seiten vom Meer umspült wird, außer dort, wo es mit Asien verbunden ist.«

Der griechische Geschichtsschreiber Herodot wollte dem Gehörten trotzdem nicht glauben. Besonders die Aussage, daß die Sonne mittags bei Westkurs auf der rechten Seite zu sehen ist, die der Himmelsrichtung Norden entspricht. Den Bewohnern der Nordhalbkugel muß der Bericht in der Tat phantastisch erscheinen, aber gerade hier zeigt sich seine Glaubwürdigkeit: Erst südlich des Äquators, damals noch für lange Zeit Terra incognita, unerforschtes Land, nimmt die Sonne diese Position ein.

Wenn die Phönizier in der Lage waren, den Golf von Biscaya mit schweren Erzladungen zu durchqueren, dann konnten sie auch das Kap der Guten Hoffnung umschiffen, stellt der moderne Segelschiffkapitän und Atlantiküberquerer Alan Villiers nüchtern fest. Besonders wenn sie von Osten kamen und nicht wie die Portugiesen gegen widrige Winde ankämpfen mußten.

Die »Neue Welt« der Phönizier – Karthago

»Das mittlere Gebiet, das man durchqueren mußte, war voller Blumen- und Obstgärten jeder Art, da viele Flüsse kanalisiert waren und jeden Ort bewässerten. Man sah unendlich viele prunkvoll gebaute weiß gekalkte Landhäuser, die vom Reichtum ihrer Besitzer zeugten. Die Häuser waren angefüllt mit all dem, was zum Genuß des Lebens beiträgt, weil die Bevölkerung während einer langen Friedensperiode eine große Menge von Gütern angesammelt hatte. Der Boden war teils mit Weinreben, teils mit Olivenbäumen bebaut, und es gab dazu noch viele andere Obstbäume. In den übrigen Gebieten weideten in den Tälern Rinder und Schafe, und die nahe gelegenen Wiesen wimmelten von grasenden Pferden. Diese Gegend war also von mannigfaltigem Wohlstand gekennzeichnet, weil dort die mächtigsten Adelsfamilien ihre Besitzungen hatten, die sich durch ihren Reichtum den Genüssen des Lebens hingeben konnten.«

Wie ein Bericht aus dem Schlaraffenland, so mutet diese Beschreibung der Umgebung Karthagos an. Auch wenn der Chronist Diodor nicht selbst vor Ort war und als oft unzuverlässige Quelle gilt, so muß schon etwas wahr sein am paradiesischen Überfluß Karthagos.

In vielen klassischen Quellen ist nachzulesen, wie Karthago gegründet wurde: Dido (oder auch Elissa), die Gründerin Karthagos, hatte einen Bruder namens Pygmalion, der König von Tyros war. Als er aus Machtgier den Oberpriester der Astarte, seinen Onkel und Didos Mann, ermorden ließ, floh die Witwe mit vielen Getreuen nach Zypern. Hier wählte sie 80 für die Tempelprostitution bestimmte Mädchen aus, damit die Flüchtlinge Gefährtinnen hätten. Dann segelten sie an die Küste Nordafrikas, wo Dido von den Eingeborenen ein Stück Land zum Siedeln erwarb. Es sollte so groß sein, daß es von einer Rinderhaut umschlossen werden konnte. Die schlaue Phönizierin schnitt eine Ochsenhaut in so dünne Streifen, daß diese einen ganzen Hügel, später griechisch »Byrsa« (Haut) genannt, umfaßte. Hier entstand die erste Wohnsiedlung von Karthago, und Dido wurde ihre Königin.

33 Die Menschen vieler Nationen bewohnten die antike Metropole Karthago: Phönizier, Griechen, Berber und andere. So haben wohl auch manche der Bewohner der Mittelmeerküste Tunesiens phönizische Vorfahren.

Diese Legende wird durch die Annalen von Tyros bestätigt. Ein Gründungsdatum um 814 v. Chr. erscheint daher als durchaus wahrscheinlich. Didos Gründung entwickelt sich schnell zu einer mächtigen Metropole. Ihr orientalisches Gepränge löst Abscheu und Bewunderung aus, je nach Zeitgeist und Geschmack. Noch der französische

Schriftsteller Gustave Flaubert schildert den Auftritt der Priesterprinzessin Salammbô, während zum Festmahl Sklavinnen ganze gebratene Pfauen und Antilopen samt ihrer Hörner auftragen und ein riesiger Neger mit einem großen Rinderknochen auf einen Schild trommelt, mit lüsternem Schauder: »Ihr Haar war mit violettem Pulver bestreut und nach der Sitte der kanaanitischen Jungfrauen turmartig frisiert. ... Perlenschnüre, die an ihren Schläfen befestigt waren, hingen bis zu den Winkeln ihres Mundes herab, der rosig wie ein halb aufgeschnittener Granatapfel glühte. Auf ihrer Brust trug sie einen Schmuck aus blitzenden Steinen, der mit seinem buntfarbigen Gefunkel die Schuppen einer Muräne nachbildete. Ihre mit Diamanten geschmückten Arme traten nackt aus ihrer ärmellosen Tunica hervor, die auf tiefschwarzem Grund mit roten Blumen besternt war.«

Der römische Historiker Polybios (ca. 200–120 v. Chr.) beschreibt die Lage der Stadt nüchtern und mit der Präzision eines Militärkartographen: »Karthago selbst liegt in einem Golf und hat die Form einer Halbinsel; es ist zum Teil von Meer und zum größten Teil von Sumpfgebiet umgeben. Der Isthmus, der es mit Afrika verbindet, ist etwa 25 Stadien breit. Nicht weit davon entfernt, an der dem Meer zugewandten Seite, liegt die Stadt Utica; auf der anderen Seite in der Nähe des Sumpfes liegt Tunis.«

Auf einem Hügel erhob sich die Akropolis Karthagos mit ihren Heiligtümern, geschützt von einer befestigten Mauer. Ein noch größerer Schutzwall umgab das gesamte Wohngebiet; davor lagen die Gräberfelder. Im Süden der Stadt befanden sich die künstlich angelegten Hafenanlagen. Ein rechteckiges Becken war für die Handelsschiffe bestimmt, ein rundes für die Kriegsschiffe. Noch heute sind hier die Vorrichtungen zu erkennen, mit denen die Schiffe auf schrägen Rampen aus dem Wasser zur Wartung gezogen wurden. Der Römer Appian (2. Jh. n. Chr.) beschreibt die Anlage sehr anschaulich: »Die Häfen waren so angelegt, daß die Schiffe vom einen in den anderen fahren konnten; vom Meer her gelangte man durch eine 70 Fuß [das sind ungefähr 21 Meter] breite Einfahrt hinein, die mit Eisenketten abgesperrt wurde.

Der erste Hafen, der den Kaufleuten vorbehalten war, hatte zahlreiche und unterschiedliche Trossen. Mitten im weiter innen gelegenen Hafen lag eine Insel. Die Insel und der Hafen waren von großen Molen umgeben. Auf diesen Molen lagen große Hallen, die 220 Schiffe aufnehmen konnten; über den Hallen befanden sich Magazine. Vor jeder Halle erhoben sich zwei ionische Säulen, die der Einfassung des Hafens und der Insel das Aussehen einer Säulenhalle verliehen. Auf der Insel war ein Pavillon für den Admiral errichtet, aus dem die Warnsignale des Trompeters und die Rufe des Herolds ertönten; von hier aus konnte der Admiral den Hafen überwachen. Die Insel lag der Hafeneinfahrt gegenüber und war ziemlich hoch gelegen, so daß der Admiral sah, was auf dem Meer vorging, während die vom Meer Kommenden das Hafeninnere nicht genau einsehen konnten. Auch den Blicken der mit ihren Schiffen eintreffenden Kaufleute blieben die Arsenale zuerst verborgen. Diese waren nämlich von einer zweifachen Mauer und von den Toren umgeben, durch die die Kaufleute vom ersten Hafen in die Stadt fahren konnten, ohne die Arsenale durchqueren zu müssen.«

Im Laufe der Jahrhunderte verändert sich die Welt des Mittelmeeres. In Italien bauen die Etrusker eine ernstzunehmende Flotte auf, und Kolonien griechischer Städte entstehen am Südzipfel des Landes, auf Sizilien und in Gallien an der Mündung der Rhône. Die Phönizier aus Karthago begreifen, daß sie bei weiterem Verzicht auf territorialen Besitz bald von der Konkurrenz überrundet werden.

Aristoteles weiß in seiner Schrift »Staatskunst« zu berichten, daß Karthago einige seiner Bürger als Kolonisten in die umliegenden Länder entsandte und ihnen dort ein angenehmes Dasein sicherte. Er nennt solches Handeln klug, da so dem aufrührerischen Druck einer zu großen Bevölkerung vorgebeugt würde.

Der Ableger von Tyros wächst neben Alexandria und später Rom zu einer der größten Städte der Antike. Über eine Million Einwohner soll sie beherbergt haben. Schon bald nach der Gründung Karthagos entsteht eine Reihe von Kolonien: Kreta, Rhodos, Zypern, Sardinien, Sizilien, Malta und Ibiza. Damit ist besonders das westliche Mittelmeer für drei Jahrhunderte zu einem Meer der Phönizier geworden. 480 v. Chr. gelingt Karthago die vollständige Schließung der Straße von Gibraltar, bis die Griechen wiedererstarken und zu einem hartnäckigen Rivalen werden.

So versuchte im Jahr 397 v. Chr. der Tyrann Dionysos I. (ca. 430–367 v. Chr.), den Phöniziern das westliche Drittel Siziliens wieder abzunehmen. Zu jenem Zeitpunkt waren die Häuser der Inselstadt Motya, vor der Küste im äußersten Westen Siziliens auf Mozia gelegen, von hervorragender Schönheit und Größe, was die Griechen zum Einsatz sechsstöckiger Belagerungstürme zwang. Noch heute sind Abschnitte der Umfassungsmauer mit vorspringenden Türmen zu besichtigen. Durch jeweils ein Tor im Norden und Süden konnte die Stadt betreten werden. Vom Nordtor führte eine heute überflutete, aber noch vor einigen Jahrzehnten gut zu befahrende gepflasterte Straße zum Festland. Wie wohlhabend auch diese phönizische Niederlassung war, macht ein großes archäologisches Fundstück deutlich. Lange wurde in Fachkreisen über die Herkunft der lebensgroßen Statue eines Jünglings gestritten. Die Bildhauerarbeit weist auf einen griechischen Künstler, aber der Faltenwurf der Toga ist eindeutig phönizisch.

34 Im Tempelbezirk einer phönizischen Kolonialstadt auf Sizilien gibt dieser Opferstein den Wissenschaftlern Rätsel auf – wurden hier Tiere getötet oder das Blut von Menschen vergossen?

Als Kompromiß im Expertenstreit gilt heute: Im Auftrag der vermögenden Phönizier aus Motya hat ein Grieche die Statue gemeißelt.

Doch auch eine dunkle Seite phönizischer Kultur hat auf Mozia Spuren hinterlassen: einen Begräbnisplatz mit den Überresten verbrannter Kinder.

KARTHAGO OPFERT SEINE KINDER IM FEUER

35 Künstler aus den benachbarten Griechenkolonien waren den prachtliebenden Phöniziern auf Mozia immer willkommen, die aus dem Fernhandel reichen Gewinn zogen.

Als Karthago seine Unabhängigkeit von Tyros erklärte, wurden Baal Hammon und Tanit zu Stadtgottheiten. Damit begann eine grausame Wendung in Karthagos Kult. Baal Hammon nämlich verlangte Menschenopfer in bisher nicht gekanntem Ausmaß. Der römische Geschichtsschreiber Diodor schreibt befremdet: »In früheren Zeiten hatten sie dem Gott die Söhne der ersten Bürger geopfert, später hatten diese heimlich Kinder gekauft, sie zu diesem Zweck erzogen und dann

opfern lassen. Als einmal eine Untersuchung gemacht wurde, fand man heraus, daß einige solcher Kinder den Platz anderer eingenommen hatten. Indem sie diese Vorkommnisse bedachten und den Feind vor ihren Mauern lagern sahen, fühlten sie abergläubische Angst in sich aufsteigen, da sie glaubten, die Ehre der väterlichen Götter verletzt zu haben. Um ihr Vergehen wiedergutzumachen, wählten sie 200 der vornehmsten Kinder aus und opferten sie öffentlich. Andere aber, die unter übler Nachrede standen, opferten sich freiwillig, und es waren nicht weniger als 300. In der Stadt gab es eine bronzene Statue des Kronos mit ausgestreckten Händen und offenen, nach unten gerichteten Handflächen, so daß jedes der Kinder, das darauf gelegt wurde, hinunterrollte und in eine Grube voll Feuer fiel.«

36 Die Bibel hat den Kinderfriedhöfen der Phönizier einen Namen gegeben: Tophet. In Karthago sind die Katakomben des Todes Orte des Schauderns geblieben.

Daß das Opfern von Kindern durch Verbrennen weit verbreitet war und in nicht geringem Maße betrieben wurde, wird durch archäologische Funde bestätigt. Topheten, die heiligen Orte, an denen die Überreste der geopferten Kinder in Urnen beigesetzt wurden, sind in der Umgebung aller größeren karthagischen Siedlungen im westlichen Mittelmeerraum gefunden worden. Erst spät wurden die Menschenopfer dann zunehmend durch Tieropfer für die friedlichere Himmelsgöttin Tanit ersetzt. Doch der schlechte Ruf der grausamen Karthager hat sich in den Annalen der Geschichte festgeschrieben. Noch nach 2500 Jahren malt der englische Historiker Rollin ein düsteres Charakterbild: »Die Karthager besitzen etwas Strenges und Wildes in ihrer Gemütsart und Geistesverfassung, etwas Überhebliches und Anmaßendes, eine Art von Wildheit, die gegenüber jeder Vernunft und jedem Protest taub ist und sich brutalen Exzessen der Gewalt hingibt.«

Auch karthagische Feldherren waren gegen derartige Exzesse wohl nicht gefeit. Nach der Eroberung der griechischen Stadt Himera auf Sizilien im Jahr 409 v. Chr. sollen 3000 Gefangene geopfert worden sein. Doch solche Grausamkeit war im Vorderen Orient, der phönizischen Heimatregion, keine Ausnahme. Der assyrische Herrscher Assurbanipal bekannte nach einem Feldzug gegen phönizische Städte in Palästina voller Stolz: »Ich besiegte die aufständische Bevölkerung von Akko. Ihre Leiber hängte ich an Stangen rings um die Stadt auf. Die Überlebenden brachte ich nach Assyrien.« Als Sidon im Jahre 351 v. Chr. vom persischen Herrscher Artaxerxes III. (359–338 v. Chr.) angegriffen wurde, schlossen sich die Sidonier in der Stadt ein und zündeten sie an. Mehr als 40 000 Menschen sollen auf diese Weise ums Leben gekommen sein.

Doch die religiös begründete Opferung von Menschen in der Antike beschränkte sich nicht nur auf den Kult der Phönizier. Auch der Prophet Jeremia beklagte die Sünde der Kinder Juda, die Opferplätze anlegten, um ihre Söhne und Töchter ins Feuer zu werfen, ein Brauch, den die Israeliten von den Kanaanitern übernommen hatten. Und ebenso wurde dem Stammvater Abraham von Gott befohlen (Genesis 22,2): »Nimm deinen Sohn, deinen einzigen, den du liebst, Isaak, geh in das Land Morija und bring ihn dort auf einem der Berge, die ich dir nenne, als Brandopfer dar.«

Im 2. Buch der Könige wird berichtet, wie das Volk Israels von seinem Gott abtrünnig wurde (2. Könige 17,16): »Sie übertraten alle Gebote des Herrn, ihres Gottes, schufen sich Gußbilder, zwei Kälber ... und dienten dem Baal. Ihre Söhne und Töchter ließen sie durch das Feuer gehen, trieben Wahrsagerei und Zauberei und gaben sich dazu her, zu tun, was dem Herrn mißfiel, und ihn zu erzürnen.« Durchs Feuer gehen – das bedeutete, den Opfertod in den Flammen zu sterben.

Diese für Israel neuen Riten beginnen mit der Hochzeit zwischen König Ahab und Isebel. Sie ist die Tochter des Herrschers von Tyros, Ethbaal. Der religiöse Fanatiker, einst Hoherpriester der Astarte, hat sich durch Mord des Thrones bemächtigt. Seine Tochter schickt er mit einem Gefolge von 400 Priestern des Sonnengottes Baal und 400 Priesterinnen der Mondgöttin Astarte an den Hof Ahabs. Die neue Königin aus Phönizien führt die in ihrer Heimat üblichen Orgien und Ausschweifungen ein, so heißt es später, und setzt den Bau eines Tempelheiligtums für Baal Melkart bei Samaria durch.

Das Hauptopfer für diesen Gott sind Kinder. Die Sitte beruht auf der Vorstellung, daß reine, unschuldige Kinder – das teuerste, was Eltern geben können – das Sühneopfer seien, das den Zorn der Götter am sichersten besänftigt. Die Mutter, berichtet Plutarch, wohnt dem Ritual ohne Tränen und Seufzer bei; seufzt und weint sie doch, so verliert sie ihre Ehre, das Kind aber wird dennoch geopfert. Kinderopfer werden alljährlich an einem bestimmten Tag, teils vor großen Unternehmungen und bei allgemeinen Unglücksfällen dargebracht. Das Getöse der schrillen Flöten und der dröhnenden Pauken übertönt die Klagelaute.

Hannos Fahrt ans Ende der Welt

Um die Seeleute auf den langen Schiffsreisen, besonders im Atlantik, mit Proviant zu versorgen, entwickeln die Phönizier in speziellen Logistikzentren neue Konservierungsmethoden. Auch im ältesten Siedlungskern der portugiesischen Hauptstadt Lissabon haben Ausgräber regelrechte »Konservenfabriken« entdeckt, in denen Fisch

37 Eine Statue des Gottes Baal Hammon aus römischer Zeit. Ihm wurden die unschuldigen Kinder als Opfer dargebracht – die Bibel nannte ihn »Moloch«.

mit Salz und Gewürzen in Steinbottichen zu einem haltbaren Sud eingekocht wurde, den die Römern später als »garum« bezeichnen. So ist gerade auch diesen Randbereichen der Erfolg des Handelsvolkes zu verdanken.

Schon immer bestimmten Handelsinteressen den Lauf der Geschichte. Da Araber und Türken die Handelswege nach Asien fest unter Kontrolle hatten, wagten portugiesische Seefahrer als erste in der Neuzeit den gefährlichen Seeweg um Afrika herum nach Indien. Langsam arbeiteten sie sich an den unbekannten Küsten des Schwarzen Kontinents vorwärts, bis der Seefahrer Graf Vasco da Gama Ende des 15. Jahrhunderts Indien erreichte. An der Küste wurden Schutzfesten errichtet. In der südmarokkanischen Küstenstadt Essaouira ist eine dieser Trutzburgen bis heute erhalten. Archäologen fanden hier sogar Überreste einer uralten Niederlassung.

Es ist bereits später Vormittag, als sich der erste Kutter durch die querschlagenden Brecher in das kleine molengeschützte Hafenbecken von Essaouira kämpft. Weitere Schiffe folgen. Ungeduldig haben die Fischhändler auf die Rückkehr der Flotte gewartet, aber erst als der Sturm abflaut, ist die Durchfahrt des gefährlichen Klippengürtels ohne allzu großes Wagnis möglich. Als die Kutter festmachen, drängen sich die Wartenden neugierig an die Kaimauer, um einen ersten Blick auf den heutigen Fang zu werfen, der schon – trotz des starken Seegangs – säuberlich in Kisten verteilt ist und auf das höchste Angebot wartet. Makrelen und Sardinen bilden das Gros der Ausbeute, aber auch ein kleiner Thunfisch hat sich ins Netz verirrt. Es ist nicht die Jahreszeit für die großen Thunfischschwärme, die im Frühling draußen am Kontinentalschelf entlang nach Norden gleiten. Sie werden von Fischereiflotillen vieler Staaten gefangen, und dann färbt sich auch der Hafenkai in Essaouira rot von ihrem Blut. Das dem heutigen Betrachter grausig erscheinende Thunfischgemetzel findet seit Tausenden von Jahren statt, und die Archäologen versichern glaubhaft, daß es hier in Essaouira zuerst die Phönizier waren, die diese Fische in großem Stil anlandeten und anschließend konservierten.

Das heutige Hafenbecken ist das Werk eines französischen Ingenieurs der Neuzeit, der im Auftrag des Sultans dem abtrünnigen Agadir einen Konkurrenzhafen vor die Nase bauen sollte. Die Festung am Hafen dagegen ist älter. Portugiesen errichteten sie im 15. Jahrhundert und nannten den Ort Mogador, und dieses Fort ist eines von vielen an der afrikanischen Küste zur Sicherung des Seeweges nach Indien. Erst seit der Unabhängigkeit Marokkos von Frankreich heißt die Stadt wieder Essaouira. Wie die Phönizier sie nannten, ist unbekannt. Sie siedelten auf einer der Inseln, die vor der Küste in der weiten Bucht liegen. Typische Architekturdetails und Grabsteine lassen keinen Zweifel: Die Phönizier waren schon über 2000 Jahre vor den Portugiesen in Mogador gelandet. Sind die Ruinen dieses Stützpunktes ein Beweis für einen der unglaublichsten Reiseberichte der Antike?

Ein altes Manuskript, das Ergebnis von im Laufe der Jahrhunderte immer wieder neu angefertigten Abschriften des verschollenen Originals aus Karthago, berichtet von der Expedition des Hanno, die wahrscheinlich in der 1. Hälfte des 5. Jahrhunderts v. Chr. begann: »Er fuhr aus mit sechzig Schiffen von je fünfzig Riemen und mit einer großen Zahl von Männern und Frauen, 30 000 Köpfe, sowie mit Proviant und anderem Gerät.«

Schon der erste Satz in dieser Chronik schien Hannos ganzen Bericht als schiere Erfindung im Stil eines Barons von Münchhausen zu disqualifizieren. Eine Pentekontere, wie dieser Schiffstyp mit 50 Ruderriemen genannt wird, war zu klein, um für die Besatzung auch nur den Vorrat weniger Tage mitzunehmen, geschweige denn mit 60 Schiffen zusätzlich 30 000 Passagiere zu befördern. Die Zahlenangaben des Berichtes scheinen also offensichtlich nicht zu stimmen. Aber ist darum der ganze Text unglaubwürdig? Für Sachverständige steht fest: Gerade Zahlenangaben leiden von Kopie zu Kopie häufig unter Abschreibfehlern, ohne dadurch den Wahrheitsgehalt einer Chronik insgesamt zu schmälern.

Admiral Hanno weihte eine Abschrift seines Expeditionsberichts dem Baal-Tempel in Karthago als Dankgeschenk. In den »Wunderbaren

Erzählungen« ist er als griechische Kopie erhalten geblieben. Dieses Werk aus dem 3. Jahrhundert v. Chr. wird Aristoteles zugeschrieben und später auch von Plinius ausführlich zitiert. Trotz ihres Beinamens »wunderbar« läßt der Verlauf der Erzählung Hannos Reise als zwar für die damalige Zeit sensationell, aber durchaus glaubhaft erscheinen. Nachdem die Flotte Gibraltar passiert hat, folgt sie der marokkanischen Küste nach Südwesten. Hier liegt der wichtige Handelsort Lixus, das schon Jahrhunderte vor Hanno gegründet worden war. Auch das phönizische Mogador ist wahrscheinlich älter, ein Endpunkt für die Karawanen aus dem Landesinnern. Sie brachten Gold und sicher auch Sklaven. Hanno läßt Siedlungen gründen. Es war bei den Phöniziern üblich, bei weiten Expeditionen ins Ungewisse immer wieder Siedler an Land abzusetzen, um Nahrungsmittel anzubauen und so die Versorgung während der Rückreise zu sichern.

Die Chronik schildert, wie – vielleicht im heutigen Mauretanien – einige freundliche Eingeborene an Bord kommen, die Hanno weiter südlich als Dolmetscher dienen. Die Ortsangaben des Berichts sind heute nur schwer nachzuvollziehen; die Namensgebung ist nicht überliefert. Auch das heute übliche Positionierungssystem aus Längen- und Breitengraden wird von Geographen erst 200 Jahre später verwendet. Auf welcher kleinen Insel gründete Hanno also die Kolonie Kerne? Ist sie identisch mit dem heutigen Herne, das etwas nördlich des Wendekreises des Krebses liegt? »Von dort weiterfahrend, kamen wir an einen anderen tiefen und breiten Strom, voll von Krokodilen und Flußpferden.« Dieser Fluß kann eigentlich nur der Senegal sein. Dann umschifften die Phönizier ein großes bewaldetes Vorgebirge – wahrscheinlich das Cabo Verde, der westlichste Punkt Afrikas.

»Wir hörten auch das Lärmen von Pfeifen und Schlagbecken und das Tam-Tam der großen Trommeln und das Gejauchze der Menge. Da ergriff uns Furcht, und unsere Dolmetscher rieten zum Verlassen des Eilands. Rasch segelten wir davon und fuhren an einer Küste entlang, wo das Land erfüllt war mit dem Wohlgeruch brennender Wälder und wo Ströme von Feuer sich ins Meer wälzten. Wegen der Hitze vermochten wir uns dem Land nicht zu nähern.« Hanno beschreibt Afrika so, wie es auch die Forschungsreisenden über 2000 Jahre später erleben: Urwald, Trommeln und Brandrodungen. Der englische Forschungsreisende Mungo Park schildert 1799, wie die Eingeborenen alljährlich nach der Regenzeit das ausgetrocknete Grasland an der Mündung von Senegal und Gambia anzündeten: »Mitten in der Nacht sah ich die Ebenen und Berge, so weit mein Auge reichte, mit Feuerstreifen übersät, und da das Licht sich auf dem Himmel widerspiegelte, sah es aus, als ob das Firmament in Flammen stünde.«

Auf der Insel Sherbro vor Sierra Leone jagen die Phönizier wilde Wesen, welche die Dolmetscher »gorillae« nennen. Vielleicht sind es Schimpansen oder Paviane, auf keinen Fall jene Menschenaffen, die wir heute als Gorillas bezeichnen. Oder es handelt sich um die zwergenhaften Ureinwohner Äquatorialafrikas, die Pygmäen, die am Körper rötlichbraun behaart sind. Fangen lassen wollen sie sich jedenfalls nicht und werfen mit Steinen. »Wir fingen jedoch drei von den Weibern, die um sich bissen und kratzten und uns nicht folgen wollten. Da töteten wir sie und zogen ihnen die Haut ab und brachten die Felle nach Karthago.

38 Auf dem Seeweg von Europa nach Amerika ragen die Vulkankegel des Azoren-Archipels aus dem Atlantischen Ozean. Machten phönizische Seefahrer hier Station nach der Entdeckung Amerikas?

Denn wir reisten nicht weiter, da uns die Vorräte ausgegangen waren.«

Unter Geographiehistorikern ist umstritten, wie weit Hanno wirklich nach Süden vorstieß. Nur bis nach Sierra Leone am Golf von Guinea oder sogar bis nach Kamerun? Dann hatte er vielleicht sogar einen Ausbruch des Kamerun-Vulkans, mit über 4000 Metern der höchste Berg Westafrikas, miterlebt und beschrieben? So oder so, seine Leistung wurde erst 2000 Jahre später von den Portugiesen übertroffen. Die von Hanno gegründeten Kolonien bestanden mehrere Jahrhunderte, und noch der heilige Augustinus wußte Anfang des 5. Jahrhunderts n. Chr. zu berichten, daß an der westafrikanischen Küste zu seinen Lebzeiten, also 800 Jahre nach Hannos Expedition, Phönizisch gesprochen wurde.

Entdeckten die Phönizier Amerika?

Bis heute ist für Reisende der Weg zu den Vulkaninseln der Azoren weit draußen im Ozean mühsam und ein wenig unheimlich. Kaum hat unser Kamerateam die Insel Faial verlassen, bebt wieder einmal die Erde und bringt viele Bauernhäuser zum Einsturz. Erdbeben und Vulkanausbrüche haben in den letzten Jahrzehnten viele Azorianer zur Emigration veranlaßt – die Inselgruppe ist geologisch ein ungemütlicher Ort. Hier, am Schnittpunkt dreier Kontinentalplatten, entladen sich die tektonischen Spannungen in Form von Naturkatastrophen.

Walfang war bis zu den gesetzlichen Beschränkungen dieses Jahrhunderts ein wichtiger Broterwerb für die rauhen Insulaner. Meeresungeheuer gibt es und gab es hier wohl nie, aber der Anblick großer Pottwale mag die Mittelmeeranwohner im Altertum in Angst und Schrecken versetzt haben. Alte Schriften berichten, die Phönizier hätten Erzählungen über gefährliche Begegnungen mit maritimen Horrorwesen bewußt in die Welt gesetzt – zur gezielten Abschreckung der Konkurrenz.

Doch eine Reise in antiken Segelschiffen bis zu den Azoren scheint aus technischen Gründen undenkbar. Ein aus Richtung Osten kommendes Schiff hat immer Gegenwind, und die damaligen Schiffskonstruktionen machten es unmöglich, über so lange Strecken gegen den Wind zu kreuzen. Und doch scheint es Hinweise für einen Aufenthalt der Phönizier auf den Azoren zu geben. Ihre vermeintlichen Spuren glaubt Professor Isserlin von der englischen Universität Leeds gefunden zu haben. »Es wird immer behauptet, im Altertum konnte man wegen des Gegenwindes von Gibraltar nicht direkt nach Westen segeln, die Segeltakelung ließ das damals nicht zu. Aber von den Kanarischen Insel ist solch ein Törn kein Problem, und die Phönizier hatten ja in Südmarokko mehrere Stützpunkte.

Auf der Insel Corvo könnte eine ihrer Siedlungen gestanden haben. Das ist ein gut geschützter Landeplatz für die phönizischen Schiffe. Und dort habe ich auch die Keramik gefunden, die ich teilweise für phönizisch halte.« Isserlin vermutet, daß die Phönizier auf dem Rückweg in ihre Heimat, vielleicht von Amerika kommend, hier Zwischenstation gemacht haben.

Die Insel Corvo ist 1300 Kilometer von Europa entfernt, von Amerika trennen sie 1700 Kilometer. Geologisch gehört sie mit der Nachbarinsel Flores aber schon zur »Neuen Welt«. Zwischen beiden Eilanden und den Rest-Azoren verläuft der Bruch zwischen europäischer und amerikanischer Kontinentalplatte, und mit dieser driftet Corvo jedes Jahr zwei Zentimeter weiter von Europa fort.

Nachdem die ersten Portugiesen im 15. Jahrhundert auf Corvo gelandet waren, berichteten sie von einer großen antiken Figur, die hoch oben auf den Klippen gestanden und mit ausgestrecktem Arm nach Westen gewiesen habe. Sie ist, sollte es sie je gegeben haben, heute verschwunden. Professor Isserlin vermutet, daß auf Corvo auch ein Astarte-Heiligtum gestanden habe. Er verweist ebenfalls auf einen Schatzfund aus dem Jahr 1749: Ein Sturm legte damals am Strand von Corvo ein schwarzes Faß frei, in dem sich ein verklumpter Haufen antiker Münzen befand. Der Fund wurde angeblich nach Lissabon an den Königshof geschickt und von namhaften Numismatikern eingehend untersucht. Sie identifizierten karthagische Münzen aus dem 3. und 4.

Jahrhundert v. Chr. Doch seit dieser Untersuchung sind die Münzen leider verschollen.

Zu viele merkwürdige Zufälle, zu wenige überprüfbare Beweise, halten Isserlins wissenschaftliche Kontrahenten dagegen. Auch seine auf Corvo gefundenen Keramikscherben könnten durchaus aus viel späterer Zeit stammen. Phönizische Seefahrer auf den Azoren – das will den meisten Wissenschaftlern zu phantastisch erscheinen.

In der Theorie sind solche Reisen allerdings nicht ganz von der Hand zu weisen. Die Wikinger fuhren mit ähnlich einfachen Booten weit hinaus auf den Atlantik und gelangten lange vor Columbus ebenfalls bis nach Amerika. Und dieser hat bewiesen, auf welch bequeme Weise ein Schiff, durch die herbstlichen Passatwinde begünstigt, von den Kanarischen Inseln an die Küste Südamerikas und von dort in die Karibik gelangen kann. Selbst kleine Segler wagen sich heutzutage auf diesen Kurs. Eine Rückkehr auf gleiche Weise ist wegen des gegenläufigen Kanarenstroms nicht möglich. Doch dafür gibt es den Golfstrom. Er treibt ein Schiff automatisch an Kuba vorbei hinaus auf den Atlantik, dann gen Norden längs der nordamerikanischen Küste, bis er wieder nach Osten abbiegt und sich teilt. Ein Strömungsarm läßt das Schiff mit Unterstützung der hier stetigen Westwinde die Azoren erreichen – und wahrscheinlich jenes kleine nordwestlichste Eiland des Archipels, das den Namen »Rabe« (»corvo«) trägt. Dabei passieren die warmen blauen Wasser des Golfstroms jene seltsame Sargasso-See mit ihren riesigen, träge dahintreibenden Tangwiesen, die schon bei den antiken Seefahrern Aufmerksamkeit erregte und bis heute als Bermudadreieck bei dafür empfänglichen Naturen Schauder verbreitet und so manches Rätsel aufgibt.

Wer die Insel Corvo besucht, wird sich verwundert fragen, warum die Phönizier gerade auf diesem fast vollständig von schroffer Steilküste begrenzten Vulkankegel gesiedelt haben sollen. Aber vielleicht hatten sie ja – der englische Professor möge verzeihen – eine andere Azoren-Insel ausgewählt und befanden sich nicht auf dem Rückweg von Amerika, sondern hatten es wiederum den Portugiesen vorgemacht?

Denn bei der Rückkehr aus Indien galt es für die Kapitäne der reich beladenen Schiffe vor der westafrikanischen Küste, das Problem mit dem Wind zu lösen: Er blies immer von vorn. Geschickter war es, hinaus auf den Ozean in Richtung Nordwesten auszuweichen, um bei den Azoren auf die Westwinde zu treffen und mit ihrer Hilfe nach Lissabon zu segeln. Es liegt nahe, auch den Phöniziern diesen gewieften Seemannstrick zuzutrauen. Oder aber Stürme hatten ihre Schiffe weit hinaus auf den Atlantik bis zu den Azoren getrieben ...

Der griechische Gelehrte Aristoteles hatte jedenfalls von einer fruchtbaren, waldreichen, von schiffbaren Flüssen durchzogenen Insel weit im Westen der Säulen des Herakles gehört, zu der viele Händler aus Karthago fuhren und wo mancher sich niederließ. Dann habe aber der Senat von Karthago bei Todesstrafe verboten, dorthin zu segeln, damit andere Völker nicht vom dortigen Reichtum erführen.

Diodor erzählt eine glaubhaftere Version: Die Karthager hätten Angst gehabt, ihre eigene Bevölkerung könnte zu dieser paradiesischen Insel aufbrechen. Der Senat wollte diesen Ort aber als Fluchtmöglichkeit im Falle eines überraschenden Unglücks bereithalten. Diese Erzählungen wurden mit Platons Erwähnung der wunderbaren untergegangenen Insel Atlantis in Verbindung gebracht und dienen seitdem als Ausgangspunkt vieler Spekulationen. Bedauerlicherweise wird dadurch eine ernsthafte Untersuchung der antiken Berichte über Phöniziens atlantische Expeditionen, auch wenn sie als Legenden daherkommen, erschwert.

Die Punischen Kriege

Karthagos Macht und Ruhm waren in erster Linie der als unbezwingbar geltenden Flotte zu verdanken. Jedes Kriegsschiff wurde von mindestens drei Offizieren befehligt, von denen einer Steuermann war, und von 30 oder 40 Matrosen bedient, die in der Takelage und auf Deck arbeiteten. Die Zahl der Ruderer war von der Größe des Schiffes abhängig: Eine Triere hatte 144, eine Quadriere etwa 240, eine Pentere

39 In den von ihnen zerstörten griechischen Tempeln auf Sizilien errichteten die Phönizier ihre eigenen Heiligtümer – ein Bodenmosaik in Selinunt zeigt Symbole der Götter Tanit und Baal Hammon.

sogar 300 Ruderer. Unter normalen Bedingungen fuhr man unter Segel, bevor es aber zum Kontakt mit einem Gegner kam, wurden sie eingeholt und die Schiffe gerudert.

Zwölf Schiffe bildeten eine taktische Einheit. Diese Einheiten konnten dann in beliebiger Zahl zu einer Flotte zusammengesetzt werden, wobei die Standardflotte aus zehn solchen Einheiten, also aus 120 Schiffen bestand. So waren an den gewaltigen Seeschlachten der Punischen Kriege bis zu 30 000 Menschen beteiligt – eine bemerkenswerte Anzahl. So sind Historiker, die von Schiffbrüchen solcher Flotten und 10 000 Toten berichten, durchaus glaubhaft. Stürme fürchteten die Admiräle daher oft mehr als den Feind.

Seegefechte fanden meist in Ufernähe statt, denn die Schiffe konnten im ruhigeren Küstenwasser besser manövriert werden. Die erfahrenen Seekrieger aus Karthago waren am Anfang der römischen Flotte durch Geschicklichkeit und Taktik weit überlegen. Wiederum ist es der griechische Geschichtsschreiber Polybios, der uns darüber Bericht erstattet:

»Die Taktik bestand darin, die feindlichen Schiffe mit dem am Bug befestigten Rammsporn zu rammen und dabei zu vermeiden, daß den eigenen Schiffen das gleiche passierte. Man mußte sehr schnell steuern, um den Gegner an der Seite zu fassen, ihn zu rammen, den Rammsporn herauszuziehen, den Bedrohungen auszuweichen und das ganze Manöver zu wiederholen. Wenn man sich in einer Position befand, die keinen direkten Stoß erlaubte, konnte man ein Schiff auch streifen, worauf dessen Ruder zerbrachen. Für eine Galeere, die viele andere Schiffe getroffen hatten und auf die sich diese konzentrierten, gab es keine Hoffnung auf Rettung. Sosylos, der Geschichtsschreiber Hannibals, erwähnte ein bevorzugtes Manöver der Karthager: Wenn sie sich einer aufgefahrenen Flotte gegenüber sahen, die mit dem Bug zu ihnen stand, fuhren sie zwischen den einzelnen Schiffen durch, wendeten, stürzten sich von der Seite auf sie und versenkten sie.«

Die Römer als ackerbauende »Landratten« haben der karthagischen Flotte anfangs wenig entgegenzusetzen. So suchen sie den feindlichen

Kolonien auf Sizilien das Leben schwerzumachen. Doch auch im Seekrieg gelingt ihnen in erstaunlich kurzer Zeit die Wende. Ganz pragmatisch entwickeln sie Methoden, um zu Lande erfolgreiche Kampftaktiken auf Seeschlachten zu übertragen.

Die Erfindung des »Raben« bringt schließlich den Durchbruch. Es handelt sich um eine Holzplanke, die auf Deck beweglich an einer Art Flaschenzug aufgehängt wird. Kaum durchdringt der feindliche Rammsporn die Bordwand, schwenkt der »Rabe« zur Seite, und das angreifende Schiff kann geentert werden. Jetzt stürmen die im Nahkampf überlegenen römischen Soldaten auf das Schiff des Gegners, bevor ihr eigenes Schiff leckschlägt. Nicht mehr seemännisches Geschick entscheidet jetzt die Seeschlacht, sondern handfestes Ringen Mann gegen Mann. Möglicherweise bringt der »Rabe« Rom sogar den kriegsentscheidenden Vorteil.

Der Erste Punische Krieg – punisch war das römische Wort für phönizisch, und da die Geschichte dieser Kriege zumeist von parteiischen römischen Chronisten geschrieben wurde, heißen sie seither allgemein die Punischen Kriege – dauerte 23 Jahre (264–241 v. Chr.) und kostete Karthago seine Besitzungen in Sizilien. Der zweite Krieg erstreckte sich über 17 Jahre (218–201 v. Chr.); dabei verlor Karthago seine Besitzungen in Spanien und Korsika. Es mußte sich auf seine afrikanischen Gebiete beschränken und bis auf zehn Schiffe seine gesamte Kriegsflotte ausliefern. Doch noch bevor der Zweite Punische Krieg zu Ende ging, fand einer der nicht allzu zahlreichen Titanenkämpfe der Weltgeschichte statt, der nicht den Namen der Sieger, sondern des Geschlagenen unsterblich machte.

Hannibal erreicht 237 v. Chr., mit seinem Vater, dem Feldherrn Hamilkar Barkas, Spanien. Der Vater sieht nur noch fern der kleinlichen Intrigen im heimatlichen Karthago eine Möglichkeit, nach der Niederlage wieder neue Kräfte zu sammeln und Rom erneut herauszufordern. Erst 218 v. Ch. marschiert Hannibal mit einem riesigen Heer von Spanien nach Italien, um Rom direkt »ante portas« – vor den Toren der Stadt – herauszufordern.

41 (Rechte Seite) Die Phönizier im Libanon paßten sich schnell ihren neuen Herren an – solange ihre Handelsprofite nicht bedroht waren. Im Museum in Beirut steht der Sarkophag aus römischer Zeit.

40 In den Ruinen Karthagos sind nur wenige Spuren der einstigen Pracht zu entdecken – auch diese Mauern stammen aus späterer Zeit.

Seine Alpenüberquerung mit den gefürchteten Kriegselefanten, seine Siege über die Legionen am Trasimenischen See und bei Cannae sind zur Legende geworden. Rom steht jahrelang am Rande der Niederlage. Und doch unterliegt Hannibal. Die Römer verlangen seine Auslieferung, und der Feldherr nimmt sich im Exil das Leben. Die Geschichte von Hannibals Scheitern hat über die Jahrhunderte zu vielen Spekulationen Anlaß gegeben, doch rätselhaft ist sie wohl nicht. »Warum hat er nicht das geschwächte Rom direkt angegriffen, als er bei Cannae so grandios siegte?« haben viele Strategen später gefragt. Moderne Militärhistoriker äußern die Meinung, Hannibal habe mit einem Abfall aller von Rom beherrschten Städte gerechnet und zu lange darauf gewartet. So konnte sich Rom immer wieder erholen. Auch fehlte Hannibal ein sicherer Weg für Nachschub aus Spanien und Karthago. Die Verluste des Ersten Punischen Krieges sowie Roms Anstrengungen

42 Die Römer hatten gigantische Katapulte um die Mauern Karthagos postiert – über 200 Meter weit schleuderten sie ihre schweren Steingeschosse in die Stadt.

zum Aufbau einer eigenen schlagkräftigen Flotte besiegelten schließlich Hannibals Untergang.

ROM KENNT KEINE GNADE

Der Dritte Punische Krieg (149–146 v. Chr.) endet mit der völligen Zerstörung Karthagos, einer Stadt von vermutlich über 700 000 Einwohnern. Die überlebende Bevölkerung wird von den siegreichen Römern versklavt. Im Orient ist das Ende der phönizischen Welt nicht weniger dramatisch, hatte aber schon viel früher begonnen.

Im 6. Jahrhundert v. Chr. belagert der Babylonier Nebukadnezar II. die Stadt Tyros über einen Zeitraum von 13 Jahren, 572 zerstört er sie.

Die Stadt überlebt trotz allem und kann sogar ihre Flotte retten, aber sie verliert ihre Vormachtstellung im westlichen Mittelmeer. Karthago verweigert von nun an den Tribut und übernimmt ohne Gewalt die Kontrolle der Meerenge von Gibraltar, des Fernhandels und der Niederlassungen in Spanien und Afrika.

Der Makedonier Alexander der Große stürmt nach tapferer Gegenwehr der Bewohner im Jahre 332 v. Chr. die Inselfestung Tyros. Die überlieferte Schlachtbeschreibung gibt eindrucksvoll Nachricht vom beidseitigen zähen Ringen. Aus den Trümmern der zerstörten Siedlung auf dem Festland läßt Alexander einen Damm ins Meer bauen. Doch die Tyrer greifen die Bauarbeiter von Schiffen aus an, und das Meer kann so das Erreichte immer wieder zerstören. Daraufhin fordert der Makedonier überall Schiffe an, um mit einer Flotte von 224 Einheiten Tyros auch von der Seeseite her zu belagern. Der Damm wächst nun schnell auf eine Breite von 60 Metern und eine Höhe von 45 Metern. Als er eine halbe Meile lang ist, erreicht er die Insel. Jetzt können die Kriegsmaschinen aufgebaut werden. Doch die Tyrer mindern die Gewalt der Sturmböcke, indem sie deren Geschosse durch mit Seegras gefüllte Säcke wirkungslos machen. Gegen die Wurfschleudern errichten die Verteidiger auf den Mauern große drehende Räder, um den Pfeil- und Steinhagel abzuwehren. Mit sensenähnlichen Geräten durchschneiden sie die Seile, welche die Sturmböcke spannen, und mit Enterhaken und glühend heißem Sand bedrängen sie die Angreifer. Doch als Alexander Sturmböcke an der Hafenseite auf Schiffen in Stellung bringen läßt, ist das Schicksal von Tyros besiegelt. 2000 Tote liegen auf den Mauern, 30 000 Einwohner werden als Sklaven verkauft. Dann betritt der siegreiche Makedonier den Tempel des Melkart, den er mit dem Griechengott Herakles gleichsetzt, und dankt ihm für seinen Erfolg.

Für alle Zeiten hat Alexander die Stadt nun durch einen Damm mit dem Festland verbunden. Zwar ist die Perle der Levante jetzt endgültig ihres Sonderstatus beraubt, aber untergehen wird sie auch diesmal nicht. Die levantinischen Phönizier werden zunächst zu Hellenen und später zu treuen Bürgern des römischen Weltreichs. Sie sind der phönizischen Haupttugend treu geblieben: sich geschickt an sich wandelnde Verhältnisse anzupassen und das Beste daraus zu machen.

Aber was ist aus den phönizischen Kolonisten an Europas Küsten geworden? Wo einst die Griechen siedelten, besonders in Süditalien und auf Sizilien, läßt sich bis heute unschwer erkennen und manchmal sogar noch hören, wenn Griechisch im regionalen Dialekt überlebt hat. Aber wo wird noch Phönizisch gesprochen?

Die letzten Phönizier

Ein Forschungsprojekt der Universität in Palma de Mallorca hat erstaunliche Ergebnisse gebracht. Auf der Insel Ibiza untersuchten die Wissenschaftler den genetischen Code von Bauern, die in der Vergangenheit sehr abgeschieden gelebt hatten. Er unterscheidet sich von dem der übrigen Inselbewohner und ist dagegen dem Genprint vieler Palästinenser sehr ähnlich.

Um abergläubische Eingeborene abzuschrecken, brachten die phönizischen Kapitäne drohende Figuren des zwergwüchsigen Gottes Bes am Bug ihrer Schiffe an. Diesem aus Ägypten übernommenen Gott wurde die Insel Ibiza geweiht. Für Handel und Schiffahrt strategisch sehr günstig vor der spanischen Küste gelegen, war Ibiza wie auch das benachbarte Formentera zuerst den Phöniziern aus Tyros, dann denen aus Karthago ein sicherer Hafen. Große Kiefernholzwälder und die Salinen machten »Eivissa« wirtschaftlich interessant. Aber auch für die Religion mag sie eine wichtige Rolle gespielt haben. Eine monolithische Felseninsel in Ufernähe wurde seit Urzeiten als heiliger Ort verehrt, laut einer Legende war sie sogar der Geburtsort Hannibals. In einer heute nach der Göttin Tanit benannten Felsenhöhle wurden Hunderte von Opfergaben gefunden, und Bauern entdeckten beim Pflügen auf den Äckern und Weinbergen immer wieder phönizische Figuren und Münzen.

Wer genau hinhört, mag im alten Inseldialekt Lehnwörter aus dem Orient verstehen und im schlanken Körperbau ibizenkischer Jagdhunde

43 *Auf der Insel Ibiza haben Wissenschaftler die Gene der alteingesessenen Bauernfamilien untersucht – die Laboranalysen belegen eine erstaunliche Übereinstimmung mit den Erbanlagen der heutigen Einwohner Palästinas.*

eine altägyptische Hunderasse wiedererkennen, wie sie dort auf Grabmalereien zu finden ist. Ein gesticktes Lotussymbol auf der traditionellen Bauerntracht und die Rhombenform der Schmuckstücke sowie die Instrumentierung der Volkstänze mit Hirtenflöten und Trommeln erinnern an Kanaan und Karthago. Bei einem alten Volkstanz drehen sich die Frauen um die Männer wie »die« Mond um »der« Sonne.

Ob all das auf die Phönizier zurückgeht, ist, wie so oft, umstritten. So sehen die vom katalanischen Nationalismus geprägten Völkerkundler auf Ibiza den Geburtsort ihres Kulturerbes eher auf dem Festland in Katalonien.

Landeanflug auf Beirut. Ein Vierteljahrhundert ist seit meinem letzten Besuch vergangen. Der Bürgerkrieg ging schon vor einigen Jahren zu Ende, und nur ein paar Regenschauer stören die Landung. Christen und Muslime haben ihre Streitigkeiten vorerst begraben und geben sich wieder ihrem gemeinsamen Interesse hin, dem Geldverdienen. Nur noch in den Armenvierteln in den südlichen Vororten halten radikale Schiiten Plakate mit den Konterfeis iranischer Mullahs hoch und erklären die USA zum Hauptfeind der Menschheit.

Im Stadtzentrum dagegen ist der Dollar zum Hauptzahlungsmittel geworden. Hier werden die letzten Kriegstrümmer von Bulldozern beiseite geschoben und bringen dabei gelegentlich die Ruinen vergangener Jahrtausende ans Licht. Bomben und Granaten haben der Archäologie einen unerwarteten Glücksfall beschert: Die Zerstörung des neuzeitlichen Stadtkerns macht die antiken Mauern Beiruts wieder zugänglich.

Ein Team der Universität Amsterdam hat mit einem revolutionären Grabungskonzept die Ausschreibung für das gigantische Unternehmen gewonnen. Planquadrat für Planquadrat wird das Erdreich abgetragen, und Steinmauern, Keramikscherben, Skelette und Goldschmuck kommen ans Tageslicht. Unter dem Asphalt ist eine osmanische Stadt erkennbar; darunter liegen arabische und byzantinische Überreste, noch tiefer römisches und hellenistisches Gemäuer. Doch der Höhepunkt für die holländischen Ausgräber sind Funde aus der phönizischen Epoche. Alte Hafenanlagen werden sichtbar und meterhohe Stadtmauern. Sie wurden durch Krieg begraben und kommen nun durch Krieg wieder zum Vorschein.

Literaturhinweise

Bagnall, Nigel: Rom und Karthago – Der Kampf ums Mittelmeer. Berlin 1995.

Casson, Lionel: Die Seefahrer der Antike. München 1979.

Flaubert, Gustave: Salammbô. Zürich 1997.

Gehrig/Niemeyer: Die Phönizier im Zeitalter Homers. Mainz 1990.

Irwin, Constance: Kolumbus kam 2000 Jahre zu spät. München 1968.

Sudhoff, Heinke: Sorry Kolumbus. Seefahrer der Antike entdecken Amerika. Bergisch Gladbach 1990.

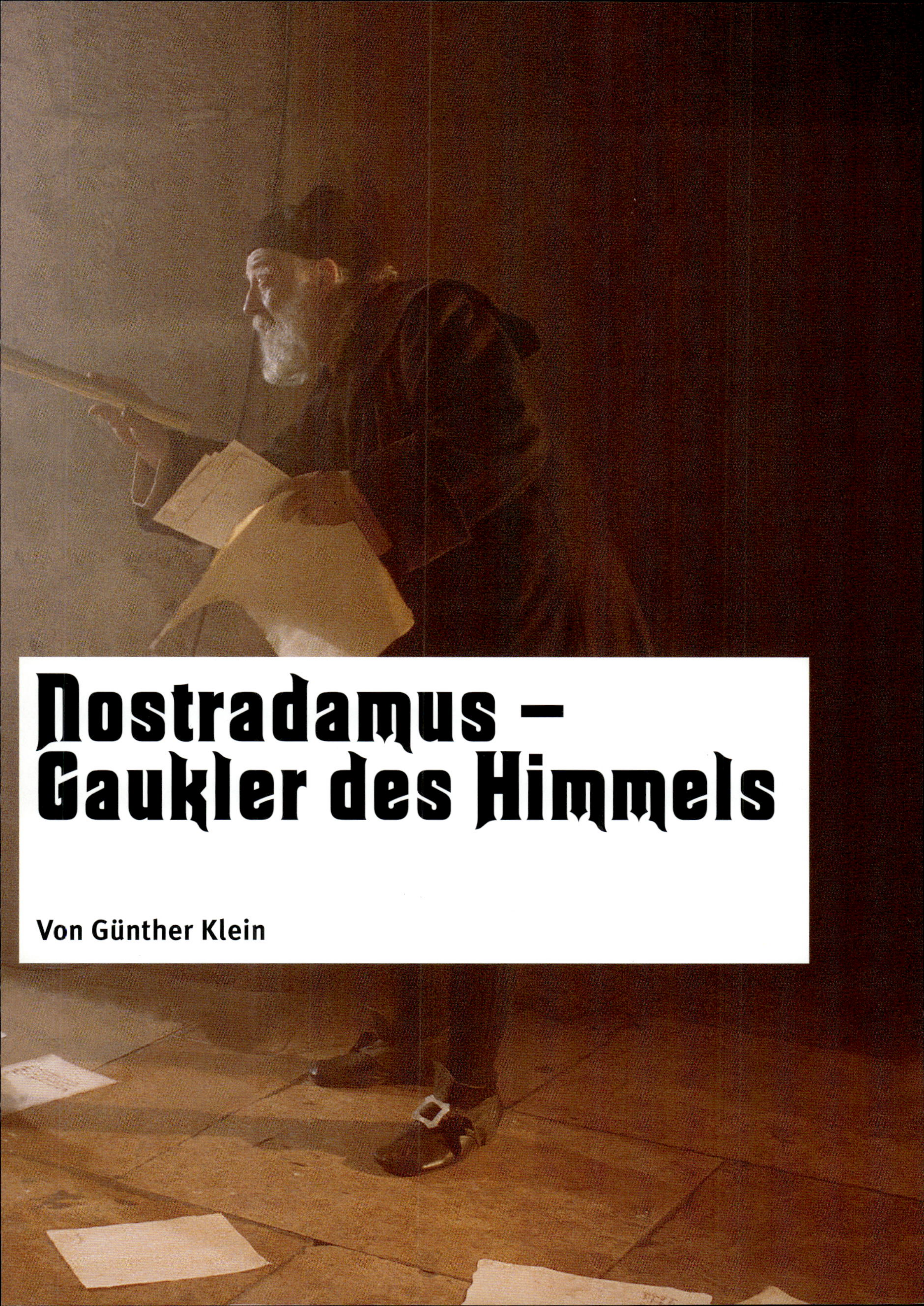

Nostradamus – Gaukler des Himmels

Von Günther Klein

ZUKUNFTSVISIONEN

Es ist zu verlockend! Vor mir liegen die »Centurien«, die Jahrhundert-Prophezeiungen. In einer der ersten taschenbuchkleinen Ausgaben von 1568, unscheinbar, in mickrige Pappdeckel gebunden. Der Autor heißt Michel Nostradamus – Arzt, Prophet und Astronom des 16. Jahrhunderts, und dieses schmucklose Büchlein hat ihn zur Legende gemacht.

»Darf man ein wenig in der Zukunft blättern?« Die Museumsleiterin im südfranzösischen Salon-de-Provence nickt bereitwillig. Sie hat Verständnis für diese Art von Neugier. Fast jeden Tag wird sie damit konfrontiert. Denn was da auf gut 100 Seiten in Versform geboten wird, hat es in sich – wenn es denn tatsächlich zutreffen sollte. Hitlers großer Krieg wird angeblich geweissagt, von Stalin soll die Rede sein, von Napoleon, der Französischen Revolution und allen anderen Großereignissen der Geschichte. Vom Weltende sowieso.

Doch am Ende unseres Rundgangs durch das ehemalige Wohnhaus des Nostradamus, in dem der prominente Seher heute als Wachsfigur sitzt, ist die Lektüre eher ernüchternd – und daran ist nicht nur das wenig vertraute Altfranzösisch schuld. Das eigentliche Problem besteht darin, daß Nostradamus all die atemberaubenden Ereignisse, die er vorhersah, nicht so offenbarte, wie man es heute von Nachrichtenmeldungen in der Zeitung gewohnt ist. Präzise Angaben über Orte, Personen und Zeiträume fehlen völlig. Stattdessen dichtete der Meister diffuse Vierzeiler oder »Quatrains« – ungefähr 950 Stück –, die gegen alle

44 (Vorhergehende Doppelseite) Nostradamus, der geheimnisumwitterte Seher: Sagen seine Prophezeiungen tatsächlich die Zukunft voraus? Spielszene.

Regeln der Grammatik und des normalen Menschenverstandes zu verstoßen scheinen. Jeweils hundert davon bündelte er zu einer »Centurie«. Nur die VII. Centurie enthält lediglich 48 Quatrains, die VIII. dafür neben einem mehrseitigen Horoskopbrief an den französischen König Heinrich II. 106 Vierzeiler. Je nach Ausgabe variiert dieser Unter- und Überschuß an Versen um ein gutes Dutzend.

Immer mal wieder wurden auch angeblich neue Quatrains des Nostradamus entdeckt. In der Ausgabe, die 100 Jahre nach dem Tod des Sehers erschien, sind es sogar zwei komplette Centurien, Nummer XI und XII, die als Bestände aus dem Nachlaß des Meisters ausgegeben werden. Manchmal ist der Betrug offensichtlich, wenn etwa »Vorhersagen« lange nach dem Eintritt des jeweiligen Geschehens in den Text hineinmanipuliert wurden. Sieht man von solchen auflagesteigernden Machenschaften einmal ab, so blieb es im großen und ganzen bei dem kleinen Büchlein mit zehn Centurien, die eindeutig aus der Hand des Nostradamus stammen und die angeblich das ganze »Zukunftswissen der Menschheit« enthalten sollen, wie die Klappentexte der gängigen Nostradamus-Bücher heute behaupten. Wie aber ist hinter den obskuren Sinn dieser verschlüsselten Zukunftsbotschaft zu kommen? Nostradamus selbst schweigt zu diesem Thema. Es war seine Leserschaft, die bald auf die Idee kam, jeden Vierzeiler einer Centurie jeweils einem Jahr eines zukünftigen Jahrhunderts zuzuordnen. Aber welcher Vierzeiler gehört zu welchem Jahr? Und welche Centurie zu welchem Jahrhundert? Da gehen die Meinungen auseinander.

Nostradamus' dunkle Poesie verführt zu abenteuerlichen Schlußfolgerungen. Ist es die wirre, geheimnisvolle Form, die obskure Unverständlichkeit der Verse, die den Erfolg ausmachen? Zukunft, wie sie aus der Feder des Nostradamus fließt, klingt zum Beispiel so:

»Der junge Löwe wird den alten besiegen
Auf dem Kampfplatz im Einzelduell.
In einem goldenen Käfig wird er ihn blenden
Zwei Wunden in einer, um einen grausamen Tod zu sterben.«

CLARISSIMVS MICHAEL NOSTRADAMVS CONSILIARIVS ET MEDICVS REGIVS GALLIÆ ORACVLVM ET PATRIÆ DECVS AN. ÆTATIS LXIII

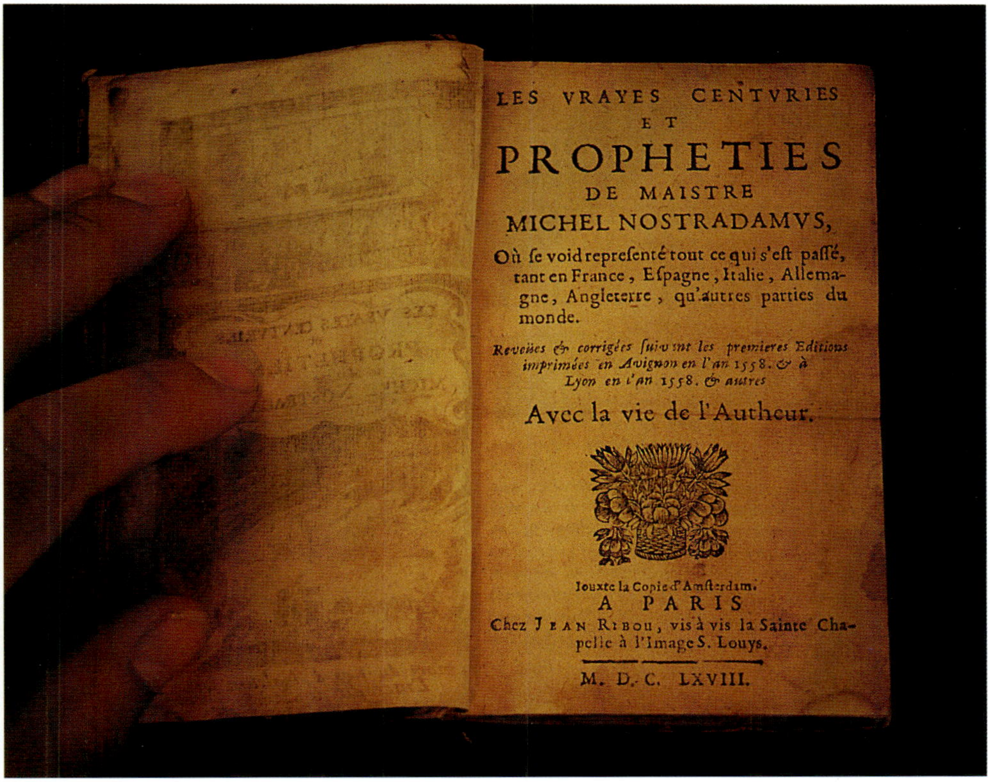

Wer, was, wann, wo? Alles bleibt offen, und doch wurde dieser Vierzeiler aus der I. Centurie (Nr. 35) noch zu Lebzeiten des Autors als eine seiner zutreffendsten Weissagungen gefeiert: Als Voraussage des dramatischen Unfalltodes Heinrichs II., dem im Sommer 1559 bei einem Schauturnier eine gebrochene Lanze ins Auge stieß.

Aber warum bloß beschreibt Nostradamus die Zukunft so verschlungen und so kompliziert? Wollte er sein Wissen – oder sein Unwissen – bewußt verschleiern? Hielt er die harte Realität für schlichtweg unerträglich, wenn sie jedermann vor Augen stünde? Oder wollte er so etwas wie ein literarisches Kunstwerk schaffen, abgehoben von konkreten Details?

Apropos »Kunstwerk«: Pikanterweise hielten bereits einige Zeitgenossen des Nostradamus dessen poetisches Talent für gänzlich unzu-

46 Die »Propheties« in der Ausgabe von 1668, die auch noch 100 Jahre nach dem Tod des Autors reißenden Absatz fand.

45 (Linke Seite) Michel de Notredame, genannt Nostradamus (1503-1566). Dieses Porträt, das sein Sohn César malte, ist die einzige authentische Darstellung des Propheten.

länglich. Zwar mögen Neid und Mißgunst im Spiel gewesen sein, wenn diese Kritiker von »ganz miserablen Versen« sprachen. So falsch lagen sie aber nicht. Tatsächlich wimmeln die Texte von grammatikalischen und syntaktischen Fehlern. Aber kommt es denn auf den richtigen Versfuß und die korrekte Grammatik an, wenn die Zukunft der Welt geoffenbart wird? Das Publikum jedenfalls gab Nostradamus recht, und der Verkaufserfolg der »Centurien« war atemberaubend. So atemberaubend wie das weltumspannende Konzept des Buches: Das Auge des Astrologen blickt über Jahrtausende hinweg bis in das Jahr 3797. Ein in der Weltliteratur einmaliges Werk war entstanden, das allein bis ins 17. Jahrhundert 40 Neuauflagen erfuhr. Bis in unser Jahrhundert hat sich diese Zahl noch einmal verdreifacht, und seit 1980 boomt der Markt so richtig. Die Zahl der Veröffentlichungen stieg damals von sieben Werken im Vorjahr auf über 70! Eine Entwicklung mit steigender Tendenz in Richtung Jahrtausendwende. Mag auch vieles am Werk des Nostradamus fragwürdig sein, eines läßt sich nicht bestreiten: Der »Seher von Salon« war der erste, der erkannt hatte, daß sich Prophetie in Buchform glänzend verkaufen läßt.

Weltweit haben sich »Forscherkreise«, vor allem aus dem Bereich der esoterischen Randwissenschaften, bis heute der Deutung der Prophetien verschrieben. Alle Bemühungen kreisen darum, den wahren Schlüssel zum »echten« Verständnis des Werkes zu finden – und da macht jeder seine ganz eigenen Entdeckungen. Genau hier liegt sicher die ungebrochene Attraktivität dieser Literatur, ihre Zeitlosigkeit. Wie ein unzerbrechliches Spielzeug kann sie immer wieder neu benutzt werden – als Spielball herumschwirrender Phantasien, die zu jeder Zeit von guter Hoffnung wie von bitterer Angst erfüllt sind. Das Werk des Nostradamus spricht eine ewige menschliche Sehnsucht an, nämlich den brennenden Wunsch, den Ausgang der Geschichte kennenzulernen, der allgemeinen wie auch der ganz persönlichen.

»Die Tatsache, daß Nostradamus inzwischen zum populärsten Astrologen weltweit aufgestiegen ist, ist allerdings ein Phänomen, das er selbst nicht vorhergesagt hat«, meint die Museumsdirektorin im

Nostradamus-Haus lächelnd, als wir uns verabschieden. Klingt da so etwas wie Ironie durch ihre Worte hindurch?

DIE PROBE AUFS EXEMPEL: DAS JAHR 1999

Manchmal scheint alles ganz einfach. Jedenfalls auf den ersten Blick. Nostradamus hat einige wenige Vierzeiler verfaßt, in denen Zahlen und Daten auftauchen. Und in einem dieser Quatrains findet sich tatsächlich die Jahreszahl 1999. Jetzt ist also genau der richtige Zeitpunkt, um die Prophetien auf ihre Hieb- und Stichfestigkeit zu überprüfen, mag man meinen. Der renommierte Geheimlehrenforscher Ray Nolan knüpft gar das Schicksal des ganzen Nostradamus an diesen einen Vierzeiler: »Sollte das so klar angekündigte Ereignis nicht eintreffen, kann man das Thema Nostradamus getrost für alle Zeiten zu den Akten legen«, meint er mutig.

»Das Jahr 1999 sieben Monat«, heißt es im 72. Quatrain der X. Centurie, »wird am Himmel ein großer König des Schreckens kommen. Wiederauferwecken der große König von Angoulmois. Vor nach Mars regieren durch gute Stunde.« Der Genauigkeit halber sei hier der französische Originaltext wiedergegeben:

»L'an mil neuf cens nonante neuf sept mois
Du ciel viendra un grand Roy d'effrayeur
Ressusciter le grand Roy d'Angoulmois.
Avant apres Mars regner par bon heur.«

Zahlreiche Interpreten glauben, daß mit diesem Vierzeiler eine dramatische Entwicklung im Jahr 1999, dem Jahr vor der Jahrtausendwende, vorausgesagt werde. Ein »Schreckenskönig« werde vom Himmel kommen und den »König von Angloumois« wiederauferwecken. So weit, so halbwegs verständlich. Die zusätzliche Zeitbestimmung »sieben Monat« aber macht Kopfzerbrechen. Ist konkret der Juli als Erscheinungstermin des »Schreckenskönigs« gemeint? Oder ist mit dieser Zeit-

47 Die X. Centurie, die für das Jahr 1999 in finsteren Prophezeiungen schwelgt – oder ist doch ein anderes Jahr gemeint?

48 (Rechte Seite) Das Geburtshaus des Propheten in St.-Rémy-de-Provence, Südfrankreich. Nur eine unscheinbare Gedenktafel erinnert noch an den berühmten Sohn der Stadt.

spanne die Dauer des Vorgangs bezeichnet? Oder gehört das »neuf sept mois« zusammen und meint gar 97 bzw. 79 Monate? Alle Deutungen wären plausibel. Die Zeitbestimmung fällt unklarer aus, als auf den ersten Blick erwartet. Wie aber steht es mit dem Inhalt der Aussage?

Christlich orientierte Interpreten machen sofort auf die Nähe der Schilderung zum Jüngsten Tag aufmerksam, zur himmlischen Wiederkunft von Jesus Christus, »den Gott zum Richter bestellt hat über Lebende und Tote« und »der auferweckt«, wie es im Neuen Testament heißt. Doch zu einer solchen Interpretation will der Begriff »Schreckenskönig« nicht so recht passen. Eine Deutung wiederum, die mit dem Schrecken völliger Vernichtung operiert, muß unweigerlich mit den positiven Anklängen der letzten beiden Verse kollidieren: Von »Auferweckung« ist die Rede, von »Glück« oder »guter Stunde«.

Probleme bereitet auch der Begriff »Angloumois«. Einige Interpreten haben in der Vergangenheit vermutet, daß aufgrund des phonetischen

Anklangs ein Mongolensturm über Europa hinwegfegen wird – eine heute eher unwahrscheinliche Gefahr. Andere deuten den Begriff ganz banal als Hinweis auf die französische Stadt Angoulême. Aber auch das macht wenig Sinn. Angesichts dieser Verwirrung und der unzähligen übereifrigen Interpretationen mag man gerne glauben, was ein Kritiker einmal spöttisch anmerkte: Daß von keinem Nostradamus-Gegner dem Werk jemals soviel Schaden zugefügt wurde wie von seinen begeisterten Anhängern.

Selbst was die Jahresangabe angeht – das halbwegs handfeste Faktum –, laufen die Meinungen der Interpreten auseinander. »1999 ist gar nicht gemeint!« sagt zum Beispiel Manfred Dimde, einer der prominentesten Nostradamus-Deuter. »Man muß den Vers nur anders lesen, um ihn richtig zu verstehen.« Dimde übersetzt das »neuf cens« nicht als »900«, sondern als »neues Jahrhundert«. Das »nonante« interpretiert er als lateinisches »non ante«, »nicht vor«. Er gelangt daher für die erste Zeile des Quatrains zu einer ganz abweichenden Deutung: »Im Jahr 1000 des neuen Jahrhunderts nicht vor neunsieben Monaten«, lautet die Übersetzung bei ihm. Da er davon ausgeht, daß die Vierzeiler einer Centurie in ihrer Reihenfolge den fortlaufenden Jahreszahlen entsprechen und mit dem Quatrain 72, Centurie X die Voraussage für das Jahr 2072 prophezeit wird, folgert er: Mit dem »neuen Jahrhundert« ist die Zeit ab dem Jahr 2100 gemeint. »Tausend Jahre des neuen Jahrhunderts« meint entsprechend das Jahr 3100. Abzüglich der »neunsieben« – 97 – Monate errechnet sich ein Zeitpunkt im Dezember 3091. Was in dieser fernen Zukunft »Schreckenskönig« und »Angloumois« bedeuten, mag in den Sternen stehen. Am Ende unseres Jahrhunderts besteht jedenfalls kein Grund zur Aufregung, meint Manfred Dimde.

Griff nach den Sternen

Wir haben uns bereits daran gewöhnt, daß sein Name für alles mögliche herhalten muß, für meditative Musik ebenso wie für Gesundheitstees. »Nostradamus« – das klingt wie von Werbestrategen ausgeknobelt.

Dabei hat der Name eine tiefere Bedeutung. Die Übersetzung des lateinischen »Nostradamus« lautet: »Wir geben das Unsere«, und für mittelalterliche Ohren war der Name nichts anderes als die lateinische Version von »Notre Dame«, der Bezeichnung für die Jungfrau Maria. Diese christliche »Hypothek« war für Nostradamus stets auch lebensnotwendiger Schutz. Denn noch seine Großeltern waren Juden, die unter dem politischen Druck ihrer Zeit zum Christentum konvertierten und ab sofort unverbrüchliche Treue zum neuen Glauben demonstrierten.

Schon als Kind hatte der im Jahr 1503 in Saint-Rémy-de-Provence geborene Nostradamus ein lebhaftes Interesse für Fragen der Astrologie gezeigt, das durch seine beiden Großväter gefördert wurde. Auch während seiner Ausbildung in Avignon, wo der junge Nostradamus das klassische antike Studium der Sieben Freien Künste (Grammatik, Rhetorik, Dialektik sowie Arithmetik, Geometrie, Musik und Astronomie) absolvierte, blieb er seiner Leidenschaft für die Sterne treu. Es wird erzählt, daß seine Mitschüler ihn bereits als »jungen Astrologen« bewundert haben sollen. Oder hänselten sie ihn eher? Zweifellos lag etwas Vermessenes darin, wenn ein Sechzehnjähriger sich mit Fragen beschäftigte, an denen sich die größten Geister der Zeit rieben und die in gefährlicher Schräglage zur Kirchendoktrin standen.

Die Sternenkunde, die in der Antike in vielen Kulturen gepflegt, im Mittelalter aber weitgehend wieder vergessen worden war, erlebte gerade wieder einen neuen Aufschwung. Kaum 20 Jahre zuvor hatte Christoph Columbus einen neuen Kontinent entdeckt, und die Vorstellung, daß die Erde eine Kugel und keine Scheibe sei, begann sich mehr und mehr durchzusetzen. Eine neue Epoche zog herauf. Eine Zeit, die das mittelalterliche Weltbild radikal veränderte. Voller Faszination richtete sich der Blick jetzt wieder zum Himmelsfirmament, an dem sich Vorgänge abspielten, die ebenso berechenbar schienen wie die Zahnradumläufe einer Uhr oder anderer technischer Erfindungen. Und der Blick weitete sich: Die Erde war umschifft und in ihrer Dimension erfaßt – was aber umgab die Erde? Inwieweit bestimmte der kosmische Raum, in dem sie sich bewegte, ihre Geschicke?

Brotlose Künste

Noch sind es die biblischen Offenbarungen, die das Bewußtsein dieser Zeit bestimmen und die keine weiteren Fragen zulassen. Alle Wissenschaft ist eingebunden in die Wahrheiten der Kirche und findet nur mühsam den Weg zu unabhängigem Denken und Fragen. Alle Wissenschaft arbeitet noch spekulativ, und so kann sogar die Prophetie den Anspruch erheben, ebenso »wissenschaftlich« und »exakt« zu sein wie andere Wissenschaften auch. Man traut den modernen Propheten mindestens ebensoviel zu wie den Medizinern, die mit Aderlässen und zweifelhaften Tinkturen auch nicht treffsicherer hantieren als die Astrologen. Wenn man all diesen »Künsten« Mißtrauen entgegenbringt, dann nur deshalb, weil sie im Widerspruch zur biblischen Verkündigung stehen. Von seiten der Heiligen Inquisition weht ein scharfer Gegenwind, keineswegs aber wird die Zukunftsdeutung aus den Sternen als Humbug abgetan. Astrologie gilt als ernstzunehmende Wissenschaft, die durchaus eines hochgebildeten Menschen würdig ist – wenn nicht gerade der Teufel seine Hände im Spiel hat.

Den lebensgefährlichen Verdacht, mit dunklen Mächten im Bunde zu stehen, hat Nostradamus stets geschickt zerstreuen können. Immer wieder hat er in seinen Werken betont, daß alle Wahrheit allein von Gott ausgehe. Die Tatsache, daß die Inquisition dem prominenten Seher kein Haar krümmte, obgleich zu jener Zeit überall die Scheiterhaufen brannten, erklären viele Historiker mit der besonderen Fähigkeit des Nostradamus, wie ein gewitzter Politiker mit regelmäßigen Lippenbekenntnissen den Kopf immer wieder aus der Schlinge ziehen zu können. »Dieu sur tout«, »Gott über alles« – das war die Lebensversicherung, die der clevere Prophet in all seine Texte einfließen ließ.

Obwohl die Astrologie durchaus als moderne Wissenschaft anerkannt war, veranlaßte der Vater den achtzehnjährigen Michel, sich in der Universität in Montpellier an der medizinischen Fakultät einzuschreiben. Astrologie sei eine brotlose Kunst und völlig unpraktisch, zürnte der Familienvorstand, wenn man den Angaben des Nostradamus-

49 *Als einzige Universität in Südfrankreich hatte die medizinische Fakultät von Montpellier das verbürgte Recht, Leichenöffnungen für wissenschaftliche Zwecke vorzunehmen.*

Biographen Chavigny Glauben schenken darf. Nostradamus sollte Arzt werden, wohlsituiert und gutbezahlt.

Jean-Aimé de Chavigny, ein glühender Verehrer des Sehers, gilt neben César, dem Sohn des Nostradamus, als der wichtigste Zeuge für die Biographie des Sehers. Allerdings ist bis heute nicht sicher, ob jener Chavigny, der 30 Jahre nach Nostradamus' Tod dessen Lebensbericht aufschrieb, wirklich identisch ist mit jenem Jean de Chevigny, der ein Schüler des Meisters war und als Vertrauter in zahlreichen Briefen verbürgt ist. Wie auch immer: Die kleine, nur siebenseitige Beschreibung Chavignys scheint von persönlicher Begegnung inspiriert zu sein und orientiert sich an den historischen Tatsachen. Sie liefert vielleicht das solideste Wissen inmitten aller Legendenbildung.

SCHWARZER TOD

Der Sohn sollte also Arzt werden, einen »soliden Beruf« ergreifen. Ob der junge Student aber jemals sein medizinisches Doktorexamen abgelegt hat, ist gar nicht sicher, auch wenn alle Publikationen davon ausgehen. Auf unserer Suche in den Archiven von Montpellier, in der noch heute die alten Immatrikulationsunterlagen sorgsam verwahrt werden, fanden wir keinen Beweis dafür. Belegt ist hingegen, daß Nostradamus seine Studien 1525, noch vor der Abschlußprüfung, plötzlich unterbrach, und das aus einem triftigen Grund: Die Provence wurde von einer Pestepidemie heimgesucht. Jede Hand, die halbwegs fachkundig helfen konnte, wurde jetzt gebraucht.

Was aber hatten die Ärzte des Mittelalters dieser teuflischen Krankheit entgegenzusetzen? Zunächst einmal die Theorie, daß vergiftete Luft die Ursache allen Übels sei; sogenannte »Miasmen«, bösartige, atmosphärische Windströme, die den »Pesthauch« aus dunklen Gegenden, aus Sümpfen und fernen Meeren in die Städte bliesen. Mit Räucherwaren aller Art, mit Parfums und Extrakten, die man vor das Gesicht hielt oder später auch in schnabelartigen Pestmasken deponierte, versuchte man sich zu schützen. Oft erfolgreich, denn das Verfahren gewährte einen gewissen Schutz vor Tröpfcheninfektionen. Was die Pestärzte sonst noch offerieren konnten, war nur scheinbar hilfreich: der Aderlaß. Zwar ist unbestritten, daß der Verlust großer Mengen Blut eine beruhigende oder besser ermattende Wirkung auf einen Kranken ausübt. Die eigentliche Quelle des Übels aber wurde mit dieser Schocktherapie natürlich nicht beseitigt. Bestenfalls dürfte die Masse der Patienten sanft entschlummert sein, statt in wilden Krämpfen und Zuckungen in eine bessere Welt überzuwechseln.

Nostradamus begab sich auf »Pesttournee«. Er reiste der Seuche hinterher, wie viele Ärzte seiner Zeit. In Carcassonne rettete er angeblich dem Bischof das Leben, was seinem Ruf sehr zugute kam. Auch in Toulouse und Bordeaux arbeitete er einige Monate mit großem Erfolg. In Avignon soll er lange Tage in der Bibliothek gesessen haben, um alte okkulte Schriften zu studieren. Pharmazeutische Fragen, medizinische Erkenntnisse, astrologische Berechnungen und alchimistisches Gebrodel flossen ineinander. »Wege zu ewiger Schönheit, Jugend und Unsterblichkeit« – das war das hehre Ziel, auf das die alte Medizin in letzter Konsequenz hoffte und woraufhin sie ihre Kunst ausrichtete. Kaum etwas gab es da, was den jungen Nostradamus nicht begeistert hätte.

WUNDERMITTEL IM TEST

Erstaunlich ist, daß sich Nostradamus trotz der unendlich vielen Krankenbesuche selbst nicht infizierte. Vielleicht hatte er frühzeitig eine »stille« Infektion durchgemacht. Seine legendären Behandlungserfolge erklärt das aber nicht, eher die Tatsache, daß er ein ausgesprochen starkes Selbstbewußtsein besaß und der Seuche völlig unerschrocken ins Gesicht sah, wie sein Sohn berichtet. Außerdem entwickelte Nostradamus als scharfer Beobachter seiner Umgebung ein hygienisches Maßnahmenbündel, wie es bei Infektionskrankheiten immer Wirkung zeigt. Und schließlich mixte er nach seinen eigenen Rezepturen jede Menge Mittelchen zusammen, die man heute als sanfte Naturmedizin bezeichnen würde: Holundersäfte, Kräuterliköre, Duftöle – und auch ein spezielles Mittel gegen die Pest trug er in seiner Arzttasche mit sich.

Hauptgrundlage dieses Heilmittels waren säckeweise Rosenblüten und ein »Puder«, bestehend aus dem Sägemehl grüner Zypressen, Gewürznelken, Calamusöl und holziger Aloe, das mit den zerriebenen Rosen vermischt wurde. Bestenfalls ein banales Hausmittelchen, mag man heute denken. Ist es überhaupt vorstellbar, daß eine solche Medizin Wirkung zeigt? Daß sie Kraft gegen eine Seuche entfaltet, die schon die Menschen der Jungsteinzeit dezimierte und die ihren Schrecken erst 350 Jahre nach Nostradamus verlor, als der Schweizer Forscher Yersin 1894 die tödliche Bakterie erstmals unter dem Mikroskop entdeckte?

»Man sollte den Stab nicht zu schnell brechen!« meint Prof. Dr. Dr. Elisabeth Carniel, Direktorin des »National Reference Center« der Weltgesundheitsbehörde am Institut Pasteur zu Paris, Fachgebiet: Pest.

50 Ein zeitgenössisches Apothekergefäß. Sein Inhalt: »Theriak«, ein seit der Antike übliches Pestmedikament, das aus mehr als 60 Zutaten, darunter Schlangenfleisch und Opium, gebrannt wurde.

»Inzwischen haben wir wieder gelernt, daß die Entwicklung von Krankheiten ganz unterschiedlichen Einflüssen unterliegt. Und eine der hilfreichsten Wirkungen hat sicher der sogenannte Placebo-Effekt, also die positive Wirkung, die ein Medikament auf den Kranken ausübt, wenn er nur daran glaubt. Das gilt sogar für den Verlauf einer Infektionskrankheit.« Dennoch, Psychologie kann keine Wunder vollbringen. Und der Macht von Yersinia pestis ist damit nicht beizukommen.

51 Den Seuchentod seiner Frau und seiner zwei Kinder konnte auch Nostradamus nicht verhindern – eine Tatsache, die den Ruf des berühmten Pestarztes sehr beschädigte. Spielszene.

Besaß Nostradamus also eine wirkungsvolle Rezeptur für ein Pestmedikament? Sein Erfolg spricht dafür, und viele Nostradamus-Verehrer glauben daran. Im Labor für Naturheilmittel in der Provence haben wir die Geheimwaffe des Nostradamus nachbrauen lassen, auch wenn es uns bei den Dreharbeiten im November schwerfiel, die geforderte Menge von 400 Rosen aufzutreiben. Nun halte ich Prof. Carniel die fertigen, schwer nach Rosenöl duftenden Pastillen unter die Nase. Lohnt sich eine Untersuchung des Medikaments in Hinblick auf seine Wirksamkeit? Die Expertin nimmt die wachsweichen Pillen, die Karamelbonbons ähneln, zwischen die Finger und schüttelt den Kopf. Nein, meint sie, schon von vornherein könne man wohl sagen, daß bestenfalls die aromatischen Öle eine antibakterielle Wirkung entfalten könnten, die aber niemals ausreichen dürfte, um einer Krankheit wie der Pest Paroli zu bieten.Vielleicht sei aber eine ganz andere Möglichkeit in Betracht zu ziehen.

»Und die wäre?« frage ich neugierig.

»Nun, vielleicht waren zum Beispiel die Rosenblätter, die Nostradamus verwendet hat, ein wenig angeschimmelt? Wir haben darüber keine Informationen, aber bei den damaligen bescheidenen Konservierungsmöglichkeiten kann man sich diese Möglichkeit durchaus vorstellen. Dann hätte Nostradamus, ohne es selbst zu wissen und ohne die Ursache zu begreifen, seinen Patienten vielleicht ein antibiotisch wirkendes Medikament verabreicht.« Der Gedanke ist keineswegs abwegig. Auch der englische Forscher Alexander Fleming entdeckte 1928 die keimvernichtende Wirkung von Schimmelpilzen auf einer verunreinigten Bakterienkultur nur durch Zufall und entwickelte daraus die Wunderwaffe Penicillin. Interessant ist, daß Nostradamus zur Herstellung seines Medikaments eine Anweisung gibt, die in diese Richtung weist. Die Rosen, so schreibt er, sollen ganz früh am Morgen »noch bei Dämmerung« gepflückt werden, also taufrisch. Feuchte Rosenblätter aber bieten tatsächlich einen guten Nährboden für Schimmelsporen!

Nicht ganz klar ist, ob Nostradamus sein Mittel zur inneren oder bloß zur äußeren Anwendung konzipiert hat. So genau er sich in seiner Rezeptur über Zutatenmengen und Verarbeitungsweisen ausläßt, so konsequent bleibt er die Antwort darauf schuldig, wie das Medikament denn eigentlich anzuwenden sei. Als Salbe oder Riechstoff hätten die weichen »Rosenbonbons« ebensogut zum Einsatz kommen können wie als Pille. Lediglich aus den Angaben zu einigen anderen seiner Rezepte – die sich übrigens zum überwiegenden Teil als Schönheitsmittelchen erweisen – kann man mit gewissem Recht folgern, daß auch das Pestmittel oral verabreicht wurde. Offenbar sollte die Pille aber nicht geschluckt, sondern stundenlang im Mund behalten werden. So könnte sie, unabhängig von der Frage nach der antibiotischen Wirkung, einen ganz anderen positiven Effekt entwickelt haben, wie ich im Gespräch mit dem renommierten Pharmazeuten Michel Coq von der Universität Paris erfahre. Der starke Geruch, den konzentrierte Rosenauszüge und vor allem Calamusöl abgeben, überdeckt den körpereigenen Geruch des Patienten. So wird Ungeziefer ferngehalten, auch der für die Ansteckung verantwortliche Rattenfloh. Durch Ausschaltung dieses Zwischenwirts wird die Infektionskette durchbrochen und die Quelle für eine Neuansteckung ausgeschlossen. Daß vom starken Geruch eine günstige Wirkung ausging, muß auch Nostradamus klar gewesen sein. Der Duft, so reklamierte er für sein Medikament, »töte schlechte Luft« und »reinige verfaulte Zähne«.

Ob die Rezeptur des Nostradamus tatsächlich wirkte, muß dennoch Spekulation bleiben. Unbestritten aber ist, daß der Pestarzt Nostradamus nachhaltige Erfolge bei der Bekämpfung der Seuche aufweisen konnte. Und wie sehr er mit Leib und Seele Arzt war, mag die Tatsache verdeutlichen, daß er von dem Geld, das sein Erfolg ihm einbrachte, den Witwen und Waisen abgab, die nach seinen weniger glücklichen Bemühungen mittellos zurückblieben.

Dann aber traf den erfolgreichen Arzt wie aus heiterem Himmel selbst ein schwerer Schicksalsschlag, den er nicht abzuwenden vermochte: Er verlor den Kampf um das Leben seiner Frau und seiner beiden Kinder, was sein Leben gänzlich durcheinanderwirbelte.

Rien ne va plus – Nichts geht mehr

All die Jahre zuvor hatte Nostradamus kontinuierlich seinen Ruf verbessern können. Seit er 1530 angeblich sein Doktorexamen in Montpellier abgelegt hatte, wie Chavigny behauptet, war sein Renommee als ärztliche Kapazität noch gewachsen. Seine »Wanderlust«, wie einige

Biographen seine Umtriebigkeit nennen, hatte ihn danach wieder an die Orte seines erfolgreichen Wirkens zurückgeführt, nach Bordeaux, La Rochelle und Toulouse. Hier erreichte ihn die Nachricht eines der berühmtesten Männer seiner Zeit: Julius Cäsar Scaliger höchstpersönlich bat ihn um einen Besuch! Der Mann, von dem gesagt wurde, daß er neben Erasmus von Rotterdam der gebildetste Gelehrte seiner Zeit war, hatte ihn, den ärztlichen Newcomer, eingeladen. Das kam einem wissenschaftlichen Ritterschlag gleich. Nostradamus blieb etwa drei Jahre in Agens und arbeitete in bestem Einvernehmen mit Scaliger zusammen. Erst viel später soll es zu Streitigkeiten bis hin zu einer handgreiflichen Auseinandersetzung gekommen sein, und Scaliger äußerte sich von da an nur noch abfällig über den ehemaligen Freund. Zunächst aber hatte der gute Stern, der Nostradamus begleitete, seinen Zenit erreicht.

Er war jetzt eine Berühmheit – und eine gute Partie. Nostradamus heiratete. Der Name der glücklichen Braut ist nicht überliefert, aber Chavigny berichtet, daß sie »von hohem Stand, sehr schön und sehr liebenswert« gewesen sein soll. Sie gebar ihm zwei Kinder, einen Jungen und ein Mädchen. Wir wissen nicht, welche Krankheit es war, die diesem Idyll ein Ende machte. Sicher ist aber, daß sie Frau und Kinder in kürzester Zeit dahinraffte und der große Arzt nur machtlos zusehen konnte. Die Enttäuschung darüber, daß eine solche Kapazität offenbar nicht imstande war, seine eigene Familie zu retten, wurde im Verwandtschaftskreis bitter aufgenommen. War vielleicht sogar Vorsatz im Spiel? Wutschnaubend verlangte man die Mitgift zurück, die die Gattin in die Ehe eingebracht hatte. Die Sache ging sogar vor Gericht – zwar erfolglos, aber plötzlich fing man an, dem unheimlichen Doktor alles mögliche nachzusagen.

52 (Rechte Seite) Seine dunklen Prophezeiungen brachten Nostradamus beim breiten Publikum nicht immer Sympathien ein. Auf dieser Darstellung aus dem 19. Jh. wird der Prophet als griesgrämiger Mahner karikiert.

Wie schnell sich das Blatt doch wenden kann! Jetzt bleiben die Patienten aus, die plötzlich an den Fähigkeiten ihres Arztes zweifeln. Und nun gerät er sogar in das Blickfeld der Heiligen Inquisition. »Steht der Quacksalber vielleicht mit dunklen Mächten im Bunde?« raunt man in den Gassen von Agens. Nostradamus wird zur Zielscheibe der öffent-

Prédictions Véritables et Remarquables.
Centures de Michel Nostradamus

lichen Kritik. Daß er sich stets schwertat, mit einfachen Leuten umzugehen, wird aus vielen seiner abfälligen Bemerkungen klar. Als »brutale Tiere, als Barbaren, als Todfeinde von jeder Bildung und jedem geschriebenen Wort« hat er später »den Pöbel« einmal beschrieben. Diese Leute, die von der hehren Wissenschaft nichts wissen wollten, beschuldigten ihn jetzt der Hexerei. Der Boden in Agens wurde unter seinen Füßen immer heißer.

Was tut man in einer Situation, in der man alles verloren hat, was einem lieb ist, und in der nun noch nach dem letzten getrachtet wird, was man noch hat – nach dem nackten Leben? Man flieht! Hals über Kopf.

WANDERUNG IM DUNKELN

Für sechs Jahre ging Nostradamus auf Reisen. Wohin genau, ist nicht lückenlos zu klären; Legenden umranken diesen Abschnitt seines Lebens. Sicher ist, daß er nach Venedig kam, vielleicht sogar nach Sizilien, auf jeden Fall aber durchwanderte oder durchritt er große Teile Italiens. Daß er schließlich Ägypten erreichte, ist vermutlich Legende, auch wenn zahlreiche Biographen dies ernstlich behaupten.

Der Gedanke ist tatsächlich nicht völlig abwegig. Nostradamus veröffentlichte nämlich noch zu Lebzeiten eine Art Deutungsbuch hieroglyphischer Schriftzeichen. Der Universalgelehrte interessierte sich offenbar für die Texte der Pharaonenzeit, die damals längst vergessen und für die Gelehrten der Zeit ein großes Rätsel waren. Bereits im 2. Jahrhundert n. Chr. hatte es selbst in Ägypten kaum noch jemanden gegeben, der die geheimnisvollen Zeichen hätte entziffern können, so radikal hatte sich unter der römischen Herrschaft der Niedergang der einstigen Hochkultur in ihre völlige Bedeutungslosigkeit vollzogen. Über eineinhalb Jahrtausende hinweg, bis 1822, als der Franzose Champollion mit dem Stein von Rosetta endlich den Schlüssel zur Deutung der Hieroglyphen wiederentdeckte, blieb die Schrift der Pharaonen nichts als ein unverstandener Gegenstand des Staunens und der wilden Spekulation.

Es ist nicht auszuschließen, daß Nostradamus seine Kenntnisse aus eigener Anschauung gewann. Hatte er vielleicht selbst im Schatten der Pyramiden nach tiefen Geheimnissen geforscht? Das ist aber – allem Mythos zum Trotz – eher unwahrscheinlich. Denn was Nostradamus zu diesem Thema an Neuem beisteuerte, war in Wirklichkeit so neu nicht, und vor allem war es völlig falsch. Daß er sich zudem mit fremden Federn schmückte und einen raffinierten Etikettenschwindel inszenierte, macht die Angelegenheit besonders delikat. Seine 182 Epigramme zur Deutung der ägyptischen Schriftzeichen sind nämlich nichts anderes als eine Übersetzung und Neuordnung eines lateinischen Werkes, das einem gewissen Horapollo aus dem 5. Jahrhundert n. Chr. zugeschrieben wird. Unter dem Titel »Hieroglyphica« kursierte die Schrift im Mittelalter in Gelehrtenkreisen, und es ist auch nicht völlig auszuschließen, daß sie erst damals verfaßt wurde. Dieses spekulative Werk ging von der grundsätzlich falschen Annahme aus, daß die ägyptischen Schriftzeichen nicht Laute und Konsonanten bezeichnen, sondern daß sie in symbolischer Form geheime religiös-philosophische Lehren enthielten.

Wie auch immer: Was in dieser Schrift gemutmaßt wird, hat viel mit ausschweifender Phantasie, nichts aber mit fundierter Kenntnis zu tun. Horapollo, wenn er denn wirklich der Autor gewesen sein sollte, lebte selbst bereits in einer Epoche, in der das Ägypten der Pharaonen längst untergegangen war und man nur noch vom Hörensagen davon wußte. Wenn schon das gesamte Werk – auch in Hinblick auf seine literarische Qualität – fragwürdig ist, wieviel mehr überrascht dann die Frechheit (oder war es bodenlose Ignoranz?), mit der es Nostradamus zu »seinem« Werk machte und es dergestalt der Prinzessin von Navarra widmete. In bewußter oder unbewußter Verdrehung des Namen Horapollo nannte er seine Schrift »Das Buch von Orus Apollo, Sohn von Osiris, König von Ägypten – ein Werk von unglaublichem und bewundernswertem Alter«. Und am Ende des ersten Kapitels setzte er noch eins drauf: »... in Rhythmus gesetzt durch Michel Nostradamus gemäß eines uralten griechisch-druidischen Exemplars«.

PROPHET ODER PROFIT?

Ich blättere nachdenklich in den Fotokopien, die man mir in der Bibliothèque Nationale überließ, als wir bei den Dreharbeiten das Original des »Buches von Orus Apollo« einsahen. Wo liegen die Motive für diese dreiste Irreführung des Publikums? Hatte Nostradamus begonnen, bewußt an seiner eigenen Legende zu stricken? Und konnte er sicher sein, daß dieser Schwindel nicht aufflog? Oder glaubte er vielleicht selbst an die Autorenschaft des »Sohnes von Osiris«, er, der hochgebildete Wissenschaftler, der doch bestimmt nicht naiv an einen solchen Text heranging? Vielleicht war aber alles ganz anders, und ein geschäftstüchtiger Herausgeber hatte den Betrug zu verantworten?

53 César Nostradamus, der sich auf diesem Bild selbst porträtierte, war nicht nur ein begabter Maler, sondern er verfaßte auch eine »Geschichte der Provence«, in der er viele Einzelheiten über seinen Vater mitteilte.

Doch es ist merkwürdig: Da gibt es viele Schriften von Nostradamus' Hand, denen etwas Halbseidenes anhaftet. Irgendein verdächtiger Mangel, der beim Lesen gleich auffällt. Zum Beispiel die grammatikalische Unbeholfenheit, die »der Sprache eines Trinkers ähnelt«, wie ein Kritiker einmal schrieb. Interessant in dieser Hinsicht sind auch die verschiedenen Ausgaben seiner Almanache, jener Jahreshoroskope, die er seit 1550 alljährlich herausbrachte. Ganz offensichtlich kursierten unterschiedlichste Versionen bezogen auf ein und dasselbe Jahr; und ebenso offensichtlich stammen sie weitgehend aus ein und derselben Hand – nämlich aus der des Nostradamus. Diese Streuung verschiedener, teils widersprüchlicher Prognosen aus der gleichen Feder erscheint zunächst unsinnig, macht aber bei näherer Überlegung durchaus Sinn: Nicht zutreffende Weissagungen konnte der Autor auf diese Weise nachträglich mit dem Hinweis auf eine andere Ausgabe des Almanachs als »Fälschung« entlarven. Die Treffsicherheit von Prognosen ließ sich damit entscheidend verbessern.

Damit nicht genug. Sein zweites großes wissenschaftliches Werk neben dem »Orus Apollo« ist literarisch gesehen erschreckend dürftig. Die »Paraphrasen zu Galens Ermahnung des Menodotus zum Studium der feinen Künste, insbesondere der Medizin« sind, wie ein Kritiker es formulierte, »von so unglaublich niedrigem Kaliber, daß sie selbst die Vernünftigsten zu den abenteuerlichsten Schlußfolgerungen verführt haben.« Doch Nostradamus' Anhänger verstanden es, den Mangel zu Qualität umzudeklarieren: Die Schrift sei, so hieß es gar, der eigentliche Schlüssel zu seinem Werk; die Verstöße gegen die Grammatik und gegen den gesunden Menschenverstand seien so gravierend, daß sie nur einen Grund haben könnten: Der Autor wolle die einfachen Leser, die ihn für verrückt halten müßten, bewußt zurückstoßen, um sicherzugehen, daß nur die wirklich Gebildeten sich der eigentlichen Tiefe des Textes näherten. Eine kluge Marketing-Strategie?

Das Publikum wurde durch derartige Texte radikal polarisiert. Es teilte sich in Skeptiker, die alles für Blödsinn hielten, und Anhänger, die an den Lippen des Propheten hingen. Typisch dafür ist das Phänomen, von dem Nostradamus' Sohn César später im Hinblick auf die Wirkung der »Centurien« seines Vaters berichtete: Die Unterschichten hielten die Weissagungen für Hexerei, voll ohnmächtiger Wut darüber, daß sie mit den verschlungenen Sentenzen und gedrechselten Worten nichts anzufangen wußten. Wie hungrige Gefangene waren sie, denen man auf der anderen Seite des Käfigs fette Speisen vorführt. Jeder Zugang aber war ihnen verwehrt. Sie beschimpften den Propheten denn auch als Ketzer, Hugenotten, Juden oder »Günstling des Satans«, belegten ihn also mit den heftigsten Schimpfworten, die das 16. Jahrhundert zu bieten hatte. Die Oberschicht hingegen machte die Texte zum Verkaufsschlager. Sicherlich schmeichelte es den »besseren Leuten« zu glauben, durch ihre überlegene Bildung die merkwürdigen Verse treffend deuten zu können. Das mochte manchmal den Charakter zwangloser Gesellschaftsspielchen annehmen (»Wer weiß es besser?«), manchmal aber artete es in Fanatismus aus. Die Nachfrage nach Zukunftsdeutungen war bei dieser Bevölkerungsschicht jedenfalls kaum zu befriedigen.

54 *In diesem Haus in Salon-de-Provence verbrachte Nostradamus seine zweite Lebenshälfte.*

Prophetie lebt von der Tragödie, daß eine ignorante Welt die Weissagungen nicht begreift und sie mit Füßen tritt. Und sie lebt sehr gut damit. Sie wendet sich mit mächtiger Stimme an den Zuhörer, verschließt sich ihm im gleichen Moment aber wieder. Sie redet und schweigt zugleich. Das muß auch so sein. Denn würde alle Welt zuhören und Konsequenzen ziehen, dann könnte das geweissagte Unglück verhindert werden; damit aber wäre die Prophezeiung als »unecht«, weil nicht zutreffend, entlarvt. Die schwarze Katze würde sich selbst in den Schwanz beißen. Wer würde je einen Propheten loben, dessen Vorhersage nicht eingetroffen ist – weil sie rechtzeitig verhindert wurde? Erst die vollendete Katastrophe macht den ganzen Propheten.

Nostradamus war sich dieser Paradoxie wohl bewußt. Die Dunkelheit seiner Verse ist Programm. Erst nachdem eine Weissagung eingetroffen ist, darf man eine Voraussage als wahr erkennen – das gilt auch bei ihm. Bis dahin schützt die Verschlüsselung davor, daß die Zukunft vorzeitig enträtselt und damit verhindert wird.

Die Antwort darauf, wozu denn Zukunftsdeutung überhaupt nützlich sei, wenn sie erst nachträglich erkannt werde, dann erst, wenn die Weichen der Geschichte doch schon anders gestellt sind, bleibt Nostradamus schuldig. Ein dunkler Trieb bestimme sein Handeln, so sagt er im Vorwort zu seinen »Centurien«, eine undurchschaubare, göttliche Macht, die ihm Visionen zuraune. Und: Es sei die Tragik des Propheten, alles zu sehen, aber selbst auch nicht alles verstehen zu können.

Wie auch immer: Ein profitables Geschäft war die Prophetie allemal. Als der zweiundsechzigjährige Nostradamus im Juni 1566 in Salon starb, hinterließ er eine Summe von 3444 Kronen in bar. Geht man von der zeitgenössischen Angabe aus, daß die Jahresmiete für ein Zimmer in einem guten Haus damals vier Kronen betrug, dann würde das Vermögen heute etwa drei Millionen Mark entsprechen.

PERSONENBESCHREIBUNG

»Er war ein wenig kleiner als der Durchschnitt«, so beginnt der Biograph Chavigny die Beschreibung seines hochverehrten Nostradamus, und man kann davon ausgehen, daß diese Angabe eine Größe zwischen ein Meter fünfzig bis sechzig meint. »Sein Körper war von robuster Gestalt, er war flink und energisch. Er hatte eine große und freie Stirn, eine gerade und flache Nase, graue Augen, die gewöhnlich freundlich blickten, aber funkelten, wenn er wütend war. Sein Gesicht hatte beides: Ernst und Lächeln, so daß durch seinen Ernst hindurch eine große Humanität durchschien. Seine Wangen waren frisch gerötet, selbst in seinen alten Tagen, sein Bart war lang und dick, seine Gesundheit gut und kräftig, außer in seinem hohen Alter. Seine Sinne waren geschärft und vollständig. Sein Geist war gut und lebhaft, man verstand leicht, was er meinte und wollte. Sein Urteil war scharfsinnig, sein Erinnerungsvermögen bemerkenswert. Von Natur aus war er eher schweigsam, er dachte viel und sagte wenig, gleichwohl sprach er sehr gut am richtigen Ort zur richtigen Zeit. Im übrigen war er wachsam, spontan und impulsiv, neigte zu Jähzorn, war aber geduldig bei der Arbeit. Er schlief gewöhnlich nur vier oder fünf Stunden. Er pries und liebte die Freiheit der Rede und zeigte sich fröhlich und witzig in seinen Späßen, die aber auch bissig waren. Er glaubte an die Zeremonien der römisch-katholischen Kirche und hielt fest an seinem katholischen Glauben und an der Religion, außerhalb der es, wie er überzeugt war, kein Heil gab. Er rügte bitter alle diejenigen, die sich aus dem Schoß der Kirche zurückgezogen und damit sich selbst verlassen hatten, indem sie von der Süße und Freiheit fremder und verdammter Lehren kosteten, und er bekräftigte, daß es mit ihnen ein übles Ende nehmen würde. Ich will nicht vergessen zu sagen, wie bereitwillig er fastete, betete, Almosen gab und immer Geduld aufbrachte.«

55 *Eine Einritzung am Eingangsportal der Kirche von Aix-en-Provence, von der vermutet wird, daß sie ein geheimes Zeichen der Katharer, einer ketzerischen christlichen Sekte des Mittelalters, sei.*

56 *(Rechte Seite) Der berühmte Seher wurde von Katharina von Medici, Enkelin und Nichte zweier Päpste, an den Hof nach Paris geladen. Verschuf sie Nostradamus Kontakte in den Vatikan?*

Sicherlich ist diese biographische Beschreibung geschönt, dennoch macht sie zwei Dinge deutlich: Zum einen läßt sie vermuten, daß der große Seher aus dem kleinen Örtchen Salon, streng historisch betrachtet, ein eher biederer Charakter war. Sicher nicht gänzlich unauffällig, aber auch keine spektakuläre Heilsgestalt, der die Leute in Scharen nachrannten; eher ein stiller, humoriger und menschenfreundlicher Denker. Das gängige Nostradamus-Bild einer mächtigen, alttestamentarischen Mosesgestalt, die mit stechenden Augen magisch der Zukunft entgegenblickt, ist ein Konstrukt der Nachwelt. Auch bei der Vorbereitung unseres Films – ob bei der Motivsuche in seinem einfachen Häuschen in Salon oder bei der Rekonstruktion seines regelmäßigen Alltags – wurden wir immer ein wenig enttäuscht. Zu sehr hatten auch wir unser klischeehaftes Bild auf die bescheidenere Wirklichkeit projiziert, die mit dem Mythos nicht mithalten kann.

Zum anderen macht die Beschreibung Chavignys klar, wie sehr Nostradamus und seine Anhänger seinerzeit bemüht waren, das Bild eines kirchentreuen Katholiken zu zeichnen. Denn die größte Gefahr, die dem Sternendeuter drohte, war, daß man ihn als Magier und Ketzer diskreditierte und ihn durch die päpstliche Inquisition verfolgen ließ. Eine »Hexenjagd« auf seine Person aber wollte Nostradamus unter allen Umständen verhindern, denn er hätte sie wohl schwerlich überstanden. Er war Konformist und im Grunde seines Herzens konservativ. So spielt denn auch seine Person in der politischen und gesellschaftlichen Geschichte seiner Zeit eigentlich keine Rolle. Das Faszinosum bleibt, daß er dennoch zu einer der bekanntesten geschichtlichen Persönlichkeiten geworden ist. Das bleibt sein wirkliches Geheimnis.

Von Päpsten und Schweinen

Viele offene Fragen. Hatte es ihn auf seiner sechsjährigen Vagantenreise vielleicht nach Italien gezogen, weil er um gute Kontakte zum Vatikan bemüht war? Suchte er die Nähe zum Stuhl Petri, um sich endgültig von allen Verdächtigungen freizumachen, die ihn des Ketzertums bezichtigten? Das ist eher unwahrscheinlich, zumal es keinen Beleg für einen Besuch in Rom gibt. Die noch verstiegenere Theorie, daß Nostradamus in Wirklichkeit ein Geheimagent des Papstes gewesen sein soll, der, mit dubiosen Sondervollmachten ausgestattet, ketzerische Anhängerschaften binden sollte, um sie dann »auffliegen« zu lassen, ist geradezu hanebüchen und durch kein einziges Dokument belegt. Dennoch gibt es solche Spekulationen um Nostradamus zuhauf.

Dafür, daß der Papst überhaupt jemals die Existenz des Provinzgelehrten Nostradamus wahrgenommen haben könnte, spricht bestenfalls ein mageres Faktum, nämlich die Tatsache, daß Katharina von Medici den renommierten Seher an ihren Hof nach Paris einlud und daß sowohl deren Großvater als auch ihr Onkel zeitweise das Papstamt innehatten. Katharina könnte ihren Verwandten von dem Gelehrten berichtet haben, doch erst viel später. Denn die Begegnung zwischen der Königin und dem Seher kam gut zehn Jahre nach dessen Italienreise zustande, nämlich erst 1556, als sich sein Ruf in Frankreich bereits gefestigt hatte und er längst ein berühmter Schriftsteller war.

Aus heutiger Sicht würde man von den Prophezeiungen, die damals gemacht wurden, erwarten, daß sie in irgendeiner Weise Stellung beziehen zu den großen Ereignissen der Geschichte. Schließlich war die Epoche wildbewegt. Pestepidemien lösten religiöse Revolutionen ab, sozialer Aufruhr unter der Landbevölkerung und in den Städten konkurrierte mit den Ansprüchen des untereinander zerstrittenen Adels; Erfindungen und Entdeckungen neuer Kontinente veränderten das Weltbild und verschoben Machtverhältnisse. Die katholische Kirche verlor immer mehr an Boden. Schon 1054 war die Ostkirche abgefallen, und aus ihrem Mutterland Italien hatte die Kurie zeitweise ins Exil nach Frankreich flüchten müssen; jetzt gründete England seine eigene Staatskirche – und Deutschland, der letzte große Geldgeber für kuriale Prachtentfaltung, war auf dem Sprung, sich von Rom loszumachen. Wie eine große Welle rollte hier die Reformation über das Land. Und in Frankreich formierten sich die Hugenotten als bedrohliches Gegengewicht zur alten katholischen Tradition. Genug Stoff für Tausende von Prophetien.

Doch sind es erstaunlicherweise ganz andere Weissagungen, mit denen Nostradamus sich in das Bewußtsein seiner Zeitgenossen einprägte. Da kursierte zum Beispiel die Anekdote, der Seher sei auf seinem Fußweg durch Italien einem jungen Franziskaner aus Ancona, einem gewissen Felice Peretti, begegnet und habe ihn auf Knien als Papst begrüßt. Tatsächlich wurde Kardinal Peretti dann 1585 als Sixtus V. zum Papst gewählt. Eine nette Gesellschaftsstory, aber doch nicht mehr als eine – posthume – Legende.

Auf noch bescheidenerem Niveau spielt eine andere Anekdote aus jener Zeit. Sie erzählt von einem weißen und einem schwarzen Schwein: Ein gewisser Monsieur de Florinville fragt Nostradamus, der bei ihm zu Gast ist, welches Schicksal denn seine beiden Schweine erwarte. Das schwarze würden sie gemeinsam essen, das weiße der Wolf, antwortet Nostradamus. M. de Florinville will es sich nun zum Spaß machen, die »Prophetie« des Meisters zu erschüttern. Er weist den Koch an, das weiße Schwein zum Abendessen vorzubereiten. Aber wie es sich für ein richtiges Orakel gehört, nimmt das Schicksal seinen geweissagten, unabänderlichen Lauf. Einen kurzen Moment nur ist der Koch abwesend – Zeit genug für einen streunenden Wolf, sich über den Braten herzumachen. Der Koch, in heller Aufregung über die kulinarische Katastrophe, bereitet daraufhin in aller Eile und ohne Rücksprache mit dem Hausherrn das schwarze Schwein zu. Am Abend, als M. de Florinville seinen Triumph ausspielen will, muß der Koch die Wahrheit eingestehen – und Nostradamus behält wieder einmal recht.

Solche Weissagungen empfindet der heutige Leser als läppisch und unbedeutend. Nur ungern mag man solche Banalitäten mit dem Namen Nostradamus in Verbindung bringen. Dennoch machen sie klar, in welchem Milieu die Popularität des Propheten gedieh: Es waren die »besseren Kreise«, die ihren Sinn für Galanterie, Klatsch und Tratsch ausleben wollten. Ein Terrain, auf dem sich heute Prominentenillustrierten tummeln. »Große Politik« wird da als unantastbar empfunden. Zu schnell würde man sich verdächtig machen und durch Polarisierung bedenkliche Gräben aufwerfen. Der prophetische Bedarf der oberen Zehntausend erstreckte sich vor allem auf das eigene, sehr private Schicksal – und auf galante Bonmots. Sosehr diese Beispiele für die hellseherischen Fähigkeiten des Nostradamus angesichts der drängenden Fragen seiner Zeit auch ernüchtern mögen, so kann man sich doch gut vorstellen, wie diese galanten Geschichtchen Gelächter und wohltemperiertes Erstaunen auslösten. Der Blick in die Zukunft war, damals wie heute, manchmal eben auch nicht mehr als ein amüsanter Zeitvertreib.

VOM NUTZEN DER PROPHETIE

Wahrscheinlich ist es eine Entwicklung unserer modernen Zeiten, daß sich endgültig ein tiefer Graben aufgetan hat zwischen dem, was ist, und dem, was sein könnte; eine scharfe Trennung zwischen Realität und Fiktion. Zu Nostradamus' Lebzeiten aber waren die Ansätze der Aufklärung, die das rationale Weltbild beförderten, noch ein gutes Jahrhundert weit entfernt. Und selbst in den Epochen danach vermischte sich Vernunftdenken noch lange mit Aberglaube und Mutmaßung.

Man mache sich einmal bewußt, was für einen Menschen des späten Mittelalters zum Beispiel ein Waldspaziergang bedeutete. Gewiß Erholung und Entspannung, ganz wie heute. Vielleicht auch notwendiges Übel auf der Suche nach Nahrungsmitteln. Darüber hinaus aber sicher auch ein Erlebnis, von dem wir heute abgeschnitten sind und dessen Nachhall uns nur noch in alten Sagen und Märchen begegnet: die Erfahrung, daß die Natur von guten und bösen Geistern erfüllt ist, von Irrlichtern und Kobolden, von Hexen und Schlaraffenländern, die sich hinter den Sieben Bergen verstecken – für die Menschen im Mittelalter eine Realität so gut oder schlecht wie jede andere auch.

Eine Unterscheidung zwischen den transzendenten Erfahrungen und den handfesten Gewißheiten des täglichen Lebens wie der realen Sorge um das tägliche Brot oder der Tatsache gottgegebener Standesunterschiede, wie sie im mittelalterlichen Alltag ganz konkret erlebt wurden, existierte nicht. Genauso verschwamm auch die Grenze zwischen Astrologie, Religion, Alchimie und Medizin. Es gab keine klare Unterscheidung zwischen Wissen und Glauben; beides zu separieren ist erst die Leistung der Aufklärung. Einem großen Gelehrten der Nostradamus-Zeit war die gesamte Bandbreite an Kenntnissen zuzutrauen, der allgemeinen wie auch der geheimen, der »rationalen« wie auch der »transzendenten«. So ist es denn auch nicht verwunderlich, daß ein Prophet zu jener Zeit die Grenzen »reiner« Weissagung überschreiten durfte. Er durfte witzig sein, raffiniert und ausgekocht, ohne daß dies seinem Ruf geschadet hätte. Seine Prophetie durfte das Ergebnis ausgeklügelter Spitzfindigkeiten sein, denn eine kluge Antwort zeichnet den überlegenen Denker aus und macht ihn in jeder Hinsicht vertrauenswürdig.

So neigen wir heute dazu, die berühmte Prophetie des Nostradamus an den Bischof zu Orange als bauernschlau zu belächeln, wie auch manche andere seiner Weissagungen. Den Zeitgenossen aber gefiel der schlüssige Rat – und niemand, schon gar nicht der Prophet selbst, hatte ein schlechtes Gewissen angesichts dieser Kombination von Vision und schlichtem Realitätssinn, hatte sie doch ihren nützlichen Effekt. Die Geschichte trug sich folgendermaßen zu: Ausgangspunkt war ein Kirchenraub. Unbekannte Schurken hatten den silbernen Abendmahlskelch und die Leuchter der Kirche von Orange gestohlen. In seiner Hilflosigkeit wendet sich der Bischof an den prominenten Nostradamus: Ob er nicht hellsichtig auf die Spur der Täter lenken könne? Offenbar scheint auch der Bischof keine Berührungsängste mit dem populären, aber kirchentreuen Seher gehabt zu haben. Nostradamus schreibt höflich zurück und beginnt seinen Brief mit einem unerklärten, ominösen Horoskop – sozusagen seiner Visitenkarte. Was er dann schreibt, ist aber höchst konkret: Er sehe auf die Stadt Orange eine der furchtbarsten Pestepidemien zukommen, wenn der Kelch nicht unverzüglich zurückgebracht werde. Die Diebe selbst würden eines grausamen Todes sterben. Und übrigens: Er bitte darum, diesen Brief öffentlich auszuhängen! Das Ende dieser Geschichte ist leider nicht überliefert. Man darf aber davon ausgehen, daß es auch in diesem Fall nützlich war, einen echten Propheten zu Rate zu ziehen …

Bilder aus der Provinz

Im Jahr 1544 ist seine Karriere wieder auf der Höhe. Und abermals ist es das »große Unglück«, die Pest, die den Namen des Arztes Nostradamus noch populärer macht. In Marseilles, so berichtet er selbst, bekämpft er einen neuen Ausbruch der verheerenden Seuche. Der Tod wütet diesmal noch radikaler. Gleichzeitig erlebt die Provence eine der schlimmsten

Flutkatastrophen ihrer Geschichte. Schrecklich entstellte, aufgeblähte Körper treiben die Flüsse hinab und befördern die Seuche in die Herzen der Städte. Aix-en-Provence, die Hauptstadt, wird am 1. Mai von ersten Krankheitsfällen überrascht – bittere Frühlingsgrüße des Todes, der bis zum Winter reiche Ernte einfährt.

In seinem Medizinbuch von 1555 berichtet Nostradamus von dem Horror – und von der wunderbaren Heilwirkung seiner Rosenpillen. »Alle diejenigen, die sie verwendeten, wurden gerettet; während die, die das nicht taten, starben«, teilt er lakonisch mit. Ganze 270 Tage lang stürzt Yersinia pestis die Stadt Aix in Elend und Verzweiflung. Schon früh hat die Stadtverwaltung nach dem renommierten Heiler geschickt, und er bleibt bis zum Winter; bis ihn der Ruf einer anderen Stadt ereilt: Salon-de-Provence, eine Kleinstadt in der Crau, wo er seine endgültige Heimat finden wird.

Die 30 000-Einwohner-Stadt Salon, günstig gelegen zwischen Marseilles, Aix, Arles und Avignon, hat heute wenig von dem, was Nostradamus damals angezogen haben mag. Ein vielbefahrener Straßenring umschließt das alte Zentrum wie ein zu enger Gürtel, und der bedrängte Rest mittelalterlicher Atmosphäre reicht gerade, um die Touristen aufzunehmen, die hier eher pflichtschuldig als begeistert pausieren. Salon ist eine Provinzstadt, in der die Reisebusse nur kurz haltmachen. Schnell sind das Armeemuseum und das Nostradamus-Haus besichtigt. Die postmoderne Betonplastik zu Ehren des Sehers am Eingang der Stadt, die schon einmal von einem Lastwagen gerammt wurde, ist künstlerisch gesehen kaum der Rede wert. Hier also erlebte er den Höhepunkt seiner Karriere und wohl auch den seines privaten Glücks. Unübersehbar prangt heute ein 10 Meter großes Wandportrait an der Außenseite eines Hauses gleich neben dem Souvenirshop. Der Prophet in klassischer Pose: verwittert und geheimnisvoll, aber viel zu pompös, um mehr zu sein als ein auffälliges Werbeplakat.

Nicht alle Einwohner in Salon lieben die ständige Nachfrage nach dem berühmten Sohn der Stadt. Auf den Ruinen des ehemaligen Franziskanerklosters von Salon, wo sich ein kleines Restaurant eingerichtet hat, schüttelt der Wirt genervt den Kopf, wenn er zum abertausendsten Mal nach der ersten Grabstatt des Nostradamus gefragt wird. Unwillig weist er mit der ganzen Hand in Richtung Hinterzimmer. Genau dort, wo jetzt der Tisch steht, an dem sich ein Liebespaar eine Mousse au chocolat teilt, befand sich einst das Grab. Bis 1791, als die Revolutionäre das Kloster schleiften. Ist das nun eine gute Werbung für sein Feinschmeckerlokal? Stehend hatte man 1566 den Leichnam hier beerdigt, wie es damals üblich war, zusammen mit all seinen Büchern, für die er im Jenseits Rechenschaft abzulegen hatte, wie man glaubte. Nach den Grabschändungen der Französischen Revolution war er dann umgebettet worden in eine Seitenkapelle der Kirche St. Laurent, wo seine Überreste noch heute liegen.

Gab man ihm geheime Besitztümer mit in die kalte Gruft? Ein unveröffentlichtes Buch vielleicht, den Schlüssel zu seinem gesamten Werk? Oder gar den »Stein der Weisen«? Solche Mutmaßungen sind bis heute nicht verstummt, und die zahlreichen Graböffnungen beweisen, daß sie vor allem die Generationen vor uns nicht ruhen ließen. Das Stöbern zwischen den Gebeinen verlief allerdings nicht immer reibungslos und ungestraft, wie eine Anekdote überliefert: Als 1791 betrunkene Soldaten der Revolutionstruppen das Grab durchwühlten, soll einer von ihnen Wein aus dem Schädel des Propheten getrunken haben, und – gemäß einer Weissagung – durch den Schuß einer verirrten Kugel sogleich getötet worden sein. Wie auch immer: Die heutige Ruhestatt in der

57 Hinter dieser Grabplatte, in einer Seitenkapelle der Kirche St. Laurent ruhen die Gebeine des Sterndeuters.

58 Blick über Salon-de-Provence. Im Hintergrund links, die Kirche St. Laurent.

Kirche St. Laurent wurde zuletzt von deutschen Besatzern und dann von den Amerikanern ausgiebig untersucht – ohne besondere Zwischenfälle, aber auch ohne Ergebnis.

»Möge die Nachwelt seine Reste ungestört ruhen lassen«, so steht es auf seiner Marmor-Grabplatte, und so hatte es sich seine zweite Frau gewünscht, Anne Ponsarde Gemelle, die ihrem Gatten »wirkliche Freude« im Jenseits wünschte. Nostradamus hatte die reiche Witwe in Salon kennengelernt und hielt im Jahre 1547 um ihre Hand an. Das Leben, das er an der Seite seiner Frau führte, hatte alle Züge von Gutbürgerlichkeit und stand in merkwürdigem Gegensatz zu den dunklen Ahnungen, die er in seinen Werken beschwört. Sechs Kinder, drei Jungen und drei Mädchen, schenkte ihm die Ehefrau, und wahrscheinlich hat die Großfamilie samt Hauspersonal fröhlichen Lärm gemacht in dem kleinen, aber immerhin vierstöckigen Haus in einer kleinen Sackgasse neben dem Place de la Poissonerie. Hier verfaßte er den Großteil seiner schriftlichen Werke, darunter auch die »Centurien«. Und im obersten Stock richtete er sich ein Observatorium ein, um nächtelang den Lauf der Sterne zu beobachten.

Nostradamus schätzte das trockene Klima und die gute Luft in Salon, denn er kränkelte. Zeitlebens machte ihm die Gicht zu schaffen, und bis

59 Eine monumentale Wandmalerei lenkt in Salon zum ehemaligen Wohnhaus des Nostradamus.

zu seinem Ende beeinträchtigte ihn das Leiden immer mehr, so daß er seine Texte schließlich einem Sekretär diktieren mußte – vielleicht Chavigny oder einem anderen namentlich nicht bekannten Schüler. Die Unterschrift unter seinem Testament, das er kurz vor seinem Tod aufsetzte, verrät durch ihr krackeliges Auf und Ab die heftigen Schmerzen, die ihn geplagt haben müssen. Gegen das eigene Leiden fand der große Arzt offenbar keine Medizin.

Doch noch hat Nostradamus 20 Lebensjahre vor sich. Jetzt beginnt seine eigentliche literarische Schaffensphase. Zunächst mit dem Medikamentenbuch, dessen ersten Teil er schon 1550 schreibt. Dann entstehen die jährlich erscheinenden Almanache und schließlich die »Centurien«. Ist er bislang vor allem Arzt, so widmet er sich jetzt ganz der Prophetie. Über den Grund, warum Nostradamus ausgerechnet jetzt

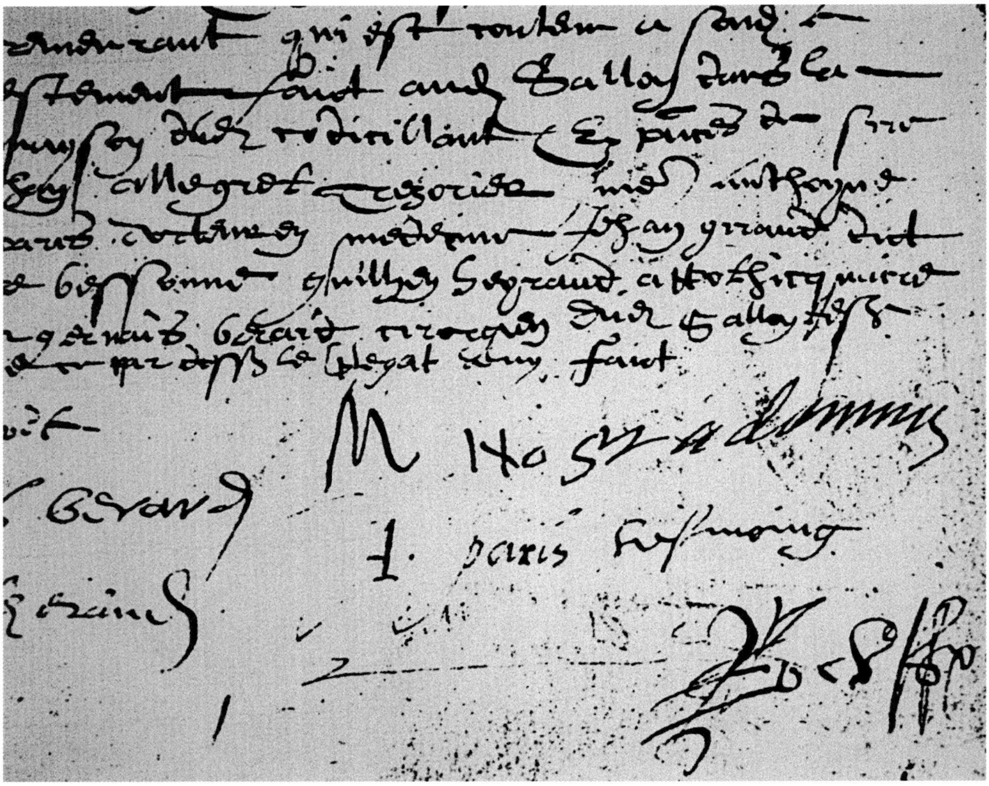

60 Die letzte Seite des Testaments von Nostradamus, das ein Notar sorgfältig verfaßt hat. Nur die Unterschrift zeigt die Originalhandschrift des Propheten.

zu schreiben beginnt, äußert sich Chavigny mit einer interessanten Bemerkung: Eine völlig neue Unruhe habe Nostradamus plötzlich umgetrieben, und die sei durch die vielen kleinen Zeichen der Veränderung ausgelöst worden, die er überall in Europa wahrgenommen habe. Zunächst habe er das ungute Vorgefühl für sich behalten wollen. Dann aber habe er ganz deutlich gespürt, daß das, was da so bedrohlich auf Frankreich zurolle, eine ganz neue Qualität habe und daß Probleme entstehen würden, wie sie überhaupt noch nie erlebt worden wären. »Schließlich brachte er all das ans Licht«, so schreibt Chavigny, »weil ihn der Wunsch überkam, der Allgemeinheit zu dienen.«

Ob diese soziale Ader wirklich Motor des Vorhabens war, ist eher zu bezweifeln. Denn wie könnte etwas »Dienst an der Allgemeinheit« sein, wenn die es gar nicht zu deuten vermag? Nostradamus' Erläuterungen waren jedenfalls alles andere als klar, und die »Centurien« öffneten keineswegs der Allgemeinheit die Augen.

Auch wenn Nostradamus manchem bravem Bürger in Salon nicht ganz geheuer war, galt er in der Kleinstadt als Respektsperson. Er war so etwas wie Landrat, Pfarrer, Bürgermeister und Investor in einer Person. Zu ihm kam man, wenn Probleme anstanden, ganz gleich welcher Art. Da gab es zum Beispiel einen ehrgeizigen jungen Mann, Adam de Crapone mit Namen, der eine geniale Idee hatte. Er wollte das trockene, unfruchtbare Land rund um Salon bewässern. Die Sache sei ganz einfach: Es müsse ein Kanal gegraben werden zwischen dem Flüßchen Durance und der Rhône, nur ein bis zwei Meter breit. Bauzeit: etwa fünf Jahre, Kosten: zwei bis drei Millionen Mark nach heutiger Rechnung. Nostradamus ließ sich für das Bauprojekt begeistern und finanzierte offenbar einen Großteil aus eigener Tasche. Aus der trockenen Ödnis wurde innerhalb von sechs Jahren fruchtbares Ackerland – zum Nutzen der ganzen Region. Ein sozialer Impuls dieser Art ist Nostradamus durchaus zuzutrauen, denn er kannte durch seine Tätigkeit als Arzt das bäuerliche Elend aus nächster Nähe, und er verabscheute diese miserablen Verhältnisse, die geprägt waren von Armut und mangelnder Bildung.

Vielleicht gab es für sein Engagement aber noch einen zweiten Grund, und der war nicht ganz uneigennützig: Möglicherweise sah Nostradamus hier eine günstige, bezahlbare Möglichkeit, sich von übler Nachrede und Denunziation freizukaufen, sich Freunde in der Region zu schaffen – Freunde, die sich vor einen stellen, wenn doch einmal der Inquisitor an der Tür klopfen sollte.

Nicht ganz klar ist, woher das Geld kam, mit dem Nostradamus das Vorhaben bezahlte. Hatte seine reiche Gattin ausgeholfen, oder hatte der Verkauf von seinen Werken schon 1555 derart viel Geld eingebracht? Eines jedenfalls wird deutlich: Der Prophet, der kommende Katastrophen düster weissagte, lebte selbst in recht bequemen Verhältnissen.

Gestatten: Nostradamus, Hofastrologe

61 Adam de Crapone, Architekt des Bewässerungskanals, den Nostradamus finanzierte.

62 (Rechte Seite) Noch heute durchlaufen die Arme des Bewässerungskanals die ehemals unfruchtbaren Gebiete rund um Salon.

Am frühen Morgen war es wie ein Lauffeuer durch das kleine Städtchen gegangen, und schon am Nachmittag wußten es alle in Salon: Ein berittener Hauptmann auf einem prächtigen Rappen war ins Städtchen gesprengt und hatte die gräfliche Botschaft des provenzalischen Gouverneurs Claude de Savoy überbracht: Die Königin höchstselbst wünsche, Monsieur Nostradamus zu sprechen. Man schrieb den 10. Juli 1556.

Vier Tage später ist er reisefertig, bereit, in die königliche Postkutsche zu steigen, die ihm als Ehrengast der Königin zur Verfügung steht. Die Biographen vermerken anerkennend, daß aufgrund dieser Reisemöglichkeit die Fahrt von Salon nach Paris nur 30 Tage dauerte. Am 15. August erreicht Nostradamus die Metropole und wird nach einer

kurzen Lektion in Sachen »Umgang mit Majestäten« der Königin vorgestellt. Auch mit König Heinrich II. spricht er, wenn auch nur kurz.

Über Katharina von Medici, der Italienerin auf dem französischen Thron und Gattin Heinrichs II., ist oft gesagt worden, daß sie der Astrologie geradezu verfallen war. Sicher war Nostradamus nicht der einzige »Wahrsager«, der ihr seine Aufwartung machte, und sicher wurde sein Besuch in weiten Kreisen des Hofes mit Skepsis beobachtet. Denn von dem selbsternannten Propheten konnten Gefahren ausgehen, die politisch gar nicht abzusehen waren, wenn es ihm gelang, die Schwäche der Königin auszunutzen. Hofastrologe zu sein bedeutete damals, höchstes Ansehen zu genießen und an den Hebeln der Macht zu sitzen, es war aber zugleich ein risikoreiches Amt, mit dem man sich viele Feinde machen konnte.

War es also doch ein Giftanschlag, der Nostradamus in den Tagen nach seinem Besuch bei Hofe aufs Lager streckte? Schwere Schmerzen sollen es ihm damals tagelang unmöglich gemacht haben, das Haus zu verlassen. Obwohl sein Sohn César diese heftige Attacke später als einen typischen Gichtanfall beschrieb, ist es nicht unwahrscheinlich, daß die königliche Gastfreundschaft mit höfischem Gift gewürzt war. Wie auch immer: Als schließlich noch eine Dame aus bester Familie beim kranken Nostradamus vorstellig wurde, um ihm mitzuteilen, daß führende Persönlichkeiten im Begriff seien, seine medizinischen und astrologischen Methoden kritisch zu hinterfragen, muß dem großen Astrologen klargeworden sein, daß nun die Zeit für die Abreise gekommen war. Seinen Zweck hatte der Besuch allemal erfüllt: Nostradamus war jetzt »königlich anerkannter Astrologe«, und bei seiner Rückkehr nach Salon wurde er mit großem Jubel empfangen.

Finanziellen Gewinn brachte die Reise nach Paris indes nicht. Zwar erwähnen fast alle Biographen, daß die Königin von Frankreich Nostradamus ein Kästchen mit 130 Goldtalern überreicht hatte, aber viel war das nicht. In einem späteren Brief beklagt sich der Seher über die Knausrigkeit der Könige. Allein 100 Taler hätte ihn die Reise gekostet, und der aufwendige Lebensstil in der französischen Metropole habe ihn gezwungen, sich Geld von einem gewissen Jean Morel zu leihen.

Was auf der anderen Seite den Nutzen angeht, den Nostradamus dem Königshaus brachte, so war es offenbar nur eine Weissagung, die nachhaltig Eindruck machte und die historisch verbürgt ist. Auf die Frage der Königin, welches Schicksal denn in diesen unruhigen Zeiten ihrer Familie bevorstünde, antwortete Nostradamus diplomatisch geschickt: »Alle Söhne werden Könige sein!« Eine höchst erfreuliche Prophetie, die sich allerdings im späteren Verlauf der Geschichte als wahre Hiobsbotschaft erwies. Denn der Tod war es, der diese Weissagung schrecklich wahrmachte: Heinrich II. starb 1559 bei schon erwähntem Turnierunfall. Sein Nachfolger, der kränkelnde Sohn Franz II., verschied bereits ein Jahr später. Der zweite Sohn, Karl IX., starb mit nur 24 Jahren, der dritte, Heinrich III., wurde 1589 erdolcht – dieses tragische Familienschicksal ist der Grund für den häufigen Thronwechsel im französischen Königshaus in der zweiten Hälfte des 16. Jahrhunderts.

Immerhin: Die Prophetie des Nostradamus erwies sich auch in diesem betrüblichen Licht als zutreffend, wenn man einmal davon absieht, daß der jüngste Sohn Katharinas niemals gekrönt wurde. Die Königin von Frankreich hat dem Seher von Salon solche Unschärfen aber offenbar nicht übelgenommen. Er muß auf das esoterische Naturell Katharinas gewaltigen Eindruck gemacht haben. Nur so ist es auch zu erklären, daß die Königin acht Jahre später wieder die Begegnung mit ihm suchte und nicht einmal davor zurückschreckte, mit »verkleinertem Hofstaat« – das waren etwa 800 Personen inklusive der gesamten königlichen Familie – nach Salon zu reisen. Für solche Großereignisse war das kleine Örtchen natürlich nicht gerüstet, und außerdem grassierte wieder einmal die Pest. Viele Bürger hatten die Stadt fluchtartig verlassen und wurden nun auf herrschaftlichen Befehl zurückbeordert. Keine gute Voraussetzung für einen Jubelempfang.

Für Nostradamus aber markierte dieser Besuch zwei Jahre vor seinem Tod den Höhepunkt seiner Karriere. Nicht er mußte sich zu Majestäten mühen, sondern jetzt suchte man ihn auf. Eine größere Ehrbezeugung war schwerlich denkbar. Die Tatsache, daß Katharina eigentlich nur auf der Durchreise nach Spanien war, um die Vermählung ihrer Tochter mit dem spanischen König voranzutreiben, schmälerte die öffentliche Wirkung dieses Auftritts nicht. Das Jahrhundertereignis schlug in der gesamten südfranzösischen Region ein wie eine Bombe. Bis zum heutigen Tage erinnern in Salon jedes Jahr im Sommer Hunderte von historisch gekleideten Bürgern voller Stolz an diesen Besuch. Dabei war von Nostradamus' Seite Bürgerbeteiligung überhaupt nicht gefragt. Er bestand jedenfalls darauf, so berichtet es sein Sohn César, der als Kind selbst dabei war, »Ihre Majestät weitab vom vulgären Pöbel die Ehre erweisen zu können«.

Aufgrund dieses Besuches mußte allen klarwerden, daß man ihn selbst in höchsten Kreisen als überragende Respektsperson ansah. Das war natürlich befriedigend. Er war jemand, auf dessen Ratschläge man hörte, mochten sie auch noch so obskur sein. Er war es, der keinem Geringeren als dem Königspaar Horoskope erstellte.

Davon ließen sich allerdings längst nicht alle Zeitgenossen beeindrucken. Nicht jeder brachte die gläubige Bereitschaft einer Katharina von Medici auf, die in den heftigen Wirren ihrer Zeit nach jedem freundlich anmutenden Strohhalm griff. Im Pariser Nationalarchiv befinden sich einige historische Depeschen, die in nüchternen, ja spöttelnden Worten das historische Treffen zu Salon beschreiben – verfaßt zum Beispiel vom spanischen Botschafter Chantonnay und einem Don Francisco de Alava. »Die Königin gab Nostradamus 200 Kronen«, so heißt es in so einem Brief, »damit Nostradamus ein Horoskop für sie und ihren Sohn, den König Karl IX., erstellen sollte. Nostradamus ist der diplomatischste Mann, den die Erde je gesehen hat, und er sagt natürlich nichts, was irgend jemandem mißfallen könnte. Er hat die Sache so gelöst, daß er in beiden Horoskopen dem König und der Königin kräftig schmeichelte. Und das hat er so gut gemacht, daß sie ihn gebeten haben, ihrem Hofstaat zu folgen, wobei sie ihn geradezu königlich hofierten, bis sie schließlich in Arles voneinander schieden. Heute sagte die Königin zu mir: ›Weißt du, Nostradamus hat mir bestätigt, daß schon

63 (Rechte Seite) Das Horoskop, das Nostradamus seinem Brief an den Bischof von Orange voranstellte. Noch heute mühen sich zahllose Nostradamus-Kenner um die »wahre« Deutung.

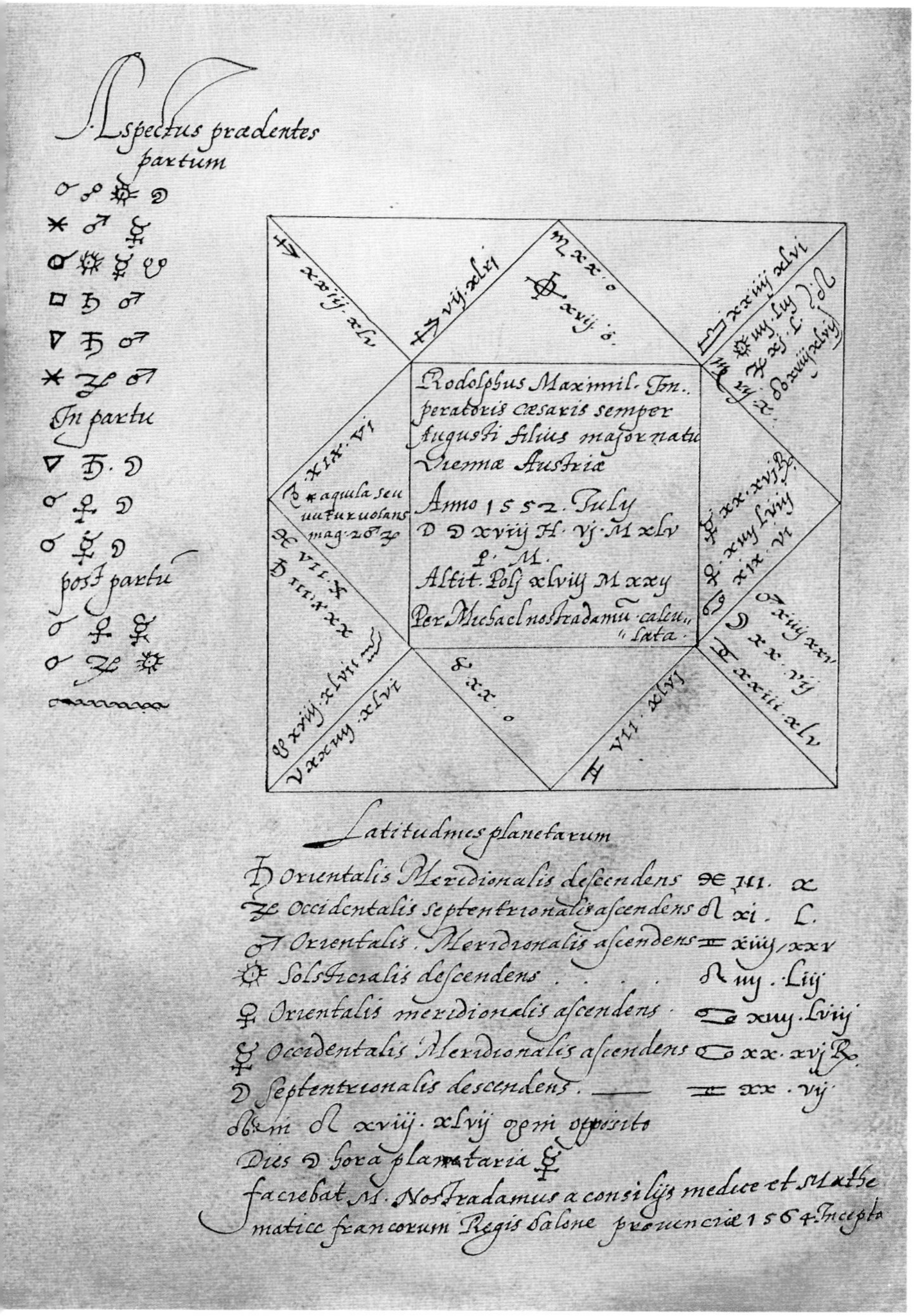
Aspectus pradentes partum
In partu
post partu
Rodolphus Maximil. Im-
peratoris cæsaris semper
Augusti filius maior natu
Vienna Austriæ
Anno 1552. July
Altit. Poli xlviij M xxv
Per Michael nostradamu calcu-
lata
aquila seu vultur volans
Latitudines planetarum
Orientalis Meridionalis descendens
Occidentalis septentrionalis ascendens
Orientalis. Meridionalis ascendens
Solsticialis descendens
Orientalis meridionalis ascendens
Occidentalis Meridionalis ascendens
Septentrionalis descendens
Dies hora planetaria
faciebat M. Nostradamus a consilijs medice et Mathe
matice francorum Regis salone prouinciæ 1564. Incepta

1566 ein weltweiter Friede anbrechen wird, und daß auch Frankreich Frieden findet – und vor allem gestärkt sein wird?‹ Und sie schwebte bei diesen Worten so voller Vertrauen in den Lüften als ob sie den heiligen Johannes oder den Apostel Lukas persönlich zitieren würde ...«

Karl Ernst Krafft – der heimliche Astrologe?

Der Wirkung geweissagten Trostes kann sich kaum jemand entziehen, zumal in extremen Krisenzeiten. So sollen nicht nur Katharina von Medici, sondern auch Hitler und Goebbels ganz vernarrt gewesen sein in die Verse des Nostradamus. Angeblich habe Hitler einen Astrologen beschäftigt, einen gewissen Karl Ernst Krafft, einen gebürtigen Schweizer, der ihm stets entscheidende Hinweise auf »günstige Konstellationen« gegeben haben soll, so wurde oft gemunkelt. Tatsächlich sah Krafft in der Centurie V, Quatrain 94 die Bestätigung für die Wohlfahrt »Großdeutschlands« in den Händen seines überragenden Führers.

Die heidnisch-religiösen Anklänge, das »Kultische« staatlicher Inszenierung, das »Rituelle« der NS-Aufmärsche, die ständige Beschwörung der »Vorsehung«, des »Tausendjährigen Reiches« – all dies mag den Gedanken nahegelegt haben, Hitler lebe im Dunstkreis diffuser esoterischer Einflüsse. Nicht zuletzt war es wohl auch sein kometenhafter Aufstieg und seine konsequente Zielstrebigkeit, die selbst Skeptiker vermuten ließen, Hitler habe ein geheimes Vorherwissen, ein unbeirrbares Gespür für das, was kommen wird. Tatsächlich verhält es sich anders. Hitler hielt nichts von Sterndeuterei und Prophetie. Sein irrationaler Zukunfts- und Siegeswahn lag allein in seiner krankhaften Selbstbezogenheit begründet. Die Überlegung, daß Charakter und Schicksal der Menschen von planetarischen Umläufen bestimmt seien, lief nicht nur seiner Vorstellung vom »gestaltenden Willen« zuwider, sondern auch jeder Rassentheorie. Wie war es vorstellbar, daß ein Schwarzer oder ein Jude das Schicksal eines Ariers teilen sollten, wenn sie am selben Tag zur selben Stunde am gleichen Ort geboren wurden?

Es hat aber in der Tat einzelne führende NS-Schergen gegeben, die mehr oder weniger versteckte Sympathien für astrologische Theorien entwickelten. Reichsführer SS Heinrich Himmler beispielsweise, aufgewachsen in gut katholischem Elternhaus, hatte eine große Schwäche für quasireligiöse Themen und sogenannte Grenzwissenschaften. So legte er eine Kartei von an ihn gerichteten Dankesschreiben an, um gezielt graphologische Gutachten einzuholen. In Berlin rief die deutsche Kriegsmarine 1942 gar ein »Pendel-Institut« ins Leben, dessen esoterische Mitarbeiter, über Seekarten gebeugt, die Position feindlicher U-Boote ausmachen sollten. Und vom Stellvertreter des Führers, Rudolf Heß, ist heute bekannt, daß er sich bereits in den ersten Jahren des Nazi-Regimes um 12 Millionen Reichsmark bemüht hatte mit dem Ziel, ein »Zentralinstitut für Okkultismus« einzurichten. Zeitweise wurde gar vermutet, daß Heß der heimliche Astrologe Hitlers sei – so jedenfalls ist es in mehreren Artikeln der »London Times« zu lesen, die zu Beginn des Krieges erschienen.

Der mysteriöse Flug des Rudolf Heß am 10. Mai 1941 nach England scheint tatsächlich mit astrologisch-okkulten Umtrieben im Zusammenhang gestanden zu haben. Bis heute ist aber noch nicht endgültig geklärt, inwieweit sich Heß bei seiner Aktion »von den Sternen raten« ließ. Sicher ist, daß spätestens nach diesem Vorkommnis Hitlers Skepsis gegenüber der Astrologie in regelrechte Feindschaft umschlug. Hans Frank, der später in Nürnberg gehenkte Generalgouverneur von Polen, zitiert Hitler in der Krisensitzung vom 12. Mai 1941: »Im übrigen scheint mir dieser Schritt stärkstens mitveranlaßt zu sein von dem astrologischen Klüngel, den Heß um sich in Einfluß hielt. Es ist daher Zeit, mit diesem Sterndeuterunfug radikal aufzuräumen.«

Im Zuge der »Aktion Heß« wurden in den folgenden Wochen zwischen 300 bis 1000 Personen festgenommen, »die der Astrologie nahestanden«, die meisten von ihnen allerdings nach Wochen der Verhöre und unter Drohungen wieder auf freien Fuß gesetzt. Das Regime hatte eindrucksvoll demonstriert, daß es den Wildwuchs esoterischer Zukunftsvermutungen nicht zu tolerieren bereit war.

Es war nicht schwierig, verdächtige Kreise schon vor dieser Aktion auszuspähen. Bereits in den dreißiger Jahren war auf Anweisung des Propagandaministers Dr. Joseph Goebbels die »Deutsche Metaphysische Gesellschaft« gegründet worden – mit dem Ziel, alle Personen namentlich ausfindig zu machen, die mit esoterischen Themen befaßt waren, insbesondere auch mit »Nostradamus«. Unter ihnen war auch der eigenbrötlerische, verschrobene Karl Ernst Krafft. Als Nostradamus-Spezialist geriet er 1939 ins Visier des Propagandaministers.

Auch Goebbels scheint, wie Hitler, wenig Sinn für »den Sterndeuterunfug« entwickelt zu haben. Was die Nostradamus-Interpretation angeht, so bewegte ihn jedenfalls nur ein Interesse: Mit ausgesuchten Versen des Sehers von Salon die Auslandspropaganda voranzutreiben. Dafür sollte ihm Krafft Steigbügeldienste leisten. »Die Amerikaner und Engländer fallen ja vorzüglich auf solche Art von Propaganda herein«, schreibt er locker-zynisch in seinen Tagebüchern. »Wir nehmen alle irgendwie zur Verfügung stehenden Kronzeugen als Mithelfer in Anspruch. Nostradamus muß wieder einmal dran glauben.«

Krafft stand nur über Mittelsmänner mit Goebbels in Verbindung; zu einer persönlichen Begegnung kam es nicht. So wichtig scheint die Sache dem Reichspropagandaminister auch wieder nicht gewesen zu sein. Der Nostradamus-Kenner Krafft aber, der jahrzehntelang vergebens um wissenschaftliche Anerkennung gekämpft hatte, erhoffte sich von »dem Kontakt zu höchsten Kreisen« den ersehnten Durchbruch. Er nahm die Sache ernst – ernster als erwünscht – und plante sogleich eine Faksimile-Ausgabe aller »Prophéties« mit einem ausführlichen, Hunderte von Seiten umfassenden Kommentar. Unter dem Einfluß Himmlers ermöglichte man ihm schließlich einen durch das Reichssicherheitshauptamt finanzierten Privatdruck der Nostradamus-Ausgabe von 1568 – allerdings nur in einer Auflage von 299 Exemplaren. Sein ausführlicher Kommentar wurde auf eine kaum 30 Seiten umfassende Einführung zusammengestrichen, und im öffentlichen Buchhandel war das Werk ohnehin nicht zu finden. Dennoch glaubte man, die wissenschaftlichen Ambitionen des Astrologen ausreichend befriedigt zu haben und seine Kenntnisse nun für die tendenziöse Blütenlese aus Nostradamus' Werken nutzen zu können.

Karl Ernst Krafft aber war eine sperrige Persönlichkeit. Bald schon muß ihm klargeworden sein, daß man ihn und Nostradamus für Propagandazwecke mißbrauchte. Aber seine Sympathie für das »Reich« und für Hitler machten ihn doch zum willigen Werkzeug. Jedenfalls wurden zahlreiche Flugblätter ins Ausland geschleust, in denen Nostradamus den nationalsozialistischen Sieg prophezeit. Mehr war nicht gewünscht, aber Krafft hatte mehr erwartet. Der selbsternannte Gründer der »kosmobiologischen« und »typokosmischen Wissenschaft«, der Entdecker des »Hauptalphabets aller Weltphänomene«, der »Deuter des wahren Nostradamus« begann mit seiner Sucht nach Anerkennung lästig zu werden. Spätestens der »Fall Heß« zerschlug endgültig seinen Einfluß, den er stets überschätzte, nie aber so recht hatte. Die Schutzhaft, in die man ihn ab dem 12. Juni 1941 nahm, wurde immer wieder verlängert, zeitweise als Bewachung oder Hausarrest deklariert. Am 8. Januar 1945 starb Karl Ernst Krafft an Erschöpfung auf der Überführung von Sachsenhausen in das KZ Buchenwald. Die Legende vom »Astrologen des Führers«, die wohl hauptsächlich auf falschen Vermutungen des britischen Geheimdienstes beruhte, war langlebig und hielt sich zäh bis in die sechziger Jahre. Bis heute sind die Stimmen nicht verstummt, die behaupten, daß Krafft deswegen sterben mußte, weil er mit Nostradamus den Untergang des Dritten Reiches sicher voraussah und damit den Zorn der Machthaber auf sich zog.

Nostradamus forever

Computer surren, Buchstabenkolonnen jagen über den Bildschirm, sekundenschnell huschen altfranzösische Vokabeln über den Monitor. Per Mouse-Klick unterwegs auf der Suche nach der Wahrheit der »Prophéties«.

Wir sind zu Gast bei Manfred Dimde, einem der bekanntesten Nostradamus-Deuter der Gegenwart. Ich möchte wissen, wie heutige

Interpreten mit den »Centurien« umgehen. Welche neuen Methoden sind entwickelt worden? Ist es überhaupt notwendig, die bestehenden Deutungen zu ergänzen? Und ist die Wahrheit so geschmeidig, daß man sie ständig neu entdecken kann? Oder lagen die alten Interpreten völlig daneben?

Unser Besuch macht schnell klar, daß die Deutung der Nostradamus-Verse mit der Zeit geht. Die gegenwärtigen Interpretationen begnügen sich längst nicht mehr mit simplen Satzumstellungen, romantischen Wortklaubereien oder dem Aufspüren phonetischer Anklänge, frei nach dem Motto: »Was könnte Nostradamus damit gemeint haben?« Längst hat der Computer Einzug gehalten, und »das eröffnet völlig neue Möglichkeiten!«, wie Manfred Dimde begeistert feststellt.

Einige Interpreten gehen beispielsweise so weit, daß sie sämtliche Buchstaben des Textes nach einem bestimmten Schlüssel in Zahlen verwandeln. Diese »digitalen Infoketten« werden mittels »geheimer Chiffriermethode« dann neu geordnet und wieder in Buchstaben zurückgeschrieben. »Da kommt ein völlig neuer Sinn heraus«, meint Dimde fröhlich. Aber geht man nicht zu weit, wenn man dem Provinzgelehrten aus Salon solche Chiffrierkünste zutraut?

»Die Kenntnisse unserer Vorfahren werden oft unterschätzt«, wehrt Dimde ab, und mir wird bewußt, daß mit dem »Mythos Nostradamus« die Vorstellung von dessen unbegrenzten Möglichkeiten fest verbunden ist. Schnell ist auch das gängige Argument zur Hand, der moderne Mensch habe ohnehin viel vergessen »von dem geheimen Wissen der Alten«. Aber stimmt denn das?

Der Einfallsreichtum der modernen Deuter kennt jedenfalls keine Grenzen, wenn es darum geht, »altes Wissen wiederzuentdecken«. Alles ist da denkbar. Selbst die Schmuckbordüren, die den Originaltext im Stil des 16. Jahrhunderts zieren und untergliedern, sollen angeblich versteckte Informationen darüber enthalten, wie Nostradamus wirklich zu lesen sei. Computergestützt, versteht sich.

Dimde demonstriert »für den Anfänger« eine eher simple Methode der Dechiffrierung anhand des Quatrains 100, X. Centurie. »Le grand empire sera par angleterre«, heißt es da in der ersten Zeile: »Das große Reich wird sein durch England«. Ein Knopfdruck auf der Computertastatur. Die Trennung zwischen den einzelnen Worten verschwindet, und in Bruchteilen einer Sekunde wird die Buchstabenkette neu gegliedert: »Le grande m pires era par angleterre«, heißt es nun: »Das große Jahrtausend (m als römische Zahl »Tausend«) bringt eine schlimme Ära durch England«. Die Textstelle erhält einen völlig anderen Sinn. Aber warum sollte Nostradamus seine Prophezeiungen hinter solchen Wortspielen versteckt haben? »Aus Furcht vor der Inquisition!« kommt die Antwort wie aus der Pistole geschossen. »Die Wahrheit mußte verschleiert werden, sonst wäre Nostradamus für sein überlegenes Wissen von der Amtskirche bestraft worden.«

»Es gibt noch eine andere, kompliziertere Methode textlicher Kodierung.« Manfred Dimde ist jetzt so richtig in seinem Element. »Nehmen Sie beispielsweise die Formulierung ›Ave Maria et Apostolis‹ und schreiben Sie die Buchstaben hintereinander in Rautenform.« Der Bleistift huscht über einen Fetzen Papier und demonstriert den Effekt: So sieht eine einzelne »Raute« aus:

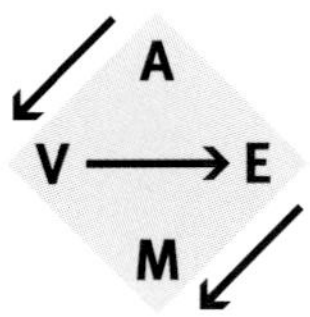

Dieses Verfahren übertragen wir auf die ganze lateinische Wendung:

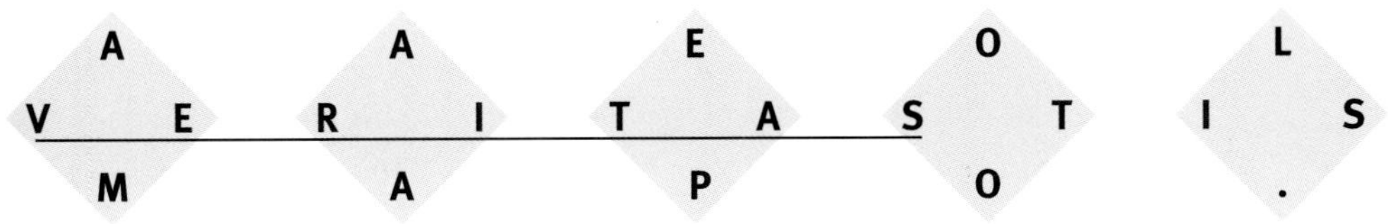

Drei Buchstabenketten sind entstanden, und die mittlere bildet das lateinische Wort »veritas«, »Wahrheit«. »Nostradamus könnte diese unverdächtige, floskelhafte Formulierung immer dann in seinen Text eingebaut haben, wenn er etwas besonders Wichtiges zum Ausdruck bringen wollte«, vermutet Manfred Dimde mit überlegenem Lächeln und sitzt vor seinem Computer wie ein Zauberkünstler vor seinem Zylinder. »Ein geheimer Hinweis für die Eingeweihten!«

Dechiffrierung kann zur Sucht werden. Nostradamus als ewig faszinierendes Endlosrätsel. Nostradamus forever.

»Bei der folgenden Methode ist die computergestützte Datenverarbeitung ganz unentbehrlich«, präsentiert der Deutungsspezialist jetzt noch einen »ganz neuen, vielversprechenden Ansatz«. Die Zeilen aller zehn Centurien werden bei diesem Verfahren nicht untereinandergeschrieben, sondern »wie Eisenbahnwaggons« hintereinandergehängt. »Dem ersten Satz der Centurie I folgt gleich der erste Satz der Centurie II, dann der von Centurie III und so weiter, bis zur Centurie X. Anschließend werden alle Zwischenräume zwischen den Wörtern dieses neuen, langen Satzes getilgt.«

Der Cursor jagt durch die Buchstabensuppe. Ein Mouse-Klick verwandelt Nostradamus' gesammeltes Werk augenblicklich in 400 Bandwurmsätze. Die Lettern beginnen vor meinen Augen zu tanzen.

»Jetzt werden alle Sätze nach dem ersten »a«, das im Text erscheint, ausgerichtet.« Ein Tastendruck erledigt die Neuordnung sekundenschnell. Müßte man diese Arbeit handschriftlich erledigen, würde es Tage dauern. Allein der Gedanke erschöpft.

»Und dann der besondere Kniff!« Manfred Dimdes Stimme senkt sich geheimnisvoll. »Nach einem Sternenmuster, das gleichsam über das Buchstabennetz gelegt wird, kann der Text jetzt neu ausgelesen werden.«

64 (Rechte Seite) Nostradamus – der Verschlüsselungsexperte. Ob er je geahnt hat, was man so alles mit seinen Texten anstellen kann?

Die hohe Schule der Entschlüsselung! Der Kopf raucht. Tausende von Möglichkeiten machen schwindelig. Nostradamus sagt die ganze Wahrheit! Oder vielleicht nichts? Ob er wohl je geahnt hat, was man so alles mit seinen Texten anstellen kann?

Literaturhinweise

Allgeier, Kurt: Die geheimen Rezepte des Nostradamus. München 1988.

Brin d'Amour, Pierre: L'Astrologe Nostradamus. Paris 1998.

Buget, F.: Étude sur Nostradamus et ses commentateurs. In: Bulletin du Bibliophile et du Bibliothécaire. Paris 1860–1863. (Reiche Schriftensammlung von Nostradamus-Texten)

Chavigny, Jean-Aimé de: La Première face du Janus françois. Lyon 1594.

Dimde, Manfred: Nostradamus total. München 1996.

Howe, Ellic: Uranias Kinder. Die seltsame Welt der Astrologen und das Dritte Reich. Weinheim 1995.

Klinckowstroem, C. von: Die ältesten Ausgaben der »Prophéties«. In: Zeitschrift für Bücherfreunde. Leipzig 1913.

Klooß, Wolfgang: Die Pest. In: Trierer Beiträge 26. Trier 1997.

Krafft, Karl E. (Hg.): Les Prophéties de Michel Nostradamus (Neudruck der Lyoner Ausgabe von 1568. Zusätzl. »Einführung« und »Mitteilungen für Förderer und Freunde«). Berlin 1940.

Leoni, Edgar: Nostradamus and his Prophecies. New York o. J.

Leroy, Edgar: Nostradamus – Ses origines, sa vie, son œuvre. Bergerac 1982.

Luzzatti, Ivo: Katharina Medici 1519–1589. München 1940.

Nolan, Ray: Das Nostradamus Testament. München 1996. (Inkl. Faksimile der Ausgabe von 1668)

Nostradamus, César: L'Histoire et Chronique de Provence. Lyon 1614.

Nostradamus, Michel: Les Vrayes Centuries et Prophéties De M. Michel Nostradamus. Lyon 1568. (Tatsächlich ca. 1700, Fälschung; Bibliothèque de Lyon de Pardieu)

Nostradamus, Michel: Les Vrayes Centuries et Prophéties De M. Michel Nostradamus. Lyon 1568. (Musée Arbaud, Aix-en-Provence)

Nostradamus, Michel: La grand' prognostication nouvelle. Lyon 1562. (Almanach von 1562; Musée Arbaud, Referenz-Nr. D2 945, Aix-en-Provence)

Nostradamus, Michel: Orus Apollo, fils de Osiris. Handschrift, um 1551–1555. (Titelseite verloren; Bibliothèque Nationale, Paris)

Ovason, David: Das letzte Geheimnis des Nostradamus. München 1979.

Rohr, Wulfing von: Nostradamus – Seher, Astrologe. München 1994.

Sisi – Legende und Wirklichkeit

Von Ulrich Lenze und Nina Steinhauser

Samstag, der 10. September 1898

Luigi Lucheni steht auf der Seepromenade in der Nähe des Hotels Beau Rivage in Genf und wartet.

Es ist Samstag, der 10. September 1898, 13.00 Uhr. Seine Hand in der Jackentasche umklammert eine spitze Feile, die er sich selbst geschliffen hat. Er ist ganz ruhig und fühlt sich stark – gleich schlägt die Stunde, auf die er gewartet hat, endlich ist er an seinem Ziel. Er wird ein Fanal setzen, mit einem Mord. Ursprünglich wollte er den italienischen König umbringen, aber für die Fahrt nach Rom fehlte ihm das Geld. Dann entschied er sich für den Prinzen Heinrich von Orléans, den französischen Thronfolger, aber er hat ihn nicht finden können, weder in Evian noch hier in Genf. Doch es muß eine hochgestellte Persönlichkeit sein, egal wer, denn diese Leute, so denkt Luigi, sind letzten Endes alle gleich! Luigi Lucheni ist Anarchist, und alle Adligen sind ihm verhaßt. Jetzt will er ein »blutrotes Zeugnis für seine edle Gesinnung« ablegen.

65 (Vorhergehende Doppelseite) Bereits zu ihren Lebzeiten war Sisi vielen in ihrer Umgebung ein Rätsel, und bald nach ihrem Tod verklärte sich ihr Bild. Das Ankleidezimmer der Kaiserin in der Wiener Hofburg mit ihrer Porträtbüste.

Gerade noch rechtzeitig hat er in der Zeitung gelesen, daß diese Dame für kurze Zeit in Genf weilt, im Hotel Beau Rivage abgestiegen unter dem Namen Gräfin Hohenembs. Er hat sie beobachtet – ihre Entourage hat schon am Morgen mit dem Gepäck das Hotel wieder verlassen, jeden Moment muß auch sie sich auf den Weg machen. Endlich, es ist kurz nach halb zwei, treten zwei schwarzgekleidete Damen aus dem Portal und kommen die Promenade hinunter, direkt auf einen Steg zu, an dem das Dampfschiff »Bateaux de Genève« liegt, fertig zur Abreise. Lucheni atmet tief durch und bewegt sich auf die Damen zu. Er muß ganz nahe an sie heran, um zu erkennen, welche sein Opfer ist. Er schaut ihr ins Gesicht und sticht zu. Das Ganze sieht wie ein kurzes Rempeln aus. Dann läuft Lucheni weg. Aber nicht zu schnell und nicht zu weit, denn er will ja festgenommen werden, so ist sein Plan.

Die Dame ist zum Entsetzen ihrer Begleiterin rücklings zu Boden gestürzt, aber man hilft ihr schnell wieder auf die Beine, sie nimmt wieder Haltung an, rückt ihren Hut zurecht und hebt ihren Schirm auf, der hinuntergefallen war. »Was wollte dieser Mensch?« fragt sie irritiert und begibt sich so, als sei nichts geschehen, auf das Schiff. Doch dann schwankt sie erneut, klagt über Brustschmerzen. Das Schiff legt ab. Da die Dame noch immer nach Luft schnappt, begleitet man sie auf das Oberdeck, damit sie die frische Seeluft atmen kann. Jetzt wird sie ohnmächtig. Als sie nach kurzer Zeit wieder zu Bewußtsein kommt, murmelt sie: »Was ist denn mit mir geschehen?«, um gleich darauf in sich zusammenzusacken. Es sollten ihre letzten Worte sein. Ihre Begleiterin öffnet die Jacke der Ohnmächtigen, ihr Mieder und das enggeschnürte Korsett und erschrickt: Auf der Höhe des Herzens ist die Unterwäsche blutig. Sie läßt den Kapitän bitten, das Schiff sofort zu wenden. Man hilft ihr, die Dame ins Hotel zurückzutragen. Ein Arzt wird gerufen, der aber nur noch den Tod feststellen kann.

Die Nachricht macht in Genf die Runde, und als die wahre Identität der Ermordeten bekannt wird, reagiert die ganze Welt mit Entsetzen. Denn die Tote ist niemand anders als die Kaiserin von Österreich und Königin von Ungarn: Elisabeth, genannt Sisi.

Aber im Moment ihres Todes hatte ihr Volk sie schon beinahe vergessen, denn Sisi war seit Jahren praktisch aus der Öffentlichkeit verschwunden. Österreich trauert – aber nicht so sehr um seine Kaiserin, sondern mit dem Witwer Franz Joseph I., den das Schicksal wieder einmal unbarmherzig heimgesucht hat. Doch unwillkürlich belebt sich jetzt die Erinnerung an seine Gattin, die junge Märchenfee, mit der

66 10. September 1889: Das Attentat auf Kaiserin Elisabeth in Genf – so sah es ein zeitgenössischer Illustrator.

67 (Rechte Seite) Romy Schneider als »Sissi« – so wurde Kaiserin Elisabeth endgültig zur Legende. Filmplakat.

einst Glanz an den österreichischen Hof einzog. Posthum wird sie, die in jüngeren Jahren als die »schönste Monarchin der Welt« galt, nun erst recht zum Mythos stilisiert, wie geschaffen für die Illustrierten, schön und begehrenswert, wie ein Abziehbild aus den Tagträumen eines Millionenpublikums. So kennen wir Elisabeth I., die durch ihre Filmdarstellerin Romy Schneider für alle Zeiten zur Legende wurde. Aber die Wirklichkeit der Sisi war anders: Ihr manischer Freiheitsdrang, die Verweigerung der ihr zugedachten Rolle – sie war emanzipiert, protestierte gegen den Anachronismus und das Blendwerk der Habsburger Monarchie – machten sie erst melancholisch, dann einsam. An der Spitze des österreichischen Staates stand eine Frau voll schicksalhafter Tragik.

Illustrierte
Film-Bühne
Nr. 3548
HERZOG
FILMVERLEIH
SISSI
DIE JUNGE KAISERIN
EIN FARBFILM IN AGFACOLOR

Die Rose aus Possenhofen

Wien, 100 Jahre nach dem gewaltsamen Tod der Kaiserin Elisabeth – das heißt Wien im Sisi-Fieber! Nichts ist den Werbestrategen im Gedenkjahr 1998 heilig. Es scheint nahezu alles zu geben: Sisi-Sekt und Sisi-Pizza. Keine Ausstellung, die nicht wenigstens in einigen Exponaten an die Herrscherin erinnert. Am Wochenende spaziert eine von der Stadt engagierte Komparsin in Sisi-Kleidung durch den Park von Schönbrunn oder durch die Innenstadt – auf den Spuren einer Ikone. So nimmt es kaum Wunder, daß wir, wo auch immer wir mit unserer Sisi-Darstellerin Marion Mitterhammer auftauchen, um Szenen für eine Fernsehdokumentation zu drehen, sofort alle Blicke der Touristen und Einheimischen wie ein Magnet auf uns ziehen. Die wirkliche Sisi hätte über all diesen Trubel »sicherlich amüsiert geschmunzel, meint ihr Urenkel Markus Salvator von Habsburg-Lothringen. Aber wen meinen die Sisi-Fans – die wirkliche Elisabeth, Kaiserin von Österreich, oder Romy Schneider, die süße, schöne »Sissi«, die ihren »Franzl« über alle Maßen liebte? (Die Schreibweise »Sissi« ist übrigens erst seit den Kinofilmen gängig, sie ist nicht historisch. Neuerdings glaubt ein Elisabeth-Anbeter sogar mittels Originalunterschriften nachweisen zu können, daß sie sich gar nicht »Sisi« nannte, sondern »Lisi«.) Das inszenierte Bild ist den meisten viel vertrauter als die historische Figur. Doch um die geht es. Elisabeth von Österreich – wer war diese Frau wirklich?

Sie kommt aus dem bayerischen Possenhofen, einer Idylle am Starnberger See, und ihre Geschichte beginnt wie im Märchen. Elisabeth gilt seit ihrem Geburtstag am Heiligen Abend 1837 als ein Glückskind, da sie mit schon einem Zahn auf die Welt gekommen ist. Sie ist sehr lebhaft, fröhlich, nicht besonders hübsch – ein robustes Mädchen vom Lande, eines von sechs Geschwistern. Die Ehe ihrer Eltern ist alles andere als vorbildlich. Ihre Mutter Ludovika, Tochter des bayerischen Königs Maximilian I. Joseph, erduldet schicksalsergeben ihre Verheiratung mit ihrem Cousin Herzog Maximilian und alles, was folgt. Für ihre Schwestern hatte man bessere Partien ausgehandelt – die eine regiert als Frau des preußischen Königs, die andere als Monarchin in Sachsen, und da ist schließlich Sophie, die Mutter des österreichischen Kaisers, die ihren Mann überredet hat, zugunsten ihres Sohnes auf den Thron zu verzichten. Ludovika ist in ihren Augen die arme Verwandte, und die selbst schaut ehrerbietig und demütig zu ihren Schwestern auf. Herzog Max ist ein Hallodri, lebenslustig, mit einer unstillbaren Gier nach Freiheit. Er hält sich für einen begnadeten Sänger und Artisten. In seinem Palais in München baut er sich eine Zirkusarena, in der er selbst als Künstler auftritt. Er liebt laute Trinkgelage und die Gegenwart schöner Frauen. Max ist alles andere als treu – ein Leben lang entbehrt ihn seine Familie am Mittagstisch; der Herzog pflegt dann nämlich regelmäßig mit seiner Mätresse und ihrem Kind zu speisen. Und doch ist der Vater für Sisi auch ein Vorbild, denn er lebt vor, daß man sich nicht immer so benehmen muß, wie es sich gehört.

Es handelt sich also um alles andere als eine mustergültige Familie. Um so geehrter fühlt sich Ludovika, als sich Erzherzogin Sophie unter ihren Töchtern nach einer Braut für ihren Sohn, den Kaiser von Österreich, umsieht. Auch wenn Sophie so selbstlos auf den Thron verzichtet hat, kann sie es doch nicht lassen, mehr oder weniger offensichtlich die Fäden der Regierungsgeschäfte in der Hand zu halten. So will sie selbstverständlich auch entscheiden, wer die zukünftige Kaiserin sein soll. Ihre Wahl fällt auf Helene, Sisis ältere Schwester. Mit Mutter Ludovika und der fünfzehnjährigen Sisi, die gerade eine unglückliche Schwärmerei überwinden muß – der Mann ihrer Träume war eine unwürdige Partie und ist zwischenzeitlich an den Folgen einer Krankheit gestorben –, fährt Helene im August 1853 nach Bad Ischl, der Sommerresidenz der österreichischen Monarchen. Dort soll sie Franz Joseph begegnen und an den Feierlichkeiten für seinen Geburtstag teilnehmen. Die Verlobung steht so gut wie fest.

Bei ihrer Ankunft hinterläßt die kleine Reisegesellschaft aus Bayern nicht gerade den besten Eindruck. Das Gepäck wird in einer anderen Kutsche transportiert, die mit Verspätung eintrifft, so daß die erste Begegnung mit dem jungen Kaiser in derber, verschwitzter Reisekleidung

68 Das Hochzeitsgeschenk der Schwiegermutter: die Residenz in Bad Ischl. Szenenfoto mit Marion Mitterhammer als junger Sisi.

erfolgt. Der Ball zu Ehren von Franz Josephs Geburtstag findet im Haus des Bürgermeisters statt – damals das erste Haus am Platze, denn noch bewohnen die Habsburger in Bad Ischl kein eigenes Schloß. Alle Eingeweihten wissen, daß im Laufe des Abends der Kaiser auch offiziell seine Wahl treffen wird. Doch Franz Joseph widersetzt sich vielleicht zum ersten und einzigen Mal einer Entscheidung seiner Mutter, denn er hat sich plötzlich unsterblich verliebt: Er will die junge Sisi zur Braut. Daß er sich selbst zu seiner Liebe bekennt und die Verlobung durchsetzt, ist ungewöhnlich genug. Denn in diesen Zeiten heiratet man am Hofe vorwiegend aus Staatsräson und schließt Vernunftehen. Liebe in der Ehe zählt wenig. Zum Zeichen seiner unwiderruflichen Wahl tanzt der Kaiser an diesem Abend den Cotillon mit dem jungen Mädchen aus Possenhofen. Schwester Helene bleibt nur eine Randfigur. Elisabeth ist gerührt und geehrt, aber gleichzeitig auch irritiert und zögert, so als spüre sie, was auf sie zukommen wird: »Ich habe den Kaiser so lieb! Wenn er nur kein Kaiser wäre!« (1) Doch, so die Mutter Ludovika, »Dem Kaiser von Österreich gibt man keinen Korb.« (2) Damit ist die Sache beschlossen und wird in den kommenden Tagen auch offiziell bekanntgegeben.

69 Als Verlobte grüßen: Elisabeth und Franz Joseph I. Porzellanmalerei (1853).

Soweit stimmt die Legende, die in den »Sissi«-Filmen mit Romy Schneider romantisch verklärt ins Bild gesetzt wurde. Das lebensfrohe Mädchen vom Lande ist plötzlich Mittelpunkt einer höfisch geprägten aristokratischen Welt. Der Traum hält an. Bis zur Abreise am 31. August ist noch Zeit, und so verbringt das Paar die verbleibenden Tage gemeinsam auf einer Reihe von offiziellen Festen und mit verschiedenen Besuchern. Der verliebte Franz Joseph ist sich bewußt, daß seine Braut im Grunde noch ein Kind ist. Um ihr eine Freude zu machen, läßt er im Garten seiner Sommerresidenz eine Schaukel anbringen.

Neun Monate dauert die Brautzeit. In dieser Zeit muß die Aussteuer komplettiert werden, und Sisi muß alles Notwendige lernen: die Sprachen des habsburgischen Vielvölkerstaates und seine Geschichte ebenso wie die Benimmregeln des österreichischen Hofes. Sisi unterzieht sich zu Hause in Bayern im Schnellerfahren der Vorbereitung auf ihre neue Rolle als Frau des Herrschers über das damals mächtigste Reich Europas. Das alles flößt ihr Angst ein, und als der Tag des Abschieds vom Elternhause naht, ist sie unglücklich wie nie zuvor.

Die Schiffsreise zum Bräutigam von Straubing aus über die Donau – ab Linz reist sie auf dem kaiserlichen Dampfschiff »Franz Joseph« – wird zu einem Triumphzug für die »Rose von Possenhofen«, aber mit jeder Woge ist sie auch ein Abschied von ihrer Jugend. Menschenmassen säumen das Ufer, die Arbeit ruht an diesen Tagen, und die Kinder haben schulfrei. Böllerschüsse, Glockengeläut, die Kaiserhymne – die Luft ist erfüllt von einem einzigen Jubel. In Nußdorf vor den Toren Wiens legt der Dampfer am Nachmittag des 22. April an, ein überglücklicher Kaiser nimmt seine Braut in den Arm und küßt sie überschwenglich. Als aber am 24. April 1854 die gläserne Prunkkarosse mit dem Paar durch die Straßen Wiens zur Augustinerkirche in der Wiener Hofburg rollt, verspürt der Teenager kein Glück und keine Euphorie. Eine endlose Zahl von Empfängen und Diners liegen hinter ihr. Sisi fühlt sich müde und erschöpft und weint ununterbrochen. Noch ehe alles richtig beginnt, ist die zukünftige Kaiserin am Boden zerstört. Die Schwiegermutter beschenkt sie zur Hochzeit mit der Residenz in Bad Ischl: eine um zwei Flügel erweiterte alte Villa, die dem Grundriß nun die Form eines E geben – wie Elisabeth, Kaiserin von Österreich.

Am Abend führt Mutter Ludovika ihre Tochter in das eheliche Gemach, Erzherzogin Sophie schickt kurze Zeit später ihren Sohn hinterher. Am Morgen erwarten das Paar neugierige Blicke. Die ganze Nacht hatte die neue Verwandtschaft vor dem Schlafzimmer in Erwartung einer »Erfolgsmeldung« ausgeharrt, doch erst drei Tage später kann der Vollzug der Ehe bestätigt werden. Kein Recht auf Zweisamkeit und Intimität – daß man nicht im Zimmer selbst zugegen war, ist schon Entgegenkommen genug! Sisi will sich vor Scham in die letzten Räume des Schlosses verkriechen.

Eine Kaiserin im Kerker

Kaum sind die Feierlichkeiten vorbei, bricht alles andere als märchenhaft der Alltag über das junge Paar herein, denn der Ehemann hat nie Zeit. Sisi ist mehr oder weniger allein dem strengen Hofzeremoniell ausgesetzt, das jede Spontaneität verachtet und lediglich dem schönen Schein huldigt. Sisi spürt die Kälte und Ablehnung der österreichischen adeligen Herrschaften, denn sie ist keine von ihnen, sondern entstammt der »bayerischen Bettelwirtschaft«. Ihre Aussteuer wird als weit unter dem Niveau beurteilt, und auch daß sie Bayerisch redet, nimmt man ihr übel. Wie im Märchen ist nur die böse Schwiegermutter. Sie wacht mit Argusaugen über die junge Frau, beobachtet Mißgeschicke und Fehlverhalten, um sofort zu kritisieren und dem Sohn zu bedeuten: Siehst du, ich habe es ja gewußt!

Das Leben am Hof ist leer, formal und verlogen. Sisi verlernt ihr Lachen und verliert ihre Unbeschwertheit. Immer häufiger reagiert sie mit einem Krankheitsbild, das Psychologen heute auf Panikattacken zurückzuführen – Ängste, Schwindel, das Gefühl, den Boden unter den Füßen zu verlieren. Heute würde man diagnostizieren, daß ihre Seele rebelliert und sich hinter nervösem Husten, Hyperventilation, Schüchternheit und Klaustrophobie verbirgt. Elisabeth von Österreich wird eine unglückliche Frau, und die Gemälde und Fotos aus dieser Zeit portraitieren die Kaiserin immer häufiger mit einem schmalen, gezwungenen Lächeln auf den Lippen. Ihre Augen sind unergründlich verhangen, in ihrem Blick liegt Verachtung: Sisi ist eine Monarchin wider Willen. Ihre Gedichte, die sie testamentarisch in einem Schweizer Archiv unter Verschluß legen ließ und die erst vor wenigen Jahre publiziert wurden, sind beredter Ausdruck ihrer unglücklichen Erfahrungen: »Ich bin erwacht in einem Kerker, / Und Fesseln sind an meiner Hand. / Und meine Sehnsucht immer stärker – / und Freiheit! Du, mir abgewandt. / Ich bin erwacht aus einem Rausche, / Der meinen Geist gefangenhielt, / Und fluche fruchtlos diesem Tausche, / Bei dem ich Freiheit! Dich – verspielt.« (3) Frei will sie sein, unabhängig, aber sie rennt gegen Wände. Auf das Leben ihres Mannes und die Staatspolitik hat sie keinen Einfluß. Nie fragt der Kaiser sie um Rat, sondern nur seine Mutter, die heimliche Herrscherin am Wiener Hof, der der Kaiser stete Dankbarkeit schuldet. Denn als Kaiser Ferdinand I. im Dezember 1848 abdankte und sein Bruder Franz Carl den Thron hätte besteigen sollen, setzte sich Sophie dafür ein, daß nicht ihr Mann, sondern statt dessen der junge Franz Joseph als Kaiser proklamiert wurde. Ein Leben lang kann sie ihrem

Köln
RHEIN
DEUTSCHES
REICH
Leipzig
Dresden
ELBE
Frankfurt
Karlsbad
Prag
KGR.
BÖHMEN
Nürnberg
Straßburg
DONAU
EHZM
OBER- NIEDER-
ÖSTERREICH
Augsburg
München
Feldafing
Salzburg
Bad Ischl
HZM.
STEIERMARK
HZM.
SALZBURG
HZM. KÄRNTEN
SCHWEIZ
BODENSEE
Bern
GFT. TIROL
Turin
Bozen
Trient
HZM. KRAIN
LOMBARDEI
VENETIEN
Mailand
Triest
Venedig
ETSCH
HZM.
PARMA
PO
Genua
(KGR.)
KROATIEN
Bologna
Florenz
GHZM.
TOSKANA
LIGURISCHES
MEER
ADRIATISCHES MEER
ITALIEN
KORSIKA

KSR. RUSSLAND
WEICHSEL
Krakau
Lemberg
ZIPS
KGR. GALIZIEN UND LODOMERIEN
HZM. BUKOWINA
Preßburg
DONAU
Gödöllö
GROSS-KUMANIEN
Ofen
Pest (Budapest)
KGR. UNGARN
KLEIN-KUMANIEN
GROSSFÜRSTENTUM SIEBENBÜRGEN
THEISS
BACSKA
Kronstadt
BANÁT
DONAU
Belgrad
BOSNIEN
DIE HABSBURGER-MONARCHIE
HERZEGOWINA
0
500 Kilometer
Dubrovnik

Sohn fortan bei Streitigkeiten vorhalten, daß sie zu seinen Gunsten auf den Thron verzichtet habe, und weiß ihn damit in ihrer Hand. Franz Joseph seinerseits ist darum bemüht, es seiner Mutter recht zu machen. So prägt die Kaisermutter den Regenten und den altmodischen Staat. Sie pocht auf eine autoritäre, absolutistische Staatsführung ohne Parlament und liberale Zugeständnisse, wie sie im Revolutionsjahr 1848, im Jahr der Thronbesteigung ihres Sohnes, versprochen worden sind. Die aufgeklärten Gegner der Monarchie werden zu Opfern gnadenloser Gerichte, sitzen im Gefängnis oder fliehen ins Exil.

Sisi liebt ihren Mann, glaubt es zumindest, und erfüllt die ihr zugedachte Rolle, ähnlich wie ihre Schwester im Geiste, Kaiserin Eugénie von Frankreich, die einmal laut klagte: »Ich habe eine Krone gewonnen, aber was bedeutet das, wenn ich die erste Sklavin meines Reiches bin.« (4) Elisabeth nimmt erstens ihre inhaltsleeren Repräsentationspflichten wahr, und zweitens gebiert sie Kinder: Sophie, bezeichnenderweise nach der Schwiegermutter benannt, die aber schon im Alter von zwei Jahren stirbt, und Gisela – Töchter also. Natürlich blickt man verächtlich auf sie herab, so als habe man ihr auch nichts anderes zugetraut. Ihren schwangeren Bauch muß sie jeweils auf extra anberaumten Spaziergängen im Park dem Volke präsentieren. Wieder hat sie kein Recht auf Privatsphäre.

Als 1858 endlich der Thronfolger Rudolf geboren wird, ist die junge Mutter gerade 20 Jahre alt. Glücklich kann sie auch jetzt nicht werden, denn die Erziehung ihrer Kinder obliegt der Schwiegermutter. Elisabeth versucht erfolglos dagegen aufzubegehren, doch dann kapituliert sie – die Bombe tickt. Sie fühlt sich verraten, verlassen und verkauft. Eine Fremde am eigenen Hof, eine Gefangene altmodischer Rituale. Als ihr die dominante Schwiegermutter zuviel wird und sich zudem die Gerüchte über Liebschaften ihres Gemahls verdichten – jeder am Hofe weiß von seinen Amouren und hält sie für selbstverständlich, nur die Kaiserin erfährt als letzte davon –, entzieht sich Sisi ihren Pflichten und flieht in die heimatliche Idylle nach Possenhofen. Schon jetzt offenbart sich ihr unbezähmbarer Wille: Sie pocht auf ihre Individualität und Freiheit, ist entschlossen, ihren Anspruch auf – letztlich nie erfülltes – Glück durchzusetzen. Sie sieht ihre Ehe als Privatsache, nicht als Position. Eine Kaiserin macht so etwas nicht, wird man ihr sagen, zumal sie die Beschäftigten des österreichischen Transportwesens in eine unnötige Zwangslage bringt. Denn Sisi wählt die »Kaiserin-Elisabeth-Westbahn« auf der Strecke von Wien nach München, die allerdings offiziell noch gar nicht eröffnet ist.

»Die schönste Monarchin der Welt«

Selbstverständlich kehrt sie zurück an den Wiener Hof, doch wird sie erneut krank. Sie selbst hat längst begriffen, daß es sich um psychosomatische Reaktionen handelt, denn jedesmal, wenn sie sich von Wien entfernt, geht es ihr besser. Es gibt eine offizielle Verlautbarung, die als Grund für das Unwohlsein der Kaiserin eine Lungenkrankheit angibt. Nur wärmere Gefilde könnten ihr helfen. So reist Elisabeth im Winter 1860 auf die Insel Madeira, begleitet von einer kleinen Gesellschaft, die sie selbst ausgewählt hat. Sie allein bestimmt den Tagesablauf, und so kommt sie schnell wieder zu Kräften. Erst als die Rückkehr nach Wien droht, verschlechtert sich ihr Zustand erneut, wird lebensbedrohlich, behaupten die Ärzte. Zwei Jahre lang reist die Kaiserin auf diese Weise im Süden umher und zögert die Heimkehr hinaus. Ist Sisi eine lieblose Ehefrau und Rabenmutter? Merkt sie nicht, daß sie an die Seite ihres Mannes gehört?

Der hätte Beistand bitter nötig. Mit aller Kraft kämpft er in diesen Jahren um den Erhalt des Habsburgerreiches, das mehr und mehr zerfällt – ein Vielvölkerstaat, der seine Territorien unterschiedlichster Nationalitäten kaum noch zusammenhalten kann. Schon Franz Josephs Titel besagt, wie sich sein Reich zusammensetzt: »Von Gottes Gnaden Kaiser von Österreich; König von Ungarn und Böhmen, König der Lombardei und Venedigs, von Dalmatien, Croatien, Slawonien, Galizien; König von Jerusalem; Großherzog von Toskana und Krakau; Herzog von Lothringen, Krain und Bukowina; Großfürst von Siebenbürgen; Herzog

70 Sie gilt als die »schönste Monarchin der Welt« – Sisi im legendären, mit Diamantsternen bestickten Kleid. Ihr Haar trägt sie wie eine Krone. Gemälde von Franz Xaver Winterhalter (1864).

von Ober- und Niederschlesien und von Auschwitz; gefürsteter Graf von Tirol und Gradiska; Graf von Hohenembs; Herr von Triest und Cattaro; Großwoiwod der Woiwodschaft Serbien« … und so weiter. In einer Zeit, in der die Völker nach selbstgewählter Identität und Nationalstaatlich-

keit streben, ist die österreichische Monarchie eine altmodische Idee. Und der Kaiser verliert immer häufiger die Kriege, mit denen er seine vielen Territorien zum Verbleib im Habsburgerreich zwingen will. Während Sisi krank ist oder durch Abwesenheit glänzt, versucht Franz Joseph, seine Macht im aufrührerischen Italien durchzusetzen, sieht sich aber plötzlich auch Frankreich als Gegner gegenüber, das sich mit Piemont-Sardinien verbündet. Österreich wird gezwungen, die Lombardei abzutreten, und Napoleon III. erhält als Dankeschön von seinem Kriegsverbündeten Nizza und Savoyen. Eine der blutigsten Schlachten dieses Krieges gegen Österreich findet 1859 in Solferino am Gardasee statt, an

71 Sisis Schwester im Geiste und auch eine Schönheit – Kaiserin Eugénie von Frankreich, hier im Kreis ihrer Hofdamen.
Gemälde von Franz Xaver Winterhalter.

deren Ende mit der Niederlage Österreichs der Weg frei ist für eine geeintes Italien. Die Erlebnisse am Kriegsschauplatz veranlaßten übrigens den Schweizer Henri Dunant, eine internationale Organisation zu gründen, die sich um die Verwundeten kümmerte – es ist die Geburtsstunde des Roten Kreuzes.

Als Sisi im Mai 1862 endlich wieder ihre Gemächer in der Wiener Hofburg bezieht – im Sommer 1861 hatte sie nur wenige Wochen dort zugebracht –, ist sie verändert. Sie ist kein Kind mehr, sondern eine erwachsene, schöne Frau – und selbstbewußt. Der Kaiser läßt sie portraitieren. So entstehen drei Werke, darunter ein sehr privates, das fortan die Wand über dem Schreibtisch des Gatten ziert: Sisi mit offenem Haar. Glanz und Anmut prägen plötzlich die alten Gemäuer der Hofburg. Sisi zieht ihre Umwelt in ihren Bann, ihre Schönheit ist bald Gesprächsthema auf allen europäischen diplomatischen Parketts. In- und ausländische Besucher geben sich in Wien die Klinke in die Hand, um dem Kaiser ihre Aufwartung zu machen, so scheint es. In Wirklichkeit wollen sie sich nur selbst von der märchenhafte Schönheit der Kaiserin überzeugen. Der Schah von Persien läßt im Jahre 1873, während er die Weltausstellung besucht, gar bei Franz Joseph anfragen, ob er ihm die Gemahlin abkaufen könne. Sisi wird zur Sensation und gilt über Jahre hin als »die schönste Monarchin der Welt«. Hätte es damals schon Paparazzi und das Fernsehen gegeben, sie wäre unbarmherzig gejagt worden. Es gibt nur eine Konkurrentin um den ersten Platz auf dem Thron der Schönheit, und mit der versteht sich Elisabeth ausgesprochen gut: Es ist Eugénie, die Frau des Kaisers von Frankreich, die als Vorreiterin modischer Extravaganz gilt. Sie trägt sogar Kleider, die nur bis zum Knöchel reichen! Während eines Staatsbesuchs in der Wiener Residenz beobachtet ein Hofbeamter die beiden Kaiserinnen bei einem vertraulichen Wettkampf vor einem Spiegel. Beide heben ihre Kleider in die Höhe, um gegenseitig die Waden zu inspizieren. Wer hat die schöneren Beine? Sisi gewinnt.

Das Thema Schönheit wird für Sisi Lebensmittelpunkt. Sie beginnt, in aller Welt Fotografien zu sammeln, die anmutige Frauen, Künstler und Fürsten abbilden, und legt dafür eine Reihe von Alben an. Ein eigenwilliges Hobby, das so manchen Diplomaten tagelang in Aufregung versetzt, wenn die Kaiserin wieder einmal telegrafisch die Suche nach neuen Fotografien befiehlt.

Franz Joseph ist der eifrigste Verehrer seiner Frau, er bewundert sie fast demütig, betet sie an. Doch sie wendet sich immer mehr von ihm ab. Längst bewohnt das Paar getrennte Schlafzimmer, wovon man sich heute noch in den Residenzen der Habsburger überzeugen kann. Es gibt eine kleine Klingel, mit der sie sich zum gegenseitigen Besuch anmelden. Oft steht Franz Joseph vor den Privatgemächern seiner Frau und bittet vergeblich um Einlaß – er möchte so gern einen zweiten Sohn. Doch Sisi weiß sich davor mit ihrer »schwachen Konstitution« zu schützen, und außerdem hat sie ihm seine Untreue nicht vergessen. Sie spielt mit seiner Liebe: Er darf sie anbeten, aber nicht mehr besitzen. Sisi hatte nicht aus Ehrgeiz geheiratet, sondern romantische Vorstellungen vom Glück gehabt, das sie dann aber schnell wie eine Seifenblase platzen sah. Der Schock über ihre ersten Ehejahre hat die Beziehung zwischen ihr und dem Kaiser zerstört. »Die Ehe ist eine widersinnige Einrichtung«, konstatiert sie. »Als fünfzehnjähriges Kind wird man verkauft und tut einen Schwur, den man nicht versteht und dann 30 Jahre oder länger bereut und nicht mehr lösen kann.« (5) – »Weiß man denn, ob der Gatte wirklich der Erwählte gewesen ist, den das Schicksal bestimmte? Die meisten Mädchen heiraten überhaupt nur aus Sehnsucht nach Freiheit. übrigens hat die Liebe auch Flügel zum fortfliegen.« (6) Dennoch wird Sisi 1873 ihre Tochter Gisela verheiraten, als diese gerade erst 16 ist, so als hätte sie nichts dazugelernt. Oder war ihr das Kind längst entfremdet, das unter dem Einfluß der Großmutter aufgewachsen und wesentlich von ihr geprägt war?

Die Beziehung zwischen Sisi und ihrem Mann wird immer schwieriger. Sobald sich ein Ehekrach auch nur vage abzeichnet, droht die Kaiserin mit sofortiger Abreise. »Sie ist eine hinreißend schöne Frau – aber halt leider nie da« wird ein geflügeltes Bonmot unter der Wiener Bevölkerung. Ihre Schönheit betrachtet die Monarchin als Legitimation für ihren Lebensstil, und das Instrument zur Durchsetzung ihres Willens wird fortan die Erpressung. Sisi erklärt ihr Leben als Kaiserin entgegen dem Reglement zur Privatangelegenheit und begibt sich in Opposition. Als Zeichen ihres neuen Selbstbewußtseins und Protests raucht sie und kommentiert plötzlich das politische Tagesgeschäft. Sie äußert ihre Meinung, die niemandem gefällt, denn Sisi denkt liberal und antimonarchistisch, liest oppositionelle Schriften und befürwortet Reformen, die die Macht des Kaisers beschränken. »Wir werden aber vielleicht doch noch ein paar Jahre vegetieren, bis die Reihe an uns kommt. Was meinst Du?« fragt sie ihren Mann pessimistisch. (7) Sisi hält die österreichische Staatsform, deren Repräsentantin und oberste Hüterin sie ist oder zumindest zu sein hätte, seit der Erfahrung von Solferino für überholt. Sie prophezeit das Ende der Monarchie und des Vielvölkerstaates. Wenn schon das Volk die Zeche zahlen muß, meint sie, dann muß es auch mitbestimmen können! Der Hof ist entsetzt. Und als Zeichen ihres Mißtrauens in das eigene Reich deponiert die Kaiserin fortan ihr Geld in der republikanischen Schweiz, weil es ihr dort sicherer erscheint.

Zu einem neuerlichen Streit mit dem Kaiser kommt es 1865, aber keineswegs aufgrund nicht standesgemäßer Äußerungen Sisis. Anlaß ist die gnadenlose militärische Erziehung des zarten Thronfolgers Rudolf, der an dem strengen Drill zu zerbrechen droht. Hier erwachen ihre Muttergefühle, und sie schreitet ein. Mit den Worten »entweder die oder ich« erzwingt sie die Entlassung der konservativen Ausbilder und Lehrer. Sie will jetzt selbst über die Erziehung ihrer Kinder entscheiden und verlangt bürgerliche, liberale Lehrer, die Erfahrung mit modernen Unterrichtsmethoden haben. Die Forderung bedeutet eine Revolution am Hofe – aber der Kaiser gibt nach, denn er will nicht ohne seine Frau leben. Er hat Angst, daß sie ihn wieder verläßt, wenn er ihre Wünsche nicht erfüllt. Franz Josephs Versprechen, dieser entscheidende Erfolg, bedeutet für Sisi die »Unabhängigkeitserklärung«. Denn der liebende Gatte hat neben den Maßnahmen zur Erziehung des Thronfolgers auch weiteren ultimativen Forderungen seiner Frau nachgegeben: »Ferner wünsche ich, daß, was immer meine persönlichen Angelegenheiten betrifft, wie unter anderem die Wahl meiner Umgebung, den Ort meines

Aufenthalts, alle Anordnungen im Hause p.p. mir allein zu bestimmen vorbehalten bleibt.« (8)

Rudolf übrigens wird seiner Mutter für diesen Einsatz sein Leben lang dankbar sein. Er schaut zu ihr auf, bewundert sie und wird ihre Gedanken und liberalen Einstellungen teilen. Ein Verhängnis, wie sich zeigen soll, denn er wird sich am Hofe genauso fremd fühlen wie seine Mutter, obwohl er der designierte Hausherr ist, und wird schließlich daran zerbrechen.

EINE LIEBE FÜR UNGARN

Zu den Territorien, die im Habsburgerreich um ihre Selbständigkeit ringen, gehört auch Ungarn, das seit seinem Aufstand gegen Österreich im Jahre 1848 als abtrünnig gilt und deshalb besonders hart unterjocht wird. Plötzlich entdeckt Sisi ihre Sympathie für das Land und seine Bewohner. Gewiß spielt dabei eine Rolle, daß der österreichische Hof die Magyaren fürchtet und ihre »zigeunerhaften Auftritte« verabscheut. Verbissen, aber mit Lust lernt sie Ungarisch, sammelt ungarische Liberale um sich und läßt sich in die Geschichte des Landes einführen. Sie ist so überzeugt von ihrer Meinung, wie es mit dem Land weitergehen soll, daß sie sich zum ersten – und einzigen – Mal massiv in die Politik ihres Mannes einmischt, und das, obwohl der zu der Zeit ganz andere Sorgen hat. Denn mit seiner Niederlage im Krieg gegen Preußen scheidet Österreich 1866 nicht nur für immer aus dem Deutschen Bund aus, es muß auch Venetien an Italien abtreten. In jeder Hinsicht geschwächt, gibt er den permanenten Einflußversuchen seiner Gattin nach und läßt sich auf einen Ausgleich zwischen Österreich und Ungarn ein: Das Habsburgerreich zerfällt in einen westlichen und einen östlichen Teil. Franz Joseph akzeptiert die ungarische Verfassung und damit eine selbständige ungarische Regierung und Verwaltung. Er selbst soll das Land als König regieren: Es ist die Geburtsstunde der österreichisch-ungarischen k.u.k. Doppelmonarchie. Daß sich damit die Nationalitätenfrage des Großreiches verschärft, ist dem Kaiser nicht bewußt. Denn warum sollte

72 Gyula Graf Andrássy: ungarischer Rebell, dann Minister unter Franz Joseph I. – und Sisis große Liebe?

den Ungarn etwas zugestanden werden, was anderen Völkern des Reiches noch immer verwehrt wird? Neue schwelende Krisenherde sind die Folge.

Im Juni 1867 wird das Königspaar in Budapest gekrönt. Die ungarische Hauptstadt schmückt sich mit übertriebenem Pomp. Angesichts der Armut der Bevölkerung sprechen Kritiker der ungarischen Lösung von dem ganzen Spektakel als einem »Faschingsscherz«. In der Mathiaskirche erhält das Paar zu den Klängen der Krönungsmesse, die Franz Liszt zu diesem Anlaß komponiert hat, die Krone aus der Hand eines »Revolutionärs«, eines Mannes, der erst mit Sisis Hilfe wieder salonfähig und später sogar k.u.k. Außenminister wird: Gyula Graf Andrássy.

Sisi erscheint zu dieser Zeit übermäßig schön. Endlich ist sie wirklich glücklich. Sie liebt Ungarn und seine Bevölkerung, und diese verehrt umgekehrt ihre Königin. Zum Verdruß der Wiener hält sie sich jetzt immer häufiger in Gödöllö auf, einem Landsitz bei Budapest, den das Volk dem Herrscherpaar zur Krönung geschenkt hat. Gödöllö ist ihre Welt, und hier ist sie fern von dem starren Hofzeremoniell. Sie schart ungarische Vertraute und Hofdamen um sich. Am liebsten spricht und schreibt sie nur noch in deren Muttersprache, was ihre Wiener Entourage verärgert, die darin nicht geübt ist. Alles ist leichter, freier. Hier dürfen Zigeuner zum Tanz aufspielen, hier baut sich Sisi – wie einst ihr Vater – eine Manege, in der sie als Kunstreiterin brilliert. Und hier lebt Andrássy, der Schwarm aller Frauen. Auch Sisi hat sich in ihn verguckt; Augenzeugen behaupten, er sei die große Liebe der Kaiserin. Der Wiener Tratsch will gar von einem erotischen Verhältnis wissen – doch dazu ist die Kaiserin gar nicht aufgelegt. Sie liebt lediglich den Flirt und die Liebe als Idee – nicht deren Vollzug. »Für mich keine Liebe / Für mich keinen Wein / Die eine macht übel / Der andere macht spei'n.«

Beim Kaiser und Ehemann bedankt sich Sisi für den »ungarischen Ausgleich« mit neuer Zuneigung und einem »Opfer« – sie wird noch einmal schwanger. Marie Valérie wird 1868 in Budapest geboren, eine Hommage der Kaiserin an ihr ungarisches Volk. Um dieses »ungarische« Kind wird sich Sisi zeitlebens kümmern; wie eine Glucke wacht sie über ihre Tochter und läßt sie nie aus den Augen. Marie Valérie wird später auch den Mann ihrer Träume heiraten dürfen.

Ein kleiner Schatten jedoch liegt auf dem neuen Mutterglück, ein böses Gerücht, das schnell die Runde macht: Marie Valéries Vater sei nicht der Kaiser, sondern Gyula Graf Andrássy! Schließlich hatte Sisi im Sommer 1867 einige beschwingte Wochen mit dem ungarischen Freund in Bad Ischl verbracht – und am 22. April 1868, also genau neun Monate später, brachte die Kaiserin die kleine Prinzessin zur Welt. Obwohl Marie Valérie dem Kaiser Franz Joseph sehr ähnelt, verstummt das Gerede nicht.

Sklavin des eigenen Körpers

Mit 30 Jahren steht Sisi auf dem Höhepunkt ihrer Macht und ihrer Anmut. An dieser Schwelle endet ihre eigentliche Geschichte, denn nur das bis jetzt Erreichte soll der Nachwelt für immer in Erinnerung bleiben. Von jetzt an läßt sie sich nicht mehr fotografieren oder malen, und alle Fotos, die angeblich aus späterer Zeit stammen, sind mit Sicherheit eine Retusche, eine Imagination der Fotografen und Künstler. Sisi wird damit schon zu Lebzeiten zur Legende. Auch spätere »Stars« haben so reagiert: Marlene Dietrich oder Greta Garbo wollten wie Sisi, daß der Nachwelt für immer das strahlende Gesicht der Jugend in Erinnerung bleibt, nicht die alternde Frau.

Es ist eine Ironie der Geschichte, daß ihr Höhenflug gleichzeitig der Tiefpunkt ihrer Beliebtheit in Wien bedeutet, wo sie sich nur noch spo-

73 Der Körper als Kunstwerk - die hüftlange Haarpracht Sisis wird zur Legende. Doch je älter sie wird, desto mehr Zeit benötigt die tägliche Verwandlung. Gemälde von Franz Xaver Winterhalter (1865).

74 (Rechte Seite) In einem Türrahmen in den ehemaligen Appartements von Sisi in der Wiener Hofburg: die Ringe, an denen die Kaiserin turnte.

radisch aufhält. Die Einweihung der Wiener Hofoper, in der die Architekten extra für Elisabeth einen kleinen Salon eingerichtet haben, wird verschoben, weil sie zum geplanten Termin nicht in der Hauptstadt weilt. Für einen zweiten, späteren Zeitpunkt sagt sie zu, um dann im letzten Augenblick doch nicht zu erscheinen. »Don Giovanni« findet ohne Sisi statt, doch die Gesellschaft ist empört. Ihr ist das alles egal. Sie kümmert sich nicht mehr um ihren Ruf als Kaiserin und geht statt dessen eigene Wege. Sie will als eigenständige Persönlichkeit ernst genommen werden, nicht als vollziehende Monarchin. Sisi ist, wenn man so will, eine moderne Frau.

Ihr Selbstvertrauen beruht nach wie vor in erster Linie auf ihrer äußeren Erscheinung. Die wird jetzt zum Selbstzweck; Sisi wird zu einer »kalten Schönheit«. Aber je älter sie wird, desto mehr Arbeit verlangt der Erhalt des Scheins. Sie behandelt ihren Körper als Kunstwerk, malträtiert ihn. Jeder Tag unterliegt dem Diktat der Körperpflege. Endlich hat sie erreicht, daß in allen Residenzen Bäder vorhanden sind – damals keine Selbstverständlichkeit. Zuvor wurden in ihren Schlössern die mit den Fäkalien des kaiserlichen Haushalts gefüllten Eimer noch durch die Zimmerfluchten nach draußen getragen. Außerdem läßt sie in ihren Boudoirs Turngeräte installieren: eine Sprossenwand und Ringe, die im Türrahmen schwingen, beides heute noch in der Hofburg zu bewundern.

Zur Legende werden auch ihre hüftlangen, gewellten Haare, die ihre Friseuse Fanny Feifalik mit geschickten Händen in faszinierende Zopfgeflechte zu legen weiß. Sie kreiert eine neue Frisur, die wie eine Krone Sisis Kopf ziert – die Krone ihres Landes hat sie innerlich abgelegt, um sie selbst mittels der Haare neu zu schöpfen. »An meinen Haaren möcht ich sterben«, dichtet sie, »Des Lebens ganze volle Kraft. / Des Blutes reinsten, besten Saft / Den Flechten möcht ich dies vererben. / O ginge doch mein Dasein über, / In lockig seid'nes Wellengold, / Das immer reicher, tiefer rollt / bis ich entkräftet schlaf' hinüber!« (9) Die Herrichtung dauert täglich mehrere Stunden. Beim Bürsten ausgefallene Haare werden ihr auf einem silbernen Tablett präsentiert, sind es zu viele, reagiert die Kaiserin mit schlechter Laune. Fanny Feifalik wird fast zur wichtigsten Frau am Hof. Wenn sie wegen einer Krankheit nicht präsent sein kann, verweigert Sisi Auftritte in der Öffentlichkeit. Anders als makellos will sie nirgendwo erscheinen.

Doch ihre Haarpracht wiegt schwer und verursacht häufig Kopfschmerzen (was unsere Schauspielerin im Gewand und mit dem Kopfschmuck Sisis nur bestätigen kann). Es heißt, in voller Haarmontur sitze die Monarchin in einem Sessel, die Pracht oberhalb des Kopfes an einem Balken gebunden, damit der Kopf frei atmen kann. Währenddessen lernt sie Vokabeln oder läßt sich von einem Vorleser unterhalten.

Die Monarchin setzt sich mit Gewalt in Szene. Sie hungert sich dürr, um mit ihrer Wespentaille Bewunderung zu erregen, selbst später noch, mit 50 und 60 Jahren. Alle Anzeichen sprechen für eine Bulimie, auch wenn das Krankheitsbild damals noch weitgehend unbekannt war. Bis zu ihrem Tod wiegt sie bei einer Größe von 172 Zentimetern weniger als 50 Kilogramm. Nachts bettet sie sich in nasse Tücher, ihr Gesicht bedeckt sie mit rohem Kalbfleisch oder Erdbeerpaste. Um den Effekt der schlanken Formen zu verstärken, läßt sie sich am liebsten in ihre Kleider einnähen, so daß sie sich wie eine zweite Haut an ihren Körper schmiegen. Verständlich, daß sie offizielle Empfänge, die eine wechselnde Garderobe erfordern, mehr und mehr meidet.

Doch das alles ist noch nicht genug. Sisi beutet ihren Körper durch verbissen betriebenen Sport aus und entdeckt über das teilweise fünf- bis sechsstündige Reiten hinaus ihre Leidenschaft für Jagden zu Pferde. Jetzt will Sisi nicht nur die schönste Monarchin, sondern auch die »beste Reiterin der Welt« sein. Die Parforceritte durch die ungarischen Wälder genügen längst nicht mehr ihren Bedürfnissen. Bis zur Erschöpfung trainiert sie, um an den als besonders schwierig eingestuften Jagden in England teilzunehmen, denn nur diese adeln einen Reiter. Fast zehn Jahre lang wird sie Saison für Saison mit ihrem kleinen Hofstaat zu den britischen Inseln übersetzen. Besuche bei Queen Victoria und andere Höflichkeitsbezeugungen, um die der Kaiser seine Gemahlin bittet, verweigert Elisabeth oder erledigt sie zur Brüskierung der betreffenden Personen im Vorbeigehen. Statt dessen galoppiert sie wie eine Verrück-

75 Der einsame Kaiser macht Sisi die Hermesvilla zum Geschenk. Gemalter Entwurf Hans Makarts für das Schlafzimmer (1882).

te hinter ihrem Begleiter her, einem schneidigen Engländer namens Bay Middleton, der bald schon nicht mehr von ihrer Seite weicht. Erst als dessen wohlhabende Verlobte ihn zur Entscheidung zwingt, entsagt er dem Dienst bei der angebeteten Monarchin. Sisi verkauft daraufhin ihre Pferde und will von Jagdreiten fortan nichts mehr wissen. Ihre Unruhe sucht sich ein neues Ventil: das Wandern. Lange Strecken will sie in irrwitzigem Tempo bezwingen, bei Wind und Wetter und sogar in

der Nacht, ohne jede Rast. Für die Auswahl neuer Hofdamen gibt es jetzt nur noch ein Kriterium: gesunde Füße. Doch sie alle können nicht Schritt halten mit den kaiserlichen Füßen, wechseln sich auf einer Tour mehrmals ab und fallen abends erschöpft ins Bett.

Doch trotz dieser Aktivitäten bleibt es ein leeres Leben. Sie hat alle nur erdenklichen Möglichkeiten, um anderen Menschen zu helfen und sich für sie einzusetzen. Doch daran denkt die mehr oder minder egozentrische Frau nicht. »Die Kaiserin interessiert sich nur noch für den Sport«, mokiert sich der enttäuschte Thronfolger Rudolf.

Bei all diesen fast schon neurotischen Unternehmungen bleibt natürlich auch für die Familie kaum noch Zeit. Gemeinsame Mahlzeiten werden zur Seltenheit. Erscheint Sisi dennoch gegen ihre Gewohnheit bei Tisch, heißt das für alle Beteiligten, schneller essen oder hungern. Da die Magersüchtige sich in der Regel mit einer Brühe oder einer winzigen Fleischspeise begnügt, wird die Tafel in Windeseile wieder aufgehoben. Lediglich an Festtagen, so zu Weihnachten, zugleich Sisis Geburtstag, findet sich die Familie zusammen. Aber auch dann ist die Atmosphäre gespannt und erfüllt von Vorboten eines nächsten Ehekrachs, der auch den Kindern allmählich auf die Nerven geht.

Was macht diese Frau, nachdem der Sport sie nicht mehr ausfüllt, die Familie nicht mehr interessiert und sie vor den kaiserlichen Pflichten flieht? Sie langweilt sich, und Grübeln wird zu ihrer Hauptbeschäftigung. Vergeudete Energien, denn nach dem Tod der Schwiegermutter Sophie im Mai 1872, mit der das »alte« Österreich starb, belebte sich bei manch einem die Hoffnung, daß nun endlich die Gattin Einfluß auf den Monarchen nehme. Doch jetzt hat Sisi das Interesse verloren.

Die Kaiserin auf der Flucht

Auf Dauer hält es die Kaiserin an keinem Ort. Eine lieblose Ehefrau, so scheint es, denn sie läßt ihren kaiserlichen Gatten stets allein. Sie weiß, daß er einsam ist, und wie ein Kind erfleht er ihre Nähe. Vor den Toren Wiens läßt er ihr ein kleines Schloß umbauen, das ihm einmal als Jagdschloß diente: die Hermesvilla. Elisabeth mag dieses Domizil nicht besonders, doch schmückt sie die Räume ganz nach ihren Plänen und ihrem Geschmack: Der Maler Makart muß die Wände und Decken mit Motiven aus Shakespeares »Sommernachtstraum« verzieren, ihrem Lieblingsstück. So schwebt nun überall Titania – so versteht sich die Kaiserin selbst –, und hin und wieder sieht man einen Eselskopf – der den Kaiser darstellen soll. Das Schloß ist wirklich kein Ort, der zum

Bleiben einlädt, fällt dem heutigen Besucher auf, und so muß es damals schon Sisi ergangen sein. Und wie der Namenspate des Gebäudes, der Götterbote Hermes mit seinen Flügeln auf dem Rücken, so eilt Sisi weiter hinaus in die Welt.

Der Kaiser wird unendlich einsam, darf seine Gefühle aber nicht zeigen – er muß regieren. Er liebt seine Frau noch immer abgöttisch, das weiß auch die Kaiserin. Briefe unterschreibt er schon seit Jahren demütig mit »Dein Mäneken« und »Dein dich liebender Kleiner«. Um ihr Gewissen zu beruhigen, fädelt Sisi ein Treffen zwischen Franz Joseph und der von ihm bewunderten jungen Schauspieler Katharina Schratt ein. Sie wird des Kaisers »Freundin« und bleibt es bis zu seinem Tod. Von Sisi geduldet, aber doch als die »arme dicke Schratt« belächelt.

»Da fährt sie hin – die Kaiserin, die Reiserin«, spotten die Wiener, wenn Sisis Galakutsche wieder die Stadt verläßt. Wann immer es ihr gerade einfällt, läßt sie ihre Sachen packen, sammelt ihre Bediensteten um sich und reist rastlos in Europa umher. Sie kann das tun, was Frauen ihrer Zeit nicht erlaubt ist, das ist ihr Privileg: sich selbst leben und dem Alltag entfliehen. Ein Leben auf großem Fuß, Geld spielt keine Rolle. Der Kaiser gönnt seiner Frau jedweden Luxus, was er sich tatsächlich auch leisten kann, da ihm sein Onkel Ferdinand I., sein Vorgänger, der 1848 abgedankt hatte und seinen Lebensabend auf der Prager Burg verbrachte, ein Vermögen hinterlassen hat. Wo immer Sisi ihre Zelte aufschlägt, wird erst einmal umgebaut, denn sie braucht viel Platz für ihre Entourage. Im bayerischen Feldafing, ganz in der Nähe ihrer alten Heimat, wo sie 24 Jahre lang ihren »Urlaub« verbrachte, zeugen noch heute die einstmals renovierten Stallungen von den Besuchen des außergewöhnlichen Gastes. Selbst auf ihre Kühe will Sisi während solcher Reisen nicht verzichten; ob per Zug oder Schiff, die Tiere bleiben immer in der Nähe ihrer Majestät. Denn zweimal täglich gelüstet es sie nach kuhwarmer Milch, allerdings nur von Kühen, die sie kennt. Die Kaiserin wird exzentrisch.

Ganz in der Nähe ihres Feriendomizils trifft Sisi hin und wieder auf den einzigen Menschen, der ihr auf Dauer wirklich nahe ist, ihren Vetter

76 Das Achilleion auf Korfu – die Fluchtburg der vereinsamten Kaiserin in den späten Jahren. Fotografie um 1890.

Ludwig II., König von Bayern. »Mon Cousin«, wie sie ihn zärtlich nennt, ist ein Gleichgesinnter im Geiste. Diese Nähe zweier Märchenwesen haben beide in ihrer Korrespondenz mit dem Bild von der Möwe beschrieben, der der Adler folgt. Sie sind beide schön, fühlen sich fremd in ihrer höfischen Umgebung, gelten als überspannt und fliehen am liebsten vor dem Lärm in die Einsamkeit. So wie Ludwig rastlos durch seine prunkvollen Schlösser schreitet, zieht Elisabeth ruhelos durch die Welt. Auf der Roseninsel mitten im Starnberger See finden beide Zeit und Muße, ihre Gedanken auszutauschen. Ludwig liebt die Kaiserin sehr, und da sie unerreichbar ist, verlobt er sich mit ihrer Schwester Sophie, um wenigsten ein bißchen von ihrer Nähe zu verspüren. Doch als die Brautzeit nicht enden will, spricht Maximilian, der Schwiegervater in spe, ein Machtwort und holt seine Tochter wieder heim. Ludwig wird später verrückt, verschleudert die Staatsfinanzen durch den Bau immer neuer, ausgefallener Schlösser, wird schließlich seines Amtes enthoben und eingesperrt. So manch einer glaubt zu wissen, Sisi habe damals, 1886, seine Flucht mit geplant und auf ihn gewartet, als er dann auf tragische Weise im Starnberger See ertrank.

Die Kaiserin beobachtet an ihrem Cousin den Grenzgang zwischen Normalität und Verrücktheit, ein Terrain, das sie fasziniert. Sie fühlt sich magisch angezogen von allem, was aus der Reihe fällt, besucht Anstalten für Geistesgestörte wie den Wiener Narrenturm, läßt sich die neuesten Behandlungsmethoden erklären und nimmt an ersten Hypnoseversuchen teil. Ist dieses Interesse ein Ausdruck ihrer Suche nach sich selbst? Will sie vorbereitet sein, wenn es auch sie treffen sollte? Denn durch die inzestuösen Eheschließungen unter ihren Vorfahren ist auch Sisi erblich vorbelastet.

Aber die Kaiserin will mit ihrer Vorliebe für alles Schräge auch brüskieren. Sie »hält« sich einen verkrüppelten Mohren, Rustimo, und schickt ihn mit ihrer kleinen Tochter Marie Valérie zum Spaziergang durch die Straßen Wiens, auf daß sich die Untertanen das Maul zerreißen.

Heiraten, Kinder kriegen, schön sein und repräsentieren, aber ansonsten nur in den Tag hineinleben – so wurde es von Sisi erwartet. Aus der Not der aufgezwungenen Beschränkung hat Sisi schon früh eine Tugend gemacht: Sie hat gelernt. Die Kaiserin ist eine gebildete Frau, das unterscheidet sie von anderen Monarchen ihrer Zeit. Sie ist intelligent, belesen, schult ihr Wissen und lernt Sprachen, für die sie eine besondere Begabung zu haben scheint. Sie spricht Deutsch, Böhmisch, Ungarisch, Polnisch, Rumänisch, Italienisch, Englisch, Französisch, Latein, Alt- und Neugriechisch. Aber sie lernt nur um des Wissens willen. Die Geschichte Elisabeths ist auch die tragische Geschichte eines Menschen, der in einer falschen Zeit lebt. Sie ist klug, aber dieser Umstand findet keine Beachtung. Sie hat eine eigene Meinung, an der aber niemand interessiert ist. Der aristokratischen Welt sind nachdenkliche Menschen suspekt, vor allem Frauen wie Sisi.

Die Werke Homers werden zu Sisis Lieblingslektüre. Mit ihrem Griechischlehrer Christomanos, der ihr im Original aus der »Ilias« zitiert, verbringt sie einige Zeit auf ihrer Lieblingsinsel Korfu. Hier läßt sie sich ein Schloß bauen und widmet es ihrem Lieblingshelden Achill: das Achilleion. Sie fühlt sich auf Korfu weniger fremd als in der Heimat.

Erst seit einigen Jahren ist bekannt, daß sich die österreichische Kaiserin auch als Dichterin verstand. Sie hat niemanden, der ihr so nahe steht, daß sie mit ihm ihre wahren Gefühle und Probleme besprechen könnte. Daher drückt sie ihr Innerstes in Gedichten aus, die gleichzeitig Beleg ihrer Verehrung für Heinrich Heine sind. Darin kritisiert sie die österreichische Monarchie, das Leben am Hofe und die Mißstände im Land. Sie feiert in Versen die republikanische Staatsidee und klagt über das persönliche Leid, das ihr selbst widerfahren ist. Da sie niemandem im eigenen Lande traut, deponiert sie ihre Werke zur Sicherheit in der Schweiz. Erst lange nach ihrem Tod sollten sie der Öffentlichkeit zugänglich werden und dann, so glaubt Sisi zu Lebzeiten, würde man sie als Epigonin Heines feiern.

Gedichte als öffentliche Bekenntnisse – hätte Elisabeth von Österreich in der heutigen Zeit gelebt, hätte sie vermutlich statt dessen Fernsehinterviews gegeben wie die verunglückte Prinzessin Diana. Die Methoden sind verschieden, die Ziele aber die gleichen.

Ein Geist schwirrt umher in Europa

Im Jahr 1889, Sisi ist 52 Jahre alt, schlägt das Schicksal erbarmungslos zu. Am Abend des 30. Januar entschuldigt sich der Thronfolger bei seinem Vater, daß er am Diner nicht teilnehmen kann. Statt dessen reist er mit seiner jungen Geliebten Mary Vetsera zum Jagdschloß Mayerling. Einen Tag später sind er und die Baronesse tot – Rudolf hat zunächst die junge Frau, dann sich selbst erschossen. Er konnte die Enge des Wiener Hofes nicht länger ertragen, seine Ehe war zerrüttet, er hatte Schulden, und die Streitereien mit dem Kaiser nahmen kein Ende. So setzte er seinem Leben ein Ende. Er sei »wie ein Schneidergeselle mit seiner

Liebschaft« gestorben, kommentiert Franz Joseph das tragische Ereignis, dessen Umstände in der Öffentlichkeit sorgfältig verschleiert werden, so daß sich bis heute der Verdacht eines geheimnisvollen Attentats hält.

Die junge Baronesse Vetsera wird vor Ort beerdigt, während Rudolf in der Kapuzinergruft in Wien feierlich beigesetzt wird, obwohl er in einem Abschiedsbrief an seine Mutter darum gebeten hatte, mit ihr gemeinsam die letzte Ruhe zu finden. Das Schloß Mayerling wird später zu einem Kloster umgebaut. Mit dem Kronprinzen stirbt auch die letzte Hoffnung für die Donaumonarchie, die Hoffnung auf Reformen und Liberalität.

Sisi ist außer sich vor Trauer. Wenig später sterben ihre Schwester Helene und auch ihr treuer Freund, Graf Andrássy. Als schließlich ihre Lieblingstochter Marie Valérie nach dem Trauerjahr ihren angebeteten Verlobten heiratet, fühlt sich Sisi völlig verlassen. Da ihre Schönheit langsam schwindet, verliert ihr Leben jeden Sinn: Sisi wird lebensmüde und depressiv. Bei Neumond steht sie nun gern am Fenster und erfleht die Erfüllung ihrer Wünsche. Ihr Hang zum Aberglauben verstärkt sich bis hin zur Mystik. Des Nachts wird sie vor der Gruft Rudolfs entdeckt, wo sie versucht, mit dem Toten Kontakt aufzunehmen und ins Gespräch zu kommen. Auch findet sie Gefallen an spiritistischen Sitzungen, die damals in der feinen Gesellschaft gerade in Mode kommen, und versucht so, mit Rudolf zu kommunizieren und das zu seinen Lebzeiten Versäumte nachzuholen.

Dann flüchtet sie in eine neue Form der Selbstinszenierung: Sie verschenkt ihre traumhaften Kleider an ihre Töchter und Hofdamen und trägt nur noch schwarz. Sisi als *mater dolorosa,* als Schmerzensmutter. Schon oft hatte sie im Streit mit Franz Joseph gedroht, sich nie mehr in der Öffentlichkeit zu zeigen. Jetzt macht sie ihre Drohung endgültig wahr: Sie verschwindet hinter Fächern und Schirmen, die sie ständig mit sich trägt. Mehrfache Schleier vor dem Gesicht und zarte lange Handschuhe helfen, die alternde, faltige Haut und die kranken Gelenke zu verbergen. Schon in jungen Jahren hatte sie diesen Schritt angekündigt: »Sobald ich mich altern fühle, zieh ich mich aus der Welt zurück. Es gibt nichts grausligeres, als nach und nach zur Mumie zu werden.« (10)

Einem Irrwisch gleich hetzt Sisi umher; der Kaiser erfährt oft erst aus der Zeitung, wo sich seine Frau gerade befindet. Wie ein Gespenst taucht sie plötzlich hier, dann da auf, um ebenso plötzlich wieder zu verschwinden. Wie der fliegende Holländer jagt sie über die Meere. Wenn der Sturm tobt, läßt sie sich auf einem Stuhl an Deck festbinden und die Wellen über sich zusammenschlagen, Odysseus gleich. Zum Zeichen ihres Sehnens läßt sie sich auf die Schulter einen Anker tätowieren.

Was treibt diese Frau? Mit heutigen Erkenntnissen ließe sich eine manische Depression diagnostizieren, die ihren Ausdruck in extremen Verhaltensweisen findet. Zunächst die ausschließliche Konzentration auf die Bewahrung ihrer Schönheit, dann die Flucht in den Sport, später in das Reisen. Sisi-Syndrom wird diese Krankheit heute genannt, an der übrigens auch Hemingway litt.

Die Kaiserin weiß, daß ihre Unruhe nicht mit normalen Maßstäben zu bewerten ist. »Die Reisewege sind nur deswegen begehrenswert, weil die Reise dazwischen liegt. Wenn ich irgendwo angekommen wäre und wüßte, daß ich nie mehr mich davon entfernen würde, würde mir der Aufenthalt selbst in einem Paradies zur Hölle«, (11) äußerte sie einmal. Ein ewiges Suchen, ein ewiges Fliehen – immer öfter, immer länger, ohne Ausweg.

Ikone für die Nachwelt

Im Herbst 1898 weilt Elisabeth zur Erholung – von was? – in Montreux in der Schweiz und besucht von dort aus die Baronin Rothschild. Auf der Rückfahrt macht sie für eine Nacht in einem renommierten Genfer Hotel am See halt, erledigt am nächsten Morgen einige Einkäufe für ihre Enkelkinder und plant, um 13.40 Uhr abzureisen und wieder in ihren Urlaubsort zurückzukehren.

Doch als die Genfer Tageszeitung aufgrund einer Indiskretion am 10. September 1898 ihre Anwesenheit im Hotel Beau Rivage meldet,

77 Sisis letzte Reise: Ihr Sarg wird vom Hotel Beau Rivage in Genf zum Bahnhof überführt, von da aus weiter zum Staatsbegräbnis nach Wien.

ist Sisis Tod beschlossene Sache. Tragik der Geschichte, daß sie lediglich ein Zufallsopfer ist.

»Sie hat ihren Mörder gefunden«, soll Marie Valérie, die Lieblingstochter der Kaiserin, geklagt haben. Wie sie das meint? Seit dem Tod ihres Sohnes wollte auch Sisi nicht mehr leben, eine Todessehnsucht trieb sie, ließ sie umherschwirren wie eine Motte um das Licht und den sicheren Tod.

Die Monarchin erhält ein Staatsbegräbnis, und das Volk drängt sich an den Straßenrändern, auf denen eine Kutsche mit dem Sarg der Toten zur Kapuzinergruft der Familie rollt, dort, wo sie nie beerdigt werden wollte. Ihr Wunsch war es, am Meer, am liebsten auf Korfu, die letzte Ruhe zu finden. Aber nun kann sie sich nicht mehr wehren und niemanden mehr vor den Kopf stoßen. Nun hat Wien seine Kaiserin zurück.

Zu einem Mythos war Elisabeth von Österreich schon zu Lebzeiten geworden, mit ihrem Tod wird sie zur Legende. Jetzt erinnert man sich an das junge, unschuldige Kind, das Sisi einmal war, als der verliebte Kaiser sie 1854 in Wien als Braut empfing. Während der ganze elende

Rest verblaßt. Der Obduktionsbericht aber ist ein ungeschöntes Dokument der Wirklichkeit: Es war nur ein kleiner Stich, der Sisi tötete, die Klinge fand sofort ihren Weg durch den dürren Körper in das einsame Herz. Zum Entsetzen des Obduzenten wies der Körper Hungerödeme auf. Ein Schock war auch die Tätowierung, die man nur an Körpern von Schwerverbrechern vermutete. Ob sie denn schon über diese »furchtbare Überraschung« geweint hätte, fragte der Kaiser daraufhin seine Tochter Marie Valérie und blieb ohne Antwort.

Um fast zwei Jahrzehnte wird Franz Joseph seine Frau überleben. Als er 1916 stirbt, ist der Erste Weltkrieg bereits ausgebrochen. Das Ende einer Ära.

Vor 100 Jahren ist Sisi gestorben, aber nie war sie so populär wie heute. Es scheint, die Menschen sehnen sich nach mythenumwobenen Figuren. Und je mehr man »Sissi« vom Klischee befreit und sie als tragische Person in den Mittelpunkt des Interesses stellt, um so mehr drängen sich Parallelen zu einer anderen Märchenfigur des europäischen Hochadels auf, die 1997 ums Leben kam: Lady Diana, die Rose von England. Beide heirateten jung, glaubten an die romantische Ehe, sahen sich nach einer Traumhochzeit den gefühlskalten Konventionen des Hofes und einer starken Schwiegermutter ausgesetzt, der der Sohn sich nicht widersetzte. Beide Ehemänner betrogen ihre jungen Frauen schon kurz nach der Hochzeit, und diese reagierten mit Depressionen und Magersucht. Beim Volk beliebt, zumindest einige Jahre lang, besuchten sie Arme und Kranke und verloren sich gleichzeitig im eigenen Schönheitskult. Diana starb auf dem Höhepunkt ihrer Schönheit, Sisi zog sich in diesem Alter aus der Öffentlichkeit zurück. Die Welt sollte sich nur an ihre beste Zeit erinnern. So sind beide in der Erinnerung unsterblich geworden und helfen ihren Bewunderern, mit ihren niemals zu stillenden Sehnsüchten zu leben.

Literaturhinweise

Corti, Conte Egon Caesar: Elisabeth. »Die seltsame Frau«. Nach dem schriftlichen Nachlaß der Kaiserin, den Tagebüchern ihrer Tochter und sonstigen unveröffentlichten Tagebüchern und Dokumenten. Graz/Wien/Köln [42]1994.

Daimler, Renate (Hg.): »Frei sollen die Frauen sein ...«. Gedanken der Kaiserin Elisabeth von Österreich. Wien 1998. (6, 11)

Fischer, Lisa: Schattenwürfe in die Zukunft. Kaiserin Elisabeth und die Frauen ihrer Zeit. Wien/Köln/Weimar 1998. (4)

Grössing, Sigrid-Maria: Kaiserin Elisabeth und ihre Männer. Wien 1998.

Hamann, Brigitte: Elisabeth. Kaiserin wider Willen. Überarbeitete Neuausgabe. Wien/München 1997. (1, 2, 3, 5, 7, 8, 10)

Hamann, Brigitte: Elisabeth. Bilder einer Kaiserin. Wien/München/Berlin [5]1996. (9)

Hamann, Brigitte (Hg.): Kaiserin Elisabeth. Das poetische Tagebuch. Wien 1997. (9)

Haslip, Joan: Sissi. Kaiserin von Österreich. Köln [3]1997.

Jarosch, Lore: Ich, Elisabeth. Meine geheimen Gedanken und Gefühle. München 1998.

Matray, Maria/Answald Krüger: Das Attentat. Der Tod der Kaiserin Elisabeth und die Tat des Anarchisten Lucheni. München [2]1998.

Mraz, Gerda/Ulla Fischer-Westhauser: Elisabeth. Prinzessin in Bayern, Kaiserin von Österreich, Königin von Ungarn. Wunschbilder oder Die Kunst der Retouche. Wien/München 1998.

Praschl-Bichler, Gabriele/Josef Cachée: » ... von dem müden Haupte nehm' die Krone ich herab«. Kaiserin Elisabeth privat. Wien/München/Berlin [3]1996.

Schad, Martha: Elisabeth von Österreich. München 1998.

Schad, Martha: Kaiserin Elisabeth und ihre Töchter. München [3]1998.

Stadtlaender, Chris: Sisi. Die geheimen Schönheitsrezepte der Kaiserin und des Hofes. Wien 1995.

Casanova – Magier der Leidenschaften

Von Gero von Boehm

EIN PHILOSOPH DER LUST

78 (Vorhergehende Doppelseite) Der Dogenpalast in Venedig ist Zeuge der spektakulären Flucht Giacomo Casanovas aus den Bleikammern. Das berüchtigte Gefängnis war in dem mit Bleiplatten bedeckten Dach des Palazzo Ducale untergebracht. Die mörderischen Zustände dort kosteten vielen Gefangene das Leben – Casanova gelingt als einzigem der Ausbruch. Gemälde von Antonio Canal, genannt Canaletto.

Man schreibt den November des Jahres 1792. Der Winter hat früh Einzug gehalten im böhmischen Dux. Der Schloßpark des Grafen Waldstein, dessen Bibliothekar Giacomo Casanova seit sieben Jahren ist, liegt unter einer dünnen Schneedecke. Casanova fröstelt, obwohl er in ein warmes Plaid gehüllt ist. Auf dem Schreibtisch hat er seine Aufzeichnungen ausgebreitet. Und auch sein Gedächtnis läßt ihn nicht im Stich; manchmal wird es angereichert durch eine feine Prise Phantasie. Er schreibt an seinen Memoiren, die das bedeutendste Kolossalgemälde des politischen und gesellschaftlichen Lebens jenes Jahrhunderts werden sollen, an dessen Ende die Französische Revolution ausbrach. Auf Schloß Dux hat er als Bibliothekar des Grafen Waldstein nach einer lebenslangen Odyssee durch ganz Europa seine letzte Zuflucht gefunden. Der Mann ist gezeichnet von häufigen Geschlechtskrankheiten, aber seine Augen funkeln noch immer und bekräftigen seine Lebensphilosophie: »Ein Philosoph, der sich keine Lust versagt, außer wenn das nachfolgende Leid überwiegt, und der stets neue Lüste zu ersinnen weiß.« Und darin war Casanova in der Tat ein Meister. Nichts war ihm mehr verhaßt als Langeweile. Und Lustgewinn zog er keineswegs nur aus ungezählten erotischen Abenteuern, sondern auch aus immer wieder neuen geistigen Aufbrüchen. Die Intensität, mit der er seine Zeit erlebte, sucht ihresgleichen. Deshalb konnte er seine Epoche auch so sinnlich und bunt erzählen wie kein anderer. Mit der »Histoire de ma vie« ist er in die Weltliteratur eingegangen. Das allerdings erst 162 Jahre nach seinem Tod, als die Originalausgabe erstmals vollständig publiziert wurde. Dann endlich hatte die Reduktion Casanovas auf erotische Abenteuer, die nicht einmal ein Viertel des gesamten Textes ausmachen, ein Ende.

Vom Abate zum Taugenichts

Casanova hat immer wieder versucht, einer sporadischen und freischwebenden Existenz, den Höhenflügen wie dem freien Fall, eine Richtung zu geben. Er ließ sich zum Priester ausbilden, wurde Abate und empfing 1741 die niederen Weihen. Im 18. Jahrhundert war das Priesteramt ein Beruf wie jeder andere. Für Casanova zumindest hatte er nichts mit einer Hinwendung zum Glauben zu tun. Die große Anzahl der Abates war ein fester Bestandteil der damaligen Gesellschaft. Allein im vier Millionen Einwohner zählenden Königreich Neapel gab es über 100 000 Priester. Politiker, Dichter und Wissenschaftler begannen ihre Karriere nicht selten als Abate. Casanova, damals knapp 17 Jahre alt, scheiterte allerdings schon bei seiner Antrittspredigt: »Jung und von mir eingenommen wie ich war, glaubte ich, ich brauchte mir keine große Mühe zu machen, um eine Predigt auswendig zu lernen.« Aber nach den ersten Sätzen wußte er schon nicht mehr weiter. Die Kirchenbesucher machten sich über ihn lustig, die anwesenden Kirchenoberen waren entsetzt. Casanova schämte sich und fiel in Ohnmacht: »Ich hätte sterben mögen.« Nach diesem Desaster nahm er sein 1739 begonnenes Studium der Rechtswissenschaft in Padua wieder auf und machte 1742 – mit 18 Jahren – seinen Doktor. Drei Jahre später war er Sekretär des Kardinals Troyano Francisco Aquaviva d'Aragona, bis ihn auch diese Tätigkeit langweilte. Er ging zurück nach Venedig und schlug sich als Orchestergeiger am Theater durch. Als er die Erlebnisse jener Zeit später aufschreibt, lautet der Untertitel des siebten Kapitels im zweiten

Memoirenband: »Ich werde ein Taugenichts.« Diesem Bild entsprach er tatsächlich, indem er zusammen mit neuen Kumpanen Prostituierte prellte, Gondeln losband und sich zumindest einmal an einer gemeinschaftlichen Vergewaltigung beteiligte: »Unser Anführer mußte den Tanz eröffnen. Durch Höflichkeit besiegte er das natürliche Widerstreben, das sie anfangs bezeigte, das Opfer in so zahlreicher Gesellschaft zu verbringen. Ohne Zweifel schien ihr die Opfergabe süß, denn nachdem ich mich als mutiger Opferpriester zur zweiten Opfergabe angeboten hatte, empfing sie mich mit einer Art Erkenntlichkeit; und sie konnte ihre Freude nicht verbergen, sobald sie sah, daß sie bestimmt war, ebenso viele glücklich zu machen, als wir Gäste waren.« Statt dafür zu sorgen, daß die Vergewaltiger hinter Schloß und Riegel kamen, lachte ganz Venedig über den gehörnten Ehemann des Opfers.

Der Hexenkessel Venedig

Im Venedig des 18. Jahrhunderts gab es kaum ein Bewußtsein für sexuellen Mißbrauch, und überhaupt waren Ausschweifungen an der Tagesordnung. Man sah den Trieb als etwas Naturgegebenes an, dem man sich fügen mußte. Vor allem Angehörige des Adels wurden nur äußerst selten vor Gericht gestellt. Heute sind nur noch die Kulissen einer Epoche vorhanden, die Venedig zu einem Hexenkessel von Schönheit und Abenteuer machte. »Venedig hat die zweideutige Schönheit des Abenteuers, das wurzellos im Leben schwimmt, wie eine losgerissene Blüte im Meere, und daß es die klassische Stadt der Aventure war und blieb, ist nur die Versinnlichung vom letzten Schicksal seines Gesamtbildes, unserer Seele keine Heimat, sondern nur ein Abenteuer sein zu dürfen ... Alle Menschen in Venedig gehen wie über die Bühne: in ihrer Geschäftigkeit, mit der nichts geschafft wird, oder mit ihrer leeren Träumerei tauchen sie fortwährend um eine Ecke herum auf und verschwinden sogleich hinter einer anderen und haben dabei immer etwas wie Schauspieler, die rechts und links von der Szene nichts sind, das Spiel geht nur dort vor und ist ohne Ursache in der

Realität des Nachher«, schrieb der Kunsthistoriker Georg Simmel 1922. Im 18. Jahrhundert mußte Venedig, mit der Diagnose des Verfalls und der politischen Bedeutungslosigkeit behaftet, ständig Gegenbilder entwerfen, die Kontinuität und Glanz beschworen. Die Inszenierung des Unsterblichen war allgegenwärtig und gipfelte in den verschwenderischen Festen, die auch damals schon Reisende aus aller Welt anzogen: Regatten auf dem Canal Grande, Stierrennen und Menschenpyramiden auf den Plätzen, die Illuminierung des Kircheninneren von San Marco, verschwenderische Feuerwerke und der Karneval mit seinen Masken. Sie bestimmten den Rhythmus des Jahres, und die Grenzen zwischen Schein und Wirklichkeit, zwischen Tag und Nacht verwischten. Die sexuelle Freizügigkeit war ein selbstverständliches Element in dieser bizarren und faszinierenden Welt.

79 Venedig hat seine Vormachtstellung in Europa zwar zu Casanovas Lebzeiten verloren und die einstige Pracht schwindet, dennoch ist die Stadt Ziel vieler Reisenden. Für Casanova selbst ist seine Geburtsstadt Dreh- und Angelpunkt seines Lebens – er flieht sie, kehrt aber auch immer wieder zurück. **Gemälde von Canaletto: Der Canal Grande.**

Casanova war der festen Überzeugung, daß der Mensch von drei Trieben beherrscht werde: vom Hunger, von der Sexualität und vom Haß. Nur die Begabung zur Lust unterscheide ihn vom Tier. »Einzig der Mensch ist wirklicher Lust fähig, denn er ist mit dem Vermögen des Denkens begabt; er erwartet die Lust, er sucht sie, er verschafft sie sich und erinnert sich ihrer, wenn er sie genossen hat. Wie liegen also die Dinge? Der Mensch liegt auf der gleichen Stufe wie die Tiere, wenn er sich den drei Trieben überläßt, ohne sein Denken dabei zu beteiligen. Wenn unser Geist das seine dazu beiträgt, werden diese drei Befriedigungen zur Lust, zur Lust, und noch einmal zur Lust; das ist eine unerklärliche Empfindung, die uns das sogenannte Glück genießen läßt, das wir auch nicht erklären, sondern nur fühlen können.« Die Lust also ganz im Vordergrund des Geschehens, Sexualität und ihre Befriedigung als natürliches und selbstverständliches Grundbedürfnis. Man wußte sich also über die engen

Grenzen der Ehe, die selten mehr als ein reines Zweckbündnis war, hinwegzusetzen. Doch die Unbefangenheit erotischer Beziehungen bleibt nichtsdestotrotz bemerkenswert.

LAUFBAHN ALS LIBERTIN

Casanova ließ sich als Sechzehnjähriger von zwei Schwestern einer vornehmen venezianischen Familie in die Freuden der Erotik einführen und scheute sich nicht, das Gelernte in seinen Memoiren in eine allgemeine Philosophie umzuwandeln: »Während meiner langen Laufbahn als Libertin hat mich mein unüberwindlicher Hang zum schönen Geschlecht alle Mittel der Verführung anwenden lassen und ich habe einigen hundert Frauen, deren Reize mein Interesse geweckt hatten, den Kopf verdreht; aber den besten Erfolg hatte ich stets, wenn ich Novizinnen, deren moralische Prinzipien und Vorurteile der Eroberung im Wege standen, vorsorglich nur in Gesellschaft einer zweiten Frau angriff. Ich wußte schon früh, daß sich ein junges Mädchen einfach aus Mangel an Mut schwer verführen läßt, während es sich in Gegenwart einer Freundin verhältnismäßig leichter ergibt; die Schwächen der einen führen zum Fall der anderen. Freilich bedarf es einer doppelten Anstrengung, aber man wird für seine Mühe reichlich entschädigt. Väter und Mütter sind oft anderer Meinung, aber zu Unrecht. Sie weigern sich meist, ihre Tochter für einen Ball oder einen Spaziergang einem jungen Mann anzuvertrauen, erlauben es aber, wenn das junge Ding von einer Freundin begleitet ist. Ich wiederhole ihnen, sie haben unrecht, denn wenn der junge Mann sich danach zu richten weiß, ist ihre Tochter verloren. Eine falsche Scham hindert die eine wie die andere, der Verführung energischen Widerstand entgegenzusetzen; ist dann der erste Schritt einmal getan, ist der Fall unausbleiblich und rasch. Wenn eine Freundin sich, um nicht erröten zu müssen, eine ganz unbedeutende Gunst rauben läßt, wird sie die erste sein, die andere zu einer anzuspornen; und wenn der Verführer geschickt ist, hat sich die Unschuldige ahnungslos bereits zu weit vorgewagt, um noch zurückweichen zu können. Außerdem, je unschuldiger eine junge Person ist, um so weniger weiß sie von den Wegen und dem Ziel der Verführung. In ihrer Unkenntnis verfällt sie dem Reiz des Vergnügens; Neugier mischt sich ein und die Gelegenheit tut ein übriges.«

Die Venezianer, ganz gleich, ob sie Handwerker, Patrizier, Politiker oder Bischöfe waren, hatten sich ganz der Jagd nach dem Vergnügen verschrieben – und das nicht nur während des fast sechs Monate dauernden Karnevals. Es gab 14 Theater; Prostituierte wurden vom Staat unterstützt und erfreuten sich gesellschaftlichen Ansehens. Das Glücksspiel nahm solche Ausmaße an, daß 1774 der Ridotto, die venezianische Spielhölle, geschlossen werden mußte.

Im Jahr 1797, als die Truppen Napoleons die Stadt Venedig besetzen, beginnt Casanova auf Schloß Dux, die »Histoire de ma vie« noch einmal zu überarbeiten. Die alte Republik Venedig hat der heraufziehenden Epoche der Nationalstaaten nichts entgegenzusetzen, und Casanova streut sarkastische Bemerkungen zu ihrem ruhmlosen Ende in sein Werk ein. Doch ansonsten gibt es in den zwölf Bänden kaum Gedanken zum politisch-historischen Geschehen der Zeit. Die Geschichte der Staaten und Kriege geht allenfalls als Hintergrund in sie ein. Die Abenteuer des Helden stehen im Vordergrund, nicht die Geschicke der Staaten und auch nicht die sozialen Zustände. Von den normalen Bürgern, von Handwerkern und Armen ist nur dann die Rede, wenn er ihre Dienste in Anspruch nimmt oder sie ihm auf irgendeine Art und Weise in die Quere kommen. Seine Welt sind die Palazzi der Aristokraten, deren Kaste in jener Zeit etwa 3500 Mitglieder zählt. Und das, obwohl Casanova eigentlich keiner von ihnen war.

»Meine Eltern sprachen nie ein Wort mit mir«

Beide Eltern Casanovas waren Schauspieler: Gaetano Giuseppe Casanova und Zanetta, Tochter eines Schuhmachers. 13 Monate nach der Hochzeit, am 2. April 1725, wurde Giacomo geboren. Zanetta zog bald darauf mit ihrem Mann nach London, da dort ein Engagement auf sie

80 Von zwei Schwestern – Nanetta und Martina – wird Casanova in die Liebe eingeführt. Das Glück der geteilten Lust birgt einen erotischen Reiz, den Casanova noch oft in seinem Leben genießen sollte ... Lithographie zu Casanovas Memoiren.

wartete. Giacomo wurde in die Obhut seiner Großmutter Marzia gegeben. 1727 wurde in London der Bruder Francesco geboren, der aus einer Liaison Zanettas mit dem Prinzen von Wales entstanden sein soll. Kurz nach der Rückkehr nach Venedig kam 1730 der Bruder Giovanni zur Welt. Wegen des unruhigen Künstlerlebens der Eltern blieb Giacomo Casanova die meiste Zeit in der Obhut seiner Großmutter, die sich aufopfernd um ihn kümmerte. Von seinen Eltern fühlte er sich vernachlässigt und abgelehnt: »Meine Eltern sprachen niemals ein Wort mit mir.« Eine Kindheitserinnerung, die ihn für immer prägen sollte, beschreibt er in seinen Memoiren: »Kommen wir nun zum Beginn meiner Existenz als denkendes Wesen. In den ersten Augusttagen des Jahres 1733 setzte mein Erinnerungsvermögen ein. Ich war also acht Jahre und vier Monate alt. Ich erinnere mich an nichts, was mit mir vorher geschehen sein mag. Hier nun die Geschichte selbst.

Ich stand in der Ecke eines Zimmers, zur Wand gebeugt, stützte meinen Kopf und starrte auf das Blut, das mir reichlich aus der Nase floß und auf den Boden tropfte. Marzia, meine Großmutter, deren Liebling ich war, kam mir zu Hilfe, wusch mir das Gesicht mit kühlem Wasser, ließ mich, ohne daß jemand davon wußte, in eine Gondel steigen und brachte mich nach Murano, einer dichtbesiedelten Insel, etwa eine halbe Stunde von Venedig entfernt.

Nach Verlassen der Gondel gingen wir in eine elende Hütte: Dort saß eine alte Frau auf einem zerlumpten Bett und hielt eine schwarze Katze auf dem Arm, während weitere fünf oder sechs Katzen um sie herumschlichen. Sie war eine Hexe. Die beiden alten Frauen führten miteinander ein langes Gespräch, in dem es wohl um mich ging. Nach dieser Unterredung in friaulischer Sprache erhielt die Hexe von meiner Großmutter einen Silberdukaten; dann öffnete sie eine Truhe, hob mich auf, setzte mich hinein und schloß sie mit den Worten, ich solle keine Angst haben. Gerade damit hätte sie mir Furcht eingejagt, wenn ich etwas klarer im Kopf gewesen wäre; aber ich war ganz benommen. Ich verhielt mich ruhig und drückte mein Schnupftuch an die Nase, weil ich blutete, ganz unberührt von dem Lärm, den ich von draußen wahrnahm. Ich hörte abwechselnd Lachen und Weinen, dann Schreien, Singen und Schläge auf die Truhe. Mir war das alles gleichgültig. Endlich holte man mich heraus; das Bluten hörte auf. Da überhäufte mich das sonderbare Weib mit tausend Zärtlichkeiten, kleidete mich aus, legte mich auf das Bett, verbrannte allerlei Räucherwerk, fing den Rauch in einem Tuch auf, wickelte mich darin ein, murmelte einige Zaubersprüche, wickelte mich dann wieder aus und gab mir fünf sehr wohlschmeckende Stücke Konfekt. Gleich darauf rieb sie mir die Schläfen und den Nacken mit einer Salbe ein, die einen köstlichen Duft ausströmte, und zog mich wieder an. Sie sagte mir, das Bluten werde von nun an immer schwächer auftreten, vorausgesetzt, daß ich keinem Menschen erzählte, was sie zu meiner Heilung getan habe; sie drohte mir andererseits, ich würde mein ganzes Blut verlieren und sterben, falls ich es wagte, irgendwem ihre Geheimnisse zu verraten. Nachdem sie mir das eingeschärft hatte, kündigte sie mir für die kommende Nacht den Besuch einer lieblichen Dame an, von der mein künftiges Glück abhinge, wenn ich die Kraft aufbrächte, niemandem von diesem Besuch etwas zu erzählen. Dann brachen wir auf und kehrten nach Hause zurück. Kaum lag ich im Bett, schlief ich schon ein, ohne überhaupt noch an den schönen Besuch zu denken, den ich erhalten sollte; aber als ich einige Stunden später aufwachte, sah ich, oder glaubte zu sehen, wie eine wunderschöne Frau, in weitem Reifrock und in prächtige Stoffe gehüllt, vom Kamin herabstieg. Auf dem Haupt trug sie eine mit Edelsteinen übersäte Krone, aus denen Funken zu sprühen schienen. Langsam und majestätisch trat sie mit holder Miene näher und setzte sich auf mein Bett. Sie zog einige kleine Kästchen aus einer Tasche, leerte sie über meinem Kopf aus und murmelte dazu Sprüche. Dann hielt sie mir noch eine lange Rede, von der ich nichts verstand, küßte mich und verschwand, wie sie gekommen war. Ich schlief wieder ein.«

Eine andere aufschlußreiche Begebenheit aus Casanovas Kindheit muß erwähnt werden: Der Vater, der auch als Theaterregisseur tätig war, beschäftigte sich mit Beleuchtungstechniken und optischen Geräten (der Sohn hatte das Interesse an der Technik offensichtlich von ihm geerbt). Eines Tages schliff der Vater einen großen Kristall, der Giacomo ungemein faszinierte. Er steckte ihn in die Tasche. Als der Vater den Kristall suchte und die Kinder bat, ihm zu sagen, wer ihn genommen habe, ließ Giacomo den Stein heimlich in die Hosentasche seines Bruders Francesco gleiten. Dort fand der Vater ihn, und Francesco bekam eine gehörige Tracht Prügel. Reue hat Casanova dafür nie empfunden; dieses Gefühl blieb ihm zeitlebens unbekannt. Welche Folgen auch immer seine Handlungen und Streiche hatten – es war ihm egal. Der Philosoph und Casanova-Forscher Thomas Schäfer bewertet das so: »Diese mangelnde Fähigkeit eines tieferen Fühlens, die manchmal auch mit einem Schuß von Zynismus einher kam, läßt sich aus psychologischer Sicht nur mit dem verdrängten Schmerz des allein gelassenen Kindes erklären und dem unbewußten Lebensmotto: Lieber fühle ich nur oberflächlich, als daß ich mich auf eine tiefe Empfindung einlasse. Tief zu empfinden hätte für Casanova bedeutet, in Kontakt mit diesem frühesten Schmerz zu kommen.« Vielleicht hat in der Tat der spätere unstillbare Appetit auf immer neue Frauen nicht nur mit dem sexuellen Trieb Casanovas zu tun. Er könnte auch als verweigerte tiefe Bindung an einen Menschen interpretiert werden. Dies wiederum entspricht auf einer anderen Ebene dem frühen Trennungsschmerz des Kindes vor allem in bezug auf die Mutter. Mit jeder neuen Frau sollte Casanova später dieses Mutter-Erlebnis wiederholen. Ob solche psychologisierenden Interpretationen – oder besser Spekulationen – eine reale Grundlage haben, sei dahingestellt. Viel spannender ist es, das Phänomen Casanova, das nur in seiner Epoche denkbar war, genauer zu betrachten.

Reisen, Reisen

Ähnlich wie er in seiner Familie nie Geborgenheit fand, konnte Casanova auch zu Venedig nur eine Art Haßliebe empfinden. Und auf ihr gründet sich – wenigstens zum Teil – das »Prinzip seines Lebens«, wie er es selbst nennt, »daß ich nie auf ein bestimmtes Ziel zusteuerte und deshalb nur dem System folgte – wenn es überhaupt eines ist –, mich dahin treiben zu lassen, wohin der Wind blies«. Meist aber war das Reisen für ihn eine zwingende Notwendigkeit, nämlich immer dann, wenn er einen Ort verlassen mußte, weil man einer seiner Betrügereien auf die Schliche gekommen war oder weil er enorme Schulden gemacht hatte. Bisweilen trieb ihn auch einfach die Enttäuschung weiter. Anstellungen, die er bei dem einen oder anderen Fürsten gefunden hatte, entsprachen dann doch nicht seinen Vorstellungen; er fühlte sich mißverstanden und sah seine Fähigkeiten nicht anerkannt. Der Casanova-Forscher Pablo Günther hat errechnet, daß Casanova im Laufe seines Lebens 41820 Kilometer gereist ist – zu 70 Prozent im eigenen Wagen, im Privatwagen von Freunden oder im Mietwagen. Das Reisen im Sattel, also mit eigenen oder Postpferden, wie es Michel Montaigne in seinem Reisetagebuch aus dem Jahre 1580/1581 beschrieben hat, kam für wohlhabende Bürger oder Adlige kaum noch in Frage. Nur ein einziges Mal ist Casanova zu Pferd gereist: über eine Strecke von nicht mehr als 70 Kilometern, weil er seinen Reisewagen einer Freundin überlassen hatte. Die Liste der Reisen ist beachtlich. Bis zum 21. Lebensjahr beschränken sie sich fast noch ausschließlich auf Italien, dann aber beginnt eine wahre Odyssee, auf die ein genauerer Blick lohnt:

1749	Venedig – Mailand – Mantua – Cesena – Parma – Genf – Parma – Venedig
1750	Venedig – Lyon – Paris
1752/1753	Paris – Dresden – Prag – Wien – Venedig
1756	Venedig – München – Straßburg – Paris
1757	Paris – Dünkirchen – Paris
1758	Paris – Amsterdam – Paris
1760	Paris – Amsterdam – Köln – Stuttgart – Zürich – Solothurn – Roche – Genf – Marseille – Pisa – Neapel – Rom
1761	Rom – Bologna – Turin – Paris – Augsburg – München – Basel – Paris
1762	Paris – Metz – Paris – Aachen – Sulzbach – Genf – Lyon – Turin
1763	Turin – Genf – Mailand – Genua – Marseille – Lyon
1763	Lyon – Paris – Calais – London
1764	London – Wesel – Wolfenbüttel – Berlin – Mitau – St. Petersburg – Moskau – St. Petersburg
1765	St. Petersburg – Warschau – Crystinopol – Warschau
1766	Warschau – Leipzig – Dresden – Prag – Wien
1767	Wien – Augsburg – Ludwigsburg – Spa – Paris – Pamplona – Madrid
1768	Madrid – Zaragoza – Valencia – Barcelona – Aix-en-Provence

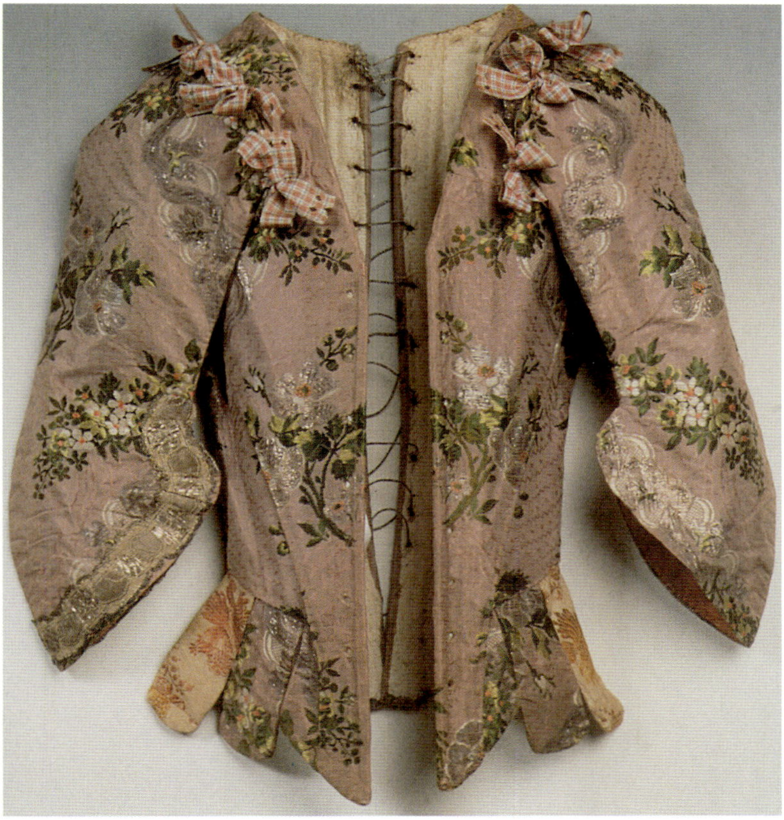

81 Die ganze Pracht des Rokoko läßt sich an der Kleidung der Wohlhabenden erkennen: Stickereien auf Seide und üppige Schleifen. Für ein langes erotisches Vorspiel des Auskleidens sorgten die unzähligen Häkchen, Ösen und Schnüre. Auch Casanova trug solche prunkvollen Gewänder.

Abgesehen von den Unannehmlichkeiten, die das Reisen in der damaligen Zeit mit sich brachte, benötigte man auch viel Zeit. Schneller als sechs bis sieben Kilometer in der Stunde kam kaum jemand voran. Reiste Casanova in einer Privatkutsche, war er meist zwölf Stunden am Tag unterwegs. In Frankreich, England, Italien und den Niederlanden gab es schon »Chausseen«, in allen anderen Ländern Europas wurde erst vom Ende des 18. Jahrhunderts an mit dem Straßenbau begonnen. Besonders schwierig gestaltete sich die Reise über die Alpen. Abgesehen vom Semmering und dem Brenner traf Casanova nur Saumpfade auf den Pässen an. Wohlhabende Reisende ließen sich, auf Tragstühlen sitzend, von Männern hinübertragen oder ritten auf Pferden oder Maultieren. Post- oder Frachtwagen mußten zurückgelassen werden. Private Kutschen wurden zerlegt und über den Paß transportiert. Sechsmal überquerte Casanova auf diese Weise die Alpen.

Seine ersten Auslandsreisen hatten ihn nach Konstantinopel und Korfu geführt. 1750 reiste er zum ersten Mal nach Paris und begann mit großem Interesse, die französische Welt zu erforschen. Er war begeistert von den guten Verkehrswegen, dem vorzüglichen Essen und der Sauberkeit des Landes. Ziemlich schnell gelang es ihm, in die Kreise der höheren Gesellschaftsschichten vorzudringen. Bei der Schauspielerin Silvia Balletti, mit deren Sohn er nach Paris gereist war, traf er den berühmten Schriftsteller und Sprachlehrer Claude Prosper Jolyot de Crébillon, mit dessen Hilfe er sein Französisch perfektionierte – ein Jahr lang nahm er jede Woche drei Unterrichtsstunden bei ihm. Der Lehrer nahm dafür kein Geld, sondern wollte am liebsten »selbst ein Honorar für die Stunden« entrichten, denn einen Schüler wie Casanova habe er »50 Jahre lang gesucht«. Dieser war nicht nur äußerst wißbegierig, was Sprache und Kultur anging. Er lernte auch, Menuett zu tanzen, und übersetzte zum Dank Theaterstücke Crébillons ins Italienische. Dieser intensiven Auseinandersetzung mit der Sprache ist es auch zu verdanken, daß Casanova seine Memoiren auf Französisch verfaßte.

In bester Gesellschaft

Silvia Balletti, seinerzeit ein glamouröser Bühnenstar, hatte ihn in die Welt des Theaters und der Literatur ihres Landes eingeführt. Seine Begeisterung für Frankreich drückte er in der »Histoire de ma vie« mehrfach aus: »Besonders gefiel mir die Schönheit der großen Landstraßen, ein unsterbliches Werk Ludwigs XV., die Sauberkeit der Gasthöfe, die gute Küche und die Schnelligkeit, mit der man bedient wurde, die ausgezeichneten Betten, das bescheidene Auftreten der Personen, die bei Tisch bedienten; meistens war es die anmutigste Tochter des Hauses, deren Haltung, Sauberkeit und Benehmen es jedem unmöglich machte, sich irgendwelche Freiheiten zu erlauben. Wer von uns in Italien sieht schon gern die Hausknechte unserer Gasthöfe, ihre unverschämten

Gesichter und ihre Frechheit? Damals wußte man in Frankreich noch nicht, was es heißt, jemanden übers Ohr zu hauen; Frankreich war die Heimat der Ausländer. Ist es heute noch die Heimat der Franzosen? Damals gab es gewiß oft eine widerwärtige Tyrannei, die in den Lettres de cachet ihren Ausdruck fand; es war die Despotie eines Königs. Nun wird man sehen, was der Despotismus eines stets unbändigen, heißblütigen und unbezähmbaren Volkes bedeutet, das sich zusammenrottet, Leute aufhängt, Köpfe abhackt und alle umbringt, die aus der Masse hervorragen und ihre Meinung zu sagen wagen.«

Die Dekadenz der führenden Schicht des Ancien Régime, der alten absolutistischen Herrschaft, am Vorabend der Französischen Revolution nahm Casanova offenbar kaum wahr, weil er mit und von ihr lebte. Er hatte sich inzwischen den französischen Namen Chevalier de Seingalt zugelegt, der ihm den Umgang mit der Pariser Gesellschaft erleichterte. Diese verlor allerdings immer mehr den Zusammenhalt. König Ludwig XV. dämmerte auf seinen diversen Wohnsitzen gelangweilt und immer wieder von Depressionen heimgesucht vor sich hin. Außer der Jagd und der »Chronique scandaleuse«, dem Klatsch und Tratsch der Zeit, hatte er keine wirklichen Interessen, Wissenschaft und Kunst waren ihm gleichgültig. Er zog sich gern zurück, übte sich im Kaffeekochen und Sticken – zeitweise soll er an vier nebeneinander aufgebauten Stickrahmen gleichzeitig gearbeitet haben. Der Rückzug ins Private ist eine Reaktion auf den Verlust an Einfluß im öffentlichen Bereich, den der Adel freilich noch nicht wahrhaben wollte. Das Privatleben wird mehr und mehr zum Sujet. Bouchers Nackte im Boudoir, Guérins lesende Damen, Lancrets Schlittschuhläufer – alles Darstellungen privater Idyllen, die, außer wenn junge Mädchen das Motiv waren, Casanova gelangweilt haben dürften. Er hatte in keiner Weise die Absicht, sich diesem Wandel der Epoche anzupassen. Dazu liebte er das Abenteuer viel zu sehr.

In Paris besuchte er gern das Hôtel du Roule, ein Edelbordell. »In den zwei Monaten, die ich hier war, hatte ich es noch nie gesehen und war schon sehr neugierig darauf. Die Leiterin, die das Haus gemietet und

82 Äußerst kostspielig war ein Austernmahl im 18. Jahrhundert. Doch verschwenderisches Schwelgen in sinnlichen Genüssen gilt dem Feinschmecker Casanova als Lebenselixier und Ausgangspunkt für weitere Freuden … Spielszene.

sehr gut eingerichtet hatte, unterhielt dort zwölf oder vierzehn ausgesuchte Mädchen. Sie hatte einen guten Koch, gute Weine, ausgezeichnete Betten und hieß jeden willkommen, der zu Besuch kam. Sie nannte sich Madame Paris und war lieb Kind bei der Polizei … Man zahlte sechs Francs für ein Mittagessen mit einem Mädchen, zwölf Francs für ein Abendessen und ein Louis für ein Souper mit Übernachtung. Es war ein wohlgeordnetes Haus, von dem man nur mit Bewunderung sprach.«

Aber er bewegte sich ebenso in der besseren Gesellschaft, traf Minister, Kardinäle und – bei einer Theatervorstellung – auch Madame Pompadour, die er sehr bewunderte. Doch auch von weniger angenehmen Begegnungen ist in den Memoiren die Rede: »Ich hielt mich für verpflichtet, dem Fürsten [von Monaco] im Palais Matignon in der Rue de Varenne eine Aufwartung zu machen. ›Ich freue mich, daß Sie gekommen sind‹, sagte er eines Morgens, ›denn ich habe der Herzogin von Ruffec versprochen, Sie zu ihr zu bringen; wir fahren gleich hin.‹

Also noch eine Herzogin. Mehr begehrte ich nicht. Wir stiegen in einen neumodischen Wagen, den man Diable nannte, und um elf Uhr vormittags waren wir bei der Herzogin. Ich erblickte eine Frau von sechzig Jahren, mit einem Gesicht voll Rouge, mit blaurotem Teint, mager, häßlich und verwelkt; sie saß in anstößiger Haltung auf einem Sofa und rief bei meinem Anblick aus: ›Ah, was für ein hübsches Bürschchen! Fürst, du bist ein Schatz. Komm, setz dich her, mein junger Freund.‹ Völlig verdutzt gehorchte ich und fühlte mich gleich durch einen unausstehlichen Moschusgestank abgestoßen. Mein Blick fiel auf einen abscheulichen Busen, den das Scheusal zur Gänze zeigte; Schönheitspflaster verdeckten die zahlreichen Pickel. Wo war ich hingeraten. Der Fürst empfahl sich und sagte, er werde mir seinen Wagen in einer halben Stunde schicken, und er erwarte mich bei Coralina. Kaum war der Prinz fort, überfiel mich dieser Drache mit zwei geifernden Lippen, die sich mir zu einem Kusse boten, den ich vielleicht hätte hinunterschlucken müssen; aber im gleichen Augenblick faßte sie mit ihrer knochigen Hand dorthin, wonach ihre schändliche Seele in höllischer Tollheit gierte und sagte: ›Laß mich sehen, hast du einen schönen ...?‹ ›Mein Gott! Aber Madame!‹ ›Was, du willst nicht? Sei doch nicht kindisch!‹ ›Doch, Madame, weil ...‹ ›Was denn?‹ ›Ich habe, ich kann nicht, ich wage nicht ...‹ ›Was hast du?‹ ›Ich habe den Tr...‹ ›Oh, du elendes Schwein!‹ Wütend erhob sie sich und ich mich auch; ich machte, daß ich schnellstens zur Tür hinaus und aus dem Hause kam, aus Angst, der Türhüter könnte mich noch aufhalten.«

83 (Vorhergehende Seite) Der Marquise de Pompadour begegnet Casanova zweimal in acht Jahren. Sie, die sich sehr für Kunst und Wissenschaft einsetzt, hält in Paris ihre schützende Hand über den Abenteurer und empfiehlt ihn weiter. Gemälde von François Boucher.

Die Idee der in diesem Fall vermutlich nur vorgeschobenen Gonorrhöe war aber nicht ganz abwegig. Insgesamt zwölfmal wurde Casanova im Laufe seines Lebens von einer Geschlechtskrankheit befallen – Gonorrhöe und Syphilis in schönem Wechsel. Damals waren diese Krankheiten nur schwer zu behandeln, und so ist es erstaunlich, daß Casanova ein für die damalige Zeit sehr hohes Alter erreicht hat. Natürlich hat er auch – ohne Skrupel – viele Frauen infiziert. Dagegen achtete er peinlich darauf, sie nicht zu schwängern. Als vielleicht einziger Autor seiner Epoche machte er sich Gedanken über Empfängnisverhütung. Die meisten seiner Zeitgenossen waren eher stolz darauf, ihre Eroberungen geschwängert zurückzulassen – das verstärkte ihr Triumphgefühl noch. Casanova dagegen hatte immer die *capote anglaise* im Reisegepäck, wie das Kondom damals schon genannt wurde. Hatte er es einmal vergessen, wurde die Zofe der jeweiligen Geliebten geschickt, um das traurige Futteral zu besorgen, wie Casanova es an einer Stelle nennt. »Die Zofe kehrt mit dem Päckchen zurück. Ich stelle mich entsprechend hin und verlange, sie solle mir einen gut passenden aussuchen; schmollend beginnt sie zu prüfen und zu messen.« Kondome wurden damals aus Tierdärmen hergestellt und waren mit einem rosa Band versehen, das vor Benutzung zugebunden werden mußte.

Ein Freund der Frauen

Als Freund der Frauen wird Casanova von der Psychoanalytikerin Lydia Flem beschrieben: »Casanova verliebt sich in eine Frau nach der anderen, doch er führt nicht Buch. Er empfindet Liebe für die Frau, die er begehrt, und bleibt ihr verbunden. Er genießt die Schönheit ihres Körpers, vorausgesetzt nur, sie geht einher mit scharfsinnigem Esprit und ausgesuchter Konversation. Vergnügen gibt und nimmt er gleichermaßen. Wenn es zwischen einem Mann und einer Frau um Liebe geht, kann der Betrug nur wechselseitig sein. Jeder verliert sich und gewinnt zugleich. Das Vergnügen des Augenblicks ist immer unschuldig. Womit sonst sollte man seine Lust bezahlen, wenn nicht mit seiner eigenen Person?

Casanova ist unbeständig und freiheitsliebend, hat aber die Eleganz, nach einem Bruch für eine glückliche Zukunft seiner Mätressen zu sorgen – Heirat, Mitgift, Engagement am Theater ... Das Ende der Liebschaft und der Begegnung stürzt ihn, wenn er sie nicht unverzüglich negiert und durch ein neues Abenteuer aufhebt, in tiefsten Schmerz und in Trauer.«

Die Grundlinien für Casanovas Liebesleber sind vielleicht in seiner ersten sexuellen Erfahrung entworfen worden – einer zärtlichen Liebes-

84 Bei einem kurzen, aber stürmischen Aufenthalt in Ancona wird Casanova von der nur leicht bekleideten Cecilia auf seinem Zimmer besucht. Das Mädchen ist erst zwölf, aber Casanova sagt nicht nein zu ihren Avancen. **Lithographie zu Casanovas Memoiren.**

nacht mit den Schwestern Nanetta und Martina. Wenig später traf er eine Frau, die 26 Jahre lang einen wichtigen Platz in seinem Leben einnehmen sollte: Lucrezia Castelli, Gattin eines neapolitanischen Advokaten. Auch sie teilte das Bett mit Casanova und ihrer Schwester. 17 Jahre später präsentiert sie ihm die Tochter aus der einstigen Verbindung. Die Mutter findet nichts Anstößiges daran, mit ihr und Casanova gemeinsam ins Bett zu gehen. Das relativ häufige Vorkommen von Inzest und allgemein die Bedenkenlosigkeit sexueller Kontakte im 18. Jahrhundert könnten darauf schließen lassen, daß in dieser Epoche der Beischlaf kaum mehr war als eine körperliche Funktion, die befriedigt werden mußte wie Hunger oder Durst. Der Zauber kam erst mit der Verfeinerung, die Casanova wie wohl nur wenige seiner Zeitgenossen beherrschte.

Das stellte er auch in der Beziehung mit einer jungen Französin namens Henriette unter Beweis, die er 1749 im italienischen Cesena kennengelernt hatte. Sie reiste damals in Begleitung eines ungarischen Offiziers und war selbst gekleidet wie ein junger Soldat – ein damals beliebtes Verwirrspiel. Die Maskerade übte noch einen zusätzlichen Reiz auf Casanova aus, und er verliebte sich sofort. Der Ungar war bereit, ihm Henriette zu überlassen, weil er sich ohnehin nicht mit ihr unterhalten konnte – er war des Französischen nicht mächtig. Mit Casanova sprach er Latein – auch eine damals durchaus übliche Gepflogenheit. Casanova reiste mit Henriette nach Parma und von dort weiter nach Genf, wo sich die beiden trennen mußten, weil Henriette, die in Aix-en-Provence verheiratet war, von der Familie ihres Ehemannes gezwungen wurde zurückzukehren. Vor dem Abschied ritzte sie unbemerkt in die Fensterscheibe ihres Hotelzimmers: »Tu oublieras aussi Henriette« – »Du wirst auch Henriette vergessen«. Da täuschte sie sich allerdings, denn keine Frau hat Casanova jemals so gefesselt. »Nein, ich habe sie nicht vergessen, ihr Andenken ist ein wahrer Balsam für mein Herz ... Wer glaubt, eine Frau genüge nicht, um einen Mann alle vierundzwanzig Stunden des Tages glücklich zu machen, hat keine Henriette gekannt«, schreibt er später. Noch einmal wird er sie wiedersehen, allerdings ohne es zu wissen. Auf dem Weg nach Lyon landet er nach einem Kutschenunfall in der Nähe von Aix-en-Provence mit seiner damaligen Begleiterin Marcolina in einem nahe gelegenen Schlößchen und wird dort gesund gepflegt. Eine der Gastgeberinnen verbirgt, wenn sie sich überhaupt blicken läßt, ihr Gesicht – es ist Henriette, die ihren ehemaligen Liebhaber erkannt hat. Obwohl inzwischen verwitwet, will sie wohl beiden Seiten eine Enttäuschung oder Verwicklungen ersparen. Erst später erfährt Casanova, daß er in ihrer unmittelbaren Nähe war. Marcolina hatte einen Brief für ihn mitbekommen, adressiert an »den ehrenwertesten Mann, den ich kenne«. Der Brief enthielt nur ein Wort: »Henriette«. Ohnehin ist der Chevalier de Seingalt für Lydia Flem

85 Im Alter von 63 Jahren, zehn Jahre vor seinem Tod, schreibt Casanova eine Reihe philosophischer Dialoge und unternimmt Reisen. Ein Jahr später wird er mit der Niederschrift seiner Memoiren beginnen. Kupferstich von Johann Berka.

ein von der Nachwelt Mißverstandener: »Man hielt ihn für einen Don Juan der Salons und einen Taugenichts und entdeckt nun einen Mann der Aufklärung und Freund der Frauen, der ihnen allzeit zur Verfügung steht, ein Liebhaber ohne Folgen.«

Keine Affäre Casanovas hat vermutlich soviel Aufsehen erregt wie seine Beziehung zu den beiden Nonnen C.C. und M.M. Letztere war die Geliebte seines Freundes de Bernis, des französischen Botschafters in Venedig, der später Kardinal und Außenminister wurde. In dessen Lusthaus, dem Casino, verbrachte Casanova einige Liebesnächte mit den beiden, aus einem angrenzenden Kabinett beobachtet von de Bernis, einem mehr oder weniger impotenten Voyeur, der sich die Gunst der M.M. nur sichern konnte, indem er ihr ab und zu hübsche und gut gebaute Liebhaber gestattete. Casanova, bei der ersten Begegnung noch ahnungslos, genießt die Situation: »Wir waren alle drei trunken von Wollust und aufgeschobener Begierde, durch die andauernde Erregung in einem solchen Taumel, daß wir uns auf alles stürzten, was die Natur uns an Sichtbarem und Tastbarem gegeben hatte. Wir verschlangen begierig alles, was wir sahen, und waren in allen Trios, die wir ausführten, vom selben Geschlecht.«

In der Falle, auf der Flucht

Der enge Kontakt zu de Bernis führte übrigens kurze Zeit später dazu, daß sich über Casanova ein Gewitter zusammenbraute. Es war den Bürgern der Stadt Venedig verboten, Kontakt mit ausländischen Diplomaten zu haben. Weil Casanova sich öfter mit dem französischen Gesandten sehen ließ, beauftragten die venezianischen Inquisitoren einen ihrer Spione, D. B. Manuzzi, ihn zu beobachten und ihnen über sein Verhalten zu berichten. In einem anonymen Brief war Casanova gewarnt worden, aber er scherte sich nicht darum. Er ging Manuzzi auf den Leim, als dieser anbot, ihm auf Kredit Diamanten zu verschaffen. Casanova lud ihn in seine Wohnung ein, um alle Details des Handels abzusprechen. Der Spitzel entdeckte dabei im Regal mehrere Bücher und Handschriften, die von Alchemie und magischen Kräften handelten. Manuzzi behauptete, er könne die Bücher teuer an einen Interessierten verkaufen. Nichtsahnend gab ihm Casanova, der sich ständig in Geldnöten befand, die Bücher mit. Sie landeten unverzüglich bei den Inquisitoren. Ohnehin war bereits Anzeige gegen Casanova erstattet worden. Eine Madame Memmo hatte sich bei den Behörden darüber beschwert, daß Casanova ihre drei Söhne zum Atheismus verführe. Da kam die Entdeckung seiner magischen Bücher wie gerufen. Außerdem wurde ihm zur Last gelegt, den verbotenen Freimaurern anzugehören. Offenbar hatte er Manuzzi in einem seiner nicht seltenen Anfälle von Leichtsinn selbst davon erzählt. Der Spitzel notierte: »Er ließ mich ein weißes Fell sehen, um sich damit die Hüften bedecken zu können. Er brauche es, wenn er an einen gewissen Ort ginge, wo man auch Dolche und ein schwarzes Gewand verwende. Ich erinnere mich, daß derselbe Casanova mir einige Tage zuvor von der Sekte der Maurer erzählt hatte, indem er mir von den Ehren und Vorteilen berichtete, die man hat, wenn man zu der Zahl der Brüder gehört. Als er bei der Loge eingeführt wurde, hatte er sich mit verbundenen Augen hinführen lassen.«

Schließlich wurde Casanova verhaftet; man beschlagnahmte seine gesamten Papiere und brachte ihn in die Bleikammern, das berüchtigte Gefängnis der Inquisition. Er befand sich nun in einem der sichersten Kerker der Welt, aus dem noch nie zuvor jemand ausgebrochen war. Von Anfang an war er aber zur Flucht entschlossen. Täglich durfte er sich eine halbe Stunde auf dem Dachboden bewegen, und bei dieser Gelegenheit entdeckte er eine daumendicke Eisenstange, die er unter seinem Hemd verbarg. Mit Hilfe eines Marmorbrockens, den er als Wetzstein benutzte, spitzte er in wochenlanger Arbeit die Stange zu einem Spieß zu. Damit bohrte er ein Loch in die Decke seiner Zelle. Kurz vor der Vollendung wurde er in eine andere Zelle verlegt. Die Prozedur mußte wiederholt werden. Es gelang Casanova aber, die Eisenstange in die benachbarte Zelle des Mönches Balbi zu schmuggeln. Der bohrte ein neues Loch, durch das schließlich beide fliehen konnten. Nach langen Bemühungen konnten sie aus dem Dachboden eine Bleiplatte lösen,

86 Die Zelle in den Bleikammern ist nur 1,80 Meter hoch, so daß Casanova, der sie um zehn Zentimeter überragt, nur kauern kann. Doch am meisten setzen ihm die unerträgliche Hitze, die riesigen Ratten, der Hunger und vor allem die Langeweile zu. Er beschließt zu fliehen.

und die beiden gelangten aufs Dach der Bleikammern, hoch über den Kanälen und Gassen Venedigs. Aus Bettlaken hatten Casanova und sein Kumpan ein Seil geknotet, das sich allerdings nirgends befestigen ließ. Casanova glitt aus und hing nur noch mit Ellenbogen und Brust an der Dachrinne. In seinen Memoiren beschreibt er diese Phase der Flucht: »Ich lag also praktisch mit den Handballen und der Leistengegend zwischen Unterleib und Ansatz der Oberschenkel auf der Dachrinne und erkannte, daß ich die große Gefahr völlig überwunden hätte, wenn es mir gelänge, den rechten Oberschenkel hoch genug zu heben, um zuerst ein Knie und dann das andere in die Dachrinne zu bringen. Bei der Ausführung dieser Absicht verkrampften sich vor Anstrengung meine Nerven, und ein solcher Schmerz ist imstande, den stärksten Mann zu überwältigen. Er erfaßte mich in dem Augenblick, als ich mit einem Knie bereits die Dachrinne berührte; aber diese schmerzhafte Kontraktion, die man Krampf nennt, lähmte mich an allen Gliedern und zwang mich, innezuhalten und zu warten, bis sie von selbst verging, wie ich es schon bei anderen Gelegenheiten erlebt hatte. Ein schrecklicher Augenblick!«

87 (Rechte Seite) Unter unglaublichen Mühen gelangt Casanova auf den Dachboden des berüchtigten Gefängnisses. Von dort aus kann der Abenteurer fliehen, obwohl er beinahe vom Dach gefallen wäre.

Mit übermenschlicher Anstrengung konnte er sich schließlich doch hochziehen. Er gelangte an ein Fenster und landete schließlich in der

herzoglichen Kanzlei. Die Tür des Raumes war verschlossen, und Casanova und Balbi brauchten eine halbe Stunde, um sie mit dem selbstgebastelten Metallspieß aufzubrechen. Dann zog sich Casanova die vornehme Kluft an, die er bei seiner Verhaftung getragen hatte, und zeigte sich – mehr aus Versehen – am Fenster. Passanten vermuteten, daß ein Gast vom Ball der vergangenen Nacht eingeschlossen worden sei und machten den Hausmeister darauf aufmerksam. Der öffnete ohne Umschweife die Tür. Über die Prachttreppe des herzoglichen Palastes verließen Casanova und Balbi das Gefängnis. »Ich ging geradewegs zur Porta della Carta, dem Prachttor des Dogenpalastes, und ohne jemanden anzublicken (ein Mittel, um weniger aufzufallen) überquerte ich die Piazzetta, ging zum Ufer und sprang in die erstbeste Gondel.«

Das Spiel mit dem Glück

Auf verschlungenen Wegen gelangte er über Bozen und Straßburg nach Paris. Dort mußte er wieder einmal am Nullpunkt beginnen. Jetzt erwies sich die Freundschaft zu de Bernis als äußerst hilfreich. Der war im selben Jahr zum Außenminister ernannt worden und konnte Casanova in die bessere Gesellschaft einführen, vor allem aber mit einflußreichen

Politikern bekannt machen. Tatsächlich gelang es ihm, den Finanzintendanten, Monsieur de Boulogne, von den Vorteilen einer Lotterie zu überzeugen. Solche Ideen faszinierten Casanova ungemein, zumal er selbst ein notorischer Spieler war, um nicht zu sagen ein äußerst erfolgreicher Zocker, der schon manchen Fürsten, aber auch manchen ahnungslosen Handwerker und Kutscher auf seinen Reisen beim Kartenspiel ausgenommen hatte. So war ihm das Milieu nicht fremd, und seine Spielermentalität war eine gute Voraussetzung, um an der Lotterie zu verdienen. Der Staat suchte dringend nach einer Finanzierungsmöglichkeit für eine geplante Militärakademie und konnte mit der Lotterie seine Kassen füllen. Weil er ein hervorragender Mathematiker war, konnte der Venezianer mit Hilfe gewiefter Finanzexperten einen perfekten Plan ausarbeiten und bekam als Gegenleistung sechs Pariser Annahmestellen zugesprochen. Damit war er nicht nur aller finanziellen Probleme ledig, sondern obendrein gesellschaftlich etabliert. *Tout Paris*, die führende Schicht, sprach von dem genialen Retter der Staatsfinanzen. Und natürlich beeindruckte er sein Publikum immer wieder mit der Geschichte seines Ausbruchs aus den Bleikammern. Man interessierte sich für ihn – so auch eine der reichsten Frauen Frankreichs, die Marquise d'Urfé. Sie war 20 Jahre älter als Casanova und nicht unbedingt mit Schönheit gesegnet. Aber in ihr sah er eine entscheidende Geldquelle, sozusagen das Fundament seiner Zukunft. Die Marquise war eine überzeugte Esoterikerin und Alchimistin – nicht ungewöhnlich in der damaligen Zeit. Casanova, der selbst über genaue Kenntnisse der Alchimie verfügte, hatte sich immer wieder durch entsprechende Quacksalbereien Geld verdient – beispielsweise auf Reisen, um seine Zeche bezahlen zu können. So inszenierte er einmal »eine wunderbare Vermehrung von Quecksilber«, indem er eine kleine Menge Quecksilber in einem bestimmten Verhältnis mit Wismut und Blei mischte, dieses Amalgam durch ein feines Leder preßte und so eine Flüssigkeit erhielt, die Quecksilber genau glich. Den neu erzeugten Verschnitt drehte er dann als »reines Material« mitsamt einer geheimnisvollen »Rezepturschrift« einem griechischen Händler für 100 Unzen

Gold an. Nichts an der Alchimie war ihm fremd, und er kannte auch sämtliche Geräte, die für erfolgreiche Zaubereien notwendig waren. So zeigte er sich von dem mit allen Schikanen ausgestatteten Laboratorium der Madame d'Urfé mehr als beeindruckt: »Sie zeigte mir einen Stoff, den sie bereits seit 15 Jahren auf dem Feuer hielt, und der noch vier oder fünf weitere Jahre darauf bleiben mußte. Es war ein Streupulver, das innerhalb einer Minute die Umwandlung jedes Metalls in Gold bewirken sollte. Sie zeigte mir ein Rohr, in dem die Kohle durch ihre eigene Schwere nachrutschte und das Feuer des Ofens stets gleichmäßig stark hielt, so daß sie oft drei Monate lang ihr Laboratorium nicht betrat, ohne Gefahr zu laufen, das Feuer erloschen zu finden. Ein kleiner Kanal darunter führte die Asche ab. Das Ausglühen von Quecksilber war für sie ein Kinderspiel; sie zeigte mir pulverisiertes und sagte, wenn ich wolle, würde sie mir den Prozeß vorführen.« Statt dessen überzeugte Casanova die Marquise davon, daß er nicht nur den Stein der Weisen besäße, sondern auch mit allen Elementargeistern in Verbindung stünde. Sie selbst könne wohl nie mit den Geistern in Kontakt treten, da sie eine Frau sei, denn die Geister sprachen eben nur mit Männern. Daher erklärte sie sich mit dem Versuch einverstanden, daß Casanova ihre Seele in den Körper eines männlichen Kindes übergehen lasse.

Der Grossmeister des Okkulten

Casanova hatte schnell begriffen, daß die Marquise eine fanatische Okkultistin war. Angesichts ihres Reichtums brachte ihn diese Tatsache auf die Idee, ihren Herzenswunsch tatsächlich zu erfüllen. Er rechnete sich aus, daß, wenn er die Prozedur eine Weile hinauszögern würde, etwa 80 000 Francs im Jahr für ihn dabei heraussprängen – eine phantastische Summe. »Mehrere Male hatte sie mir gesagt, sie sei bereit, mir ihr ganzes Vermögen zu geben, um ein Mann zu werden.« Möglich wäre das, so Casanova zur Marquise, durch eine »Wiedergeburt«, die er inszenieren könne. Am 22. Juni 1762 mietete er ein Gartenhaus, wo er eine Badewanne mit lauwarmem Wasser aufstellen ließ. Das Wasser wurde mit Essenzen parfümiert, »die den Geistern der Nacht gefallen«. Um ein Uhr morgens verbrannte er zusammen mit der Marquise würzige Kräuter und murmelte beim Schein des Mondes geheimnisvolle Gebete. »Hierauf stiegen wir in die Badewanne, und der in meiner Hand verborgen gehaltene Brief, der mit silbernen Buchstaben im Kreise auf grünem Papier geschrieben war, erschien zehn Minuten später auf der Oberfläche des Wassers.« Die Marquise sollte glauben, daß es sich um einen Brief des Mondes handele. Sie wurde darin aufgefordert, die Wiedergeburt auf das Frühjahr des folgenden Jahres zu verschieben – Casanova ging es natürlich nur darum, weiterhin Geld zu kassieren. Zum Finale kam es am 26. April 1763 in Marseille im Hotel »Zu den dreizehn Kantonen«. Casanova überzeugte die Marquise davon, daß zunächst die sieben Geschenke, die sie für die Geister der Wiedergeburt vorbereitet hatte, im Meer versenkt werden mußten. In den sieben Paketen waren goldene und silberne Gegenstände, Diamanten und diverse überaus wertvolle Schmuckstücke. Casanova inszenierte ein geheimnisvolles Ritual, und gemeinsam warfen sie eine Kiste mit den sieben Paketen an einem einsamen Ort an der Küste zwischen Marseille und Cassis, in einer der romantischen und geheimnisvollen Felsenbuchten, ins Wasser. Casanova hatte vorher in einem unbeobachteten Augenblick den Inhalt der Kiste durch Blei und Steine ersetzt und die Beute bei einem Bankier in Marseille in Sicherheit gebracht. Der Plan sah folgendermaßen aus: »Sie sollte geschwängert werden, um einen Knaben zu gebären, um so aus sich selbst heraus als Mann wiedergeboren zu werden.« Jahre später flog der ganze Schwindel auf, und auf Drängen der Familie d'Urfé wurde Casanova aus Frankreich ausgewiesen. Für ihn brachte das keine Nachteile mit sich, denn er hatte die Marquise derart geschröpft, daß er sich noch über Jahre hin keine Sorgen um sein Auskommen machen mußte.

88 (Rechte Seite) Besonders Abaten und Patres sind in der Alchimie bewandert – sie führen Casanova in diese Lehren ein. Nie wieder sollte ihn die Leidenschaft für die Wissenschaften loslassen, zumal er seine alchimistischen Kenntnisse für Betrügereien einsetzen kann. Gemälde von Pietro Longhi.

Bei Madame d'Urfé traf er auch den Grafen von St. Germain, dessen wahre Identität bis heute nicht eindeutig geklärt ist. Casanova hielt ihn für einen italienischen Geigenspieler, andere für einen jüdischen Bankier, und wieder andere behaupteten, er sei ein illegitimer Sohn der

Witwe König Karls von Spanien. Mit allerlei Zaubereien und Alchimistischen Ideen hatte sich der Graf vor allem in die Herzen der Damen der Pariser Gesellschaft geschwindelt – nicht zuletzt durch die Erfindung und den Vertrieb einer besonders hautverträglichen Schminke, die auf wundersame Weise Falten zudeckte und der Haut ein jugendliches Aussehen verlieh. So behauptete er auch, Diamanten durch Zusammenschmelzen vergrößern zu können. Sogar der eigentlich kritische Casanova, dessen naturwissenschaftliche Bildung die Kenntnisse der meisten seiner Zeitgenossen in den Schatten stellte, fiel auf diesen Schwindel herein. Der Chemiker und Casanova-Forscher Otto Krätz vom Deutschen Museum in München meint: »Mit absoluter Sicherheit kann man davon ausgehen, daß St. Germain bei dieser Demonstration gemogelt und einen größeren Diamanten nur untergeschoben hat. Diamantenvergrößern muß damals offenbar überhaupt eine Art wissenschaftliche Methode unter gekrönten Häuptern gewesen sein. Gemeinsam mit einem Jesuitenpater unternahmen auch gekrönte Häupter wie Kaiser Franz I. Stephan vergebliche Versuche zur Diamantenvergrößerung im Sonnenlicht.« Casanova berichtet in seinen Memoiren, daß St. Germain im Trianon zu Paris zum königlichen Zeitvertreib ein Labor für Ludwig XV. eingerichtet habe. In einem vom König finanzierten Laboratorium in Chambord arbeitete St. Germain außerdem an der Entwicklung neuer chemischer Farben und Färbetechniken, mit denen er die französische Industrie fördern wollte. Kein Wunder, daß Casanova immer wieder Konkurrenzneid verspürte. Bei einem Diner im Stadtpalais der Madame d'Urfé gerieten er und St. Germain sogar einmal heftig aneinander. Die bizarre Marquise trug einen großen Magneten als Schmuckstück am Hals: »Sie behauptete, dieser Magnet würde eines Tages den Blitz anziehen und sie würde auf diese Weise zur Sonne aufsteigen. Der berühmte Betrüger beeilte sich, ihr zu versichern, die Tatsache sei unbestreitbar, aber nur er besitze die Macht, die Stärke des Magneten um das Tausendfache zu verstärken ...« Der in Physik bewanderte Casanova stellte dies völlig zu Recht in Abrede: »Ich sagte ihm kühl, ich wäre bereit, um 20 000 Taler zu wetten, daß er die Stärke des Magneten, den

Madame d'Urfé an ihrem Halse trüge, nicht einmal um das Doppelte vermehren würde.« Leider vereitelte die Marquise diese Wette.

KEINE SICHERHEIT

Die Naturwissenschaften spielten im 18. Jahrhundert eine wichtige gesellschaftliche Rolle – sie waren gleichbedeutend mit dem Wissen über die Zukunft, mit dem Aufbruch in eine neue Zeit. Unter den Gebildeten waren sie ständiges Gesprächsthema. Auch für Casanova gehörte die Auseinandersetzung mit mathematischen und physikalischen Problemen durchaus zum guten Ton. Schließlich hatten Gottfried Wilhelm Leibniz (164–1716) und Isaac Newton (1643–1727) erst kurz zuvor mit ihren Erkenntnissen die Welt verändert. Auch Casanova widmete sich komplizierten mathematischen Problemen und war – wie auch im Alltag – ein unverbesserlicher Optimist: »Es gibt in der Natur keine Wahrheit, die sich unserer Vernunft entzieht, und es gibt nichts Verborgenes, in das die Vernunft nicht zu Recht mittels der Analyse, der Mutter aller Wissenschaften, eindringt. Sie täuscht sich zwar gelegentlich, ihre Fehler sind aber nie unüberwindbar; unüberwindbar werden sie erst dann, wenn sie überzeugt ist, sich nicht täuschen zu können.« Ganz in diesem Sinne versuchte er, schwierige mathematische Probleme zu lösen – beispielsweise die Verdoppelung, Vervierfachung oder sogar Verachtfachung des Würfels. An dieser Aufgabe bissen sich Legionen professioneller Mathematiker in jenen Jahren die Zähne aus. 1790 erschien eine entsprechende Veröffentlichung, an der Casanova Jahrzehnte gearbeitet hatte.

Im Jahr 1764 reiste Casanova nach Berlin, wo er Friedrich den Großen traf, der ebenfalls sehr an Naturwissenschaften interessiert war und eigene Experimente durchführte, über die er unter anderem mit Voltaire korrespondierte. Der König suchte bei Casanova Rat für die Konstruktion von Wasserspielen, wie er sie in Versailles gesehen hatte. Das Gespräch, das bei einem Spaziergang im Park von »Sanssouci« stattfand, hat Casanova in seinen Memoiren festgehalten: »›Der Park von

89 *Im Jahr 1764 reiste Casanova nach Berlin. Gerne hätte ihn Friedrich II. für den preußischen Hof gewonnen, konnte ihm jedoch keine geeignete Stellung anbieten.* Gemälde des Königs von Johann Georg Ziesenis.

Versailles ist doch viel schöner‹, sagte Friedrich. ›Allerdings, Majestät, aber hauptsächlich wegen der Wasserspiele.‹ – ›Ganz recht, aber das ist nicht meine Schuld: Hier gibt es kein Wasser. Ich habe mehr als 300 000 Taler ausgegeben, um Wasser zu bekommen; aber ohne Erfolg.‹« Aber Casanova, der keine Ahnung von Hydraulik hatte, konnte ihm nicht helfen, und Friedrich war enttäuscht. Nachdem er sich von dem Venezianer auch nicht überzeugen ließ, eine neuartige Lotterie zu gründen, bot der König ihm schließlich eine Anstellung als Erzieher in einer Kadettenanstalt für polnische Junker an, was Casanova aber ablehnte – einen solchen Posten fand er denn doch zu erbärmlich, und die spartanischen Bedingungen, unter denen die Kadetten und ihre Erzieher lebten, entsprachen nicht ganz seiner Vorstellung von der eigenen Zukunft. Aber immerhin konnte er sich spontan bei der Inszenierung einer italienischen Oper im Charlottenburger Theater nützlich machen. Sie wurde für die Schwester des Preußenkönigs, die Herzogin von Braunschweig, aufgeführt. Bei dieser Gelegenheit traf Casanova eine ehemalige Geliebte wieder, die berühmte Tänzerin Denis, ein Patenkind seiner Mutter. Madame Denis war damals Erste Hoftänzerin in Berlin, und Friedrich der Große ließ sie sogar portraitieren.

Im folgenden Jahr hält sich Casanova in Sankt Petersburg auf. Im September 1765 trifft er insgesamt viermal mit Katharina der Großen zusammen, und bei ihren Treffen schlägt er der Kaiserin die Reform des

90 (Vorhergehende Seite) Casanova bewundert große Forscher wie Isaac Newton. Am liebsten beschäftigt er sich mit optischen Problemen. Durch seinen Vater war er von Kindesbeinen an mit der Optik vertraut und setzt diese Kenntnisse bei seiner Tätigkeit als Theaterimpresario ein.
Radierung von Chr. Gottlieb Geyser.

russischen Kalenders vor – ein damals durchaus aktuelles Thema. Zu jener Zeit funktionierte die Zeitrechnung im Russischen Reich noch nach dem Julianischen Kalender, den einst Caesar eingeführt hatte. Das bedeutete jährlich eine Differenz von elf Tagen gegenüber dem Sonnenjahr. Der Gregorianische Kalender, der im Jahr 1582 von Papst Gregor XIII. eingeführt worden war, setzte sich zunächst in den katholischen Ländern durch. Die meisten protestantischen Länder folgten erst um 1700. Aber Katharina lehnte ab. Vermutlich besaß sie nicht genug Einfluß, um eine solche Reform gegen den Klerus durchzusetzen, andererseits war sie bestens unterrichtet und erkannte die Schwächen an Casanovas Vorschlag. Bei einem weiteren Treffen verkündete sie – wie in den Memoiren wiedergegeben: »›Was Sie zum Ruhme Rußlands gerne geschehen sähen, ist bereits gemacht. Alle Briefe, die wir nach fremden Ländern schreiben, alle öffentlichen Urkunden, die von irgendeiner geschichtlichen Bedeutung sein können, sind von jetzt an mit zwei Daten versehen, von dem das eine unter dem anderen steht. Daß das Datum, das den anderen um elf Tage voraus ist, das moderne ist, weiß jedermann ...‹

Die Zarin hatte das Vergnügen, mich überrascht zu sehen, und ließ mich dabei. Ich habe nicht daran gezweifelt, daß sie die Thematik eigens studiert hatte, um mich zu verblüffen, oder daß sie sich nach unserem letzten Gespräch bei einem Astronomen über die Kalenderreform erkundigt hatte.« Auch von Casanovas Vorschlägen zur Anpflanzung von Maulbeerbäumen und Einführung der Seidenerzeugung in Rußland zeigte sich die Zarin nicht begeistert. Dabei hatte er sich beim Verfassen einer entsprechenden Denkschrift größte Mühe gegeben.

»Wissenschaft des günstigen Augenblicks«

Die Suche nach einer wie auch immer gearteten Lebensstellung blieb also wieder einmal ohne Erfolg. Nach einer weiteren Odyssee durch Europa kommt er 1774 wieder in Venedig an und wird Theaterdirektor. Er wählt Stücke und Darsteller aus, muß sich aber auch mit Verwal-

91 Als Casanova beinahe fünfzig Jahre alt ist, sucht er auf seiner großen Reise durch die Fürstenhöfe Europas eine Lebensstellung: Vergeblich! Porträt aus dem Jahr 1774 von Allessandro Longhi.

tungsarbeit herumschlagen, was ihm weniger behagt. Deshalb tritt er zwei Jahre später als Geheimagent in den Dienst der Inquisition. Mehr als 50 Berichte von ihm sind in den venezianischen Archiven erhalten. Doch die Arbeit für die Inquisition liegt ihm nicht. Es ist ihm zu banal, im Privatleben anderer herumzuschnüffeln, und so kündigt er bald seine Stellung. Danach hält er sich mit Glücksspielen über Wasser, und die alte Ruhelosigkeit beginnt erneut. Er reist nach Dresden, Berlin und Prag. In Wien erneuert er seine Verbindung zu Lorenzo da Ponte, dem Librettisten Mozarts, den er 1777 in Venedig kennengelernt hatte. Es ist nicht auszuschließen, daß Casanova an da Pontes Libretto zu Mozarts großer Oper »Don Giovanni« mitgearbeitet hat, die am 28. Oktober 1787 in Prag uraufgeführt wurde. Der Schriftsteller und Casanova-Biograph

92 In Casanovas Nachlaß fanden sich Korrekturvorschläge zu Mozarts Oper »Don Giovanni«. Vermutlich traf er den Komponisten kurz vor der Uraufführung in Prag im Oktober 1787. Kreidelithographie von Julius Nisle.

Eckart Kleßmann: »Da Ponte hatte kurzfristig nach Wien zurückkehren müssen, konnte also an der denkwürdigen Uraufführung (›mit dem lautesten Beifalle‹, wie Mozart schrieb) nicht teilnehmen. Sollte es vielleicht Casanovas Aufgabe gewesen sein, als eine Art italienisch sprechender Regieassistent anstelle da Pontes zur Verfügung zu stehen? War es – Mozart, der ihn um die Änderung des Sextetts bat, dessen Neufassung dem Komponisten dann aber doch nicht zusagte? Beides ist durchaus denkbar. Noch während der Hauptproben hat Mozart mehrfach Änderungen vorgenommen. Warum sollte er sich nicht da Pontes Freund Casanova bedient haben, zumal der Librettist selbst nach Wien abgereist war? Die Frage, ob Mozart und Casanova damals einander persönlich kennengelernt haben, stellt sich deswegen nicht, es wäre eher unwahrscheinlich, hätten sie einander nicht gekannt.«

Damals war Casanova bereits seit zwei Jahren als Bibliothekar in den Diensten des Grafen Waldstein. Möglicherweise war es Charles Joseph Fürst de Ligne, der Onkel des Grafen, der den greisen Abenteurer als Bibliothekar empfahl. Graf von Waldstein und Casanova hatten sich bereits 1784 kennengelernt und gleich Sympathie füreinander empfunden, denn der Graf war ebenfalls Freimaurer und Okkultist. Ein erstes Angebot, der Bibliothekar des Grafen zu werden, schlug Casanova aus, erklärte sich jedoch einverstanden, als dieser das Angebot ein Jahr später wiederholte.

Unverzüglich machte sich der zahnlose, schwer von seinen vielen Syphilis-Erkrankungen gezeichnete Casanova daran, seine Lebenserinnerungen aufzuschreiben. 40 000 Bände umfaßte die Bibliothek des Grafen, der selbst das Leben gern anderswo genoß. Er ließ seinem Bibliothekar völlig freie Hand und außerdem genügend Zeit zum Schreiben. Fürst de Ligne, einer der geistvollsten Männer des damaligen Frankreich, ein Bewunderer Casanovas und im Alter sein Freund, beschreibt ihn als Misanthrop: »Man bilde sich nicht ein, daß Casanova ohne Stürme leben konnte. Kein Tag verging, ohne daß es wegen seines Kaffees, seiner Milch, seiner Schüssel Makkaroni Lärm im Hause gab. Der Koch hat seine Polenta verdorben, der Stallmeister ihm einen schlechten Kutscher gegeben, die Hunde haben in der Nacht gebellt.« Casanova war wunderlich geworden in seiner Bibliothek, und man verlachte ihn immer öfter. Fürst de Ligne: »Er hat deutsch gesprochen, man hat ihn nicht verstanden. Er hat sich geärgert; man hat gelacht. Er hat mit großen Gestikulationen seine italienischen Verse deklamiert; man hat gelacht ... Er hat seinen Hut mit der großen Seidenfeder aufgesetzt, seinen goldbestickten Seidenrock, seine schwarze Sammetweste angelegt; man hat gelacht.«

»Um nicht verrückt zu werden« und der Einsamkeit zu entkommen, stürzt sich Casanova ins Schreiben, täglich zehn bis zwölf Stunden. Fast

5000 Seiten füllt er – furios. Casanova selbst deklarierte sein Werk als eine Art Eigentherapie. Bisweilen war er im Zweifel, ob man das Manuskript nicht entschärfen sollte. Es war Fürst de Ligne, der dies verhinderte: »Sie sind doch bisher ganz gut gefahren, ohne kastriert zu werden. Warum also wollen Sie Ihren Erinnerungen solches Schicksal bereiten?«

Einst hatte sich Casanova Gedanken über die Gemeinsamkeiten von Frauen und Büchern gemacht: »Die Frau ist wie ein Buch, das immer, mag es gut oder schlecht sein, zunächst durch das Titelblatt gefallen muß. Wenn dieses nicht interessant ist, so erweckt es keine Lust zum Lesen ... Das Titelblatt der Frau ist genau wie das eines Buches von oben nach unten zu lesen.« Ganz so chauvinistisch, wie es klingt, war es nicht gemeint. Und am besten gefiel es ihm, wenn Frauen und Bücher sich zu einer »Einheit der Sinne« verbanden: Belesene, kluge *und* schöne Frauen – das blieb für ihn der ultimative Traum. Sinnliche Lebensfreude als Grundprinzip seines Daseins, *alle* Sinne eingeschlossen. »Lehrreich sind Lebensläufe, bei denen das Glück sich zurückwendet und wiederholt«, schreibt Ernst Jünger in »Das abenteuerliche Herz«. »Der Mensch schwingt sich immer wieder in das Universum ein. Diese Wendungen sind im Leben des Spielers nichts Seltenes, aber auch bei Fürsten und Soldaten zu beobachten. Immerhin erlauben solche Kurven in einer Welt, in der oft schon ein einziger Fehltritt zum Verderben genügt, den Rückschluß auf eine stark ausgeprägte rhythmische Intelligenz. Dergleichen wird in den Fingerspitzen gefühlt, und in der Tat wird man häufig wahrnehmen, daß feine, wohlgeformte Hände auf einen glücklichen Zustand hinweisen. Es gibt eine Wissenschaft des günstigen Augenblicks; wer hier Einblick gewinnen will, benutze Casanovas Kompendium.« Ein Glück in der Tat, daß es der Nachwelt erhalten geblieben ist. Mit seinem Autor, Giacomo Casanova, Chevalier de Seingalt, ist auch der Menschentypus eines ganzen Jahrhunderts verschwunden. Wie gut, daß er noch einige Geheimnisse aus jener Zeit gelüftet und gleichzeitig wieder neue geschaffen hat.

Literaturhinweise

Abirached, Robert: Casanova ou la dissipation. Éguilles 1996.
Casanova, Giacomo: Geschichte meines Lebens. 12 Bde. Hg. Erich Loos. Frankfurt am Main/Berlin 1965.
Childs, J. Rives: Giacomo Casanova de Seingalt. Mit Selbstzeugnissen und Bilddokumenten. Reinbek bei Hamburg 1996.
Flem, Lydia: Casanova oder Die Einübung ins Glück. Hamburg 1998.
Günther, Pablo: Die Casanova Tour. Ein Handbuch für den Gebrauch des privaten Reisewagens im Europa und Amerika des 18. Jahrhunderts. Heidelberg (Eigenverlag) 1998.
Il mondo di Giacomo Casanova. Un veneziano in Europa. Venezia, Museo del settecento veneziano, Ca'Rezzonico. 12 settembre 1998-10 gennaio 1999. Venedig 1998.
Jünger, Ernst: Das abenteuerliche Herz. Figuren und Capriccios. Zweite Fassung. Hamburg 1938.
Kleßmann, Eckart: Ein Fest der Sinne. Casanova und sein Zeitalter. Düsseldorf/Zürich 1998.
Krätz, Otto/Helga Merlin: Casanova. Liebhaber der Wissenschaften. München 1995.
Müller, Lothar: Casanovas Venedig. Ein Reiselesebuch. Berlin 1998.
Schäfer, Thomas: Casanova – Magier, Gelehrter, Abenteurer. Leipzig 1998.
Simmel, Georg: Philosophische Kultur. Gesammelte Essays. Potsdam ³1923.
Solliers, Philippe: Casanova l'admirable. Paris 1998.
Vincent, Jean-Didier: Casanova. La contagion du plaisir. Paris 1990.

Die Autoren

Gero von Boehm. Jahrgang 1954, hat mehr als sechzig Dokumentarfilme aus den Bereichen Kultur und Wissenschaft gedreht und sich damit einen internationalen Ruf als Autor und Regisseur erworben. Er porträtierte Persönlichkeiten wie Matisse, Henry Moore, David Hockney und den Architekten I.M. Pei. Für das ZDF produzierte er zuletzt die Sendereihe »Odyssee 3000« zur Zukunft der Menschheit. Er lebt in Heidelberg und Paris.

Michael Gregor. Geboren 1951, Studium an der Film- und Fernsehakademie in Berlin. Seit 1977 freiberuflich tätig als Autor, Kameramann und Regisseur von Fernsehdokumentationen mit dem Spezialgebiet Lateinamerika.

Hans-Christian Huf. Geboren 1956, Studium der Geschichte und Germanistik in München und Bordeaux. Ab 1984 Mitarbeiter des ZDF, seit 1987 in der Redaktion »Kultur und Gesellschaft«. Leitender Redakteur der Fernsehserien »SPHINX- Geheimnisse der Geschichte«, »Quo Vadis« und »Himmel, Hölle und Nirvana«.

Günter Klein. Geboren 1956, Studium der evangelischen Theologie, Kunstgeschichte und Journalistik. Seit 1984 bei verschiedenen Fernsehsendern, darunter für vier Jahre beim Südwestfunk. Seit 1991 Redaktionsleiter bei der Ifage-Filmproduktion in Wiesbaden. Autor und Regisseur zahlreicher Fernsehproduktionen.

Ulrich Lenze. Geboren 1947, Studium der Rechtswissenschaft und Politik in Hamburg und Bonn. Arbeitete als Verlagslektor und freier Journalist für Rundfunk und Zeitschriften. Seit 1982 Autor und Regisseur zahlreicher Fernsehfilme, Produzent bei der Multimedia/Cinecentrum, Hamburg. Zahlreiche Auszeichnungen (u.a. Telestar, Goldener Löwe).

Nina Steinhauser. Geboren 1958, Studium der Geschichte, Germanistik und Erziehungswissenschaften in Mainz. Nach dem zweiten Staatsexamen ständige freie Mitarbeiterin der Redaktion »Zeitgeschichte« des ZDF. Seit 1988 als Autorin und Regisseurin von Fernsehdokumentationen tätig (Bayerischer Fernsehpreis). Nach einer Ausbildung an der Universität Hamburg (Prof. Peter Gerlach) auch als Producerin für fiktionale Programme tätig.

Bildnachweis

Archiv für Kunst und Geschichte (AKG), Berlin: Vor- u. Nachsatz, 1, 2, 3, 4, 5, 6, 7, 8, 9, 10, 11, 12, 13, 14, 15, 16, 21, 22, 24, 52, 64, 65, 66, 67, 69, 70, 71, 72, 73, 74, 75, 76, 77, 78, 79, 80, 83, 84, 85, 88, 89, 90, 91, 92, Schutzumschlag: 5 Hintergrundporträts
Archiv Gerstenberg, Wietze: 17, 19
Bildarchiv Foto Marburg: 23
Boehm, Gero von, Heidelberg: 81, 82, 86, 87
Gregor, Michael, Berlin: 25, 26, 27, 28, 29, 30, 31, 32, 33, 34, 35, 36, 37, 38, 39, 40, 41, 42, 43
Klein, Günther, Wiesbaden: 44, 45, 46, 47, 48, 49, 50, 51, 53, 54, 55, 56, 57, 58, 59, 60, 61, 62, 63
laenderpress, Düsseldorf: 20
Lenze, Ulrich, Hamburg: 68
Papirowski, Martin, Dortmund: 18

Hans-Christian Huf stellt seinen Lesern rätselhafte Gestalten und ungelöste Geheimnisse aus drei Jahrtausenden anschaulich und lebendig vor.

SPHINX
Geheimnisse der Geschichte

Die Themen:

Das Reich des Königs *Minos*

Hannibal, der Schrecken Roms

Kleopatra – Das letzte Lächeln der Pharaonen

Die *Hunnen* stürmen Europa

Die Jagd nach dem *Bernsteinzimmer*

SPHINX 2
Von Marco Polo bis Rasputin

Die Themen:

Die phantastischen Reisen des *Marco Polo*

Sturm über Asien – *Alexander der Große* erobert die Welt

Lucrezia Borgia und die Familienbande im Vatikan

Wikinger – Genies aus der Kälte

Friedrich II. – Kaiser zwischen Himmel und Hölle

Rasputin – Heiliger Dämon am Zarenhof

SPHINX 3
Von Ramses II. bis zum Ersten Kaiser von China

Die Themen:

Sehnsucht nach Unsterblichkeit. *Ramses II.* – Liebling der Götter

Menschenjagd im Namen Gottes: *Inquisition und Hexenverfolgung*

Der Fall *Maria Stuart*

Das Rätsel der *Sieben Weltwunder*

Nero – Plädoyer für eine Bestie

Auf den Spuren des *Ersten Kaisers von China*

Hans-Christian Huf (Hg.)

jeweils 288 Seiten mit etwa 120 Abbildungen, zum Großteil in Farbe, gebunden mit Schutzumschlag

GUSTAV LÜBBE VERLAG